Ko

stering J F

Auswanderung der sächsischen Lutheraner im Jahre 1838

ihre Niederlassung in Perry-Co., Mo.

Ko
..
stering J F

Auswanderung der sächsischen Lutheraner im Jahre 1838
ihre Niederlassung in Perry-Co., Mo.

ISBN/EAN: 9783337373825

Hergestellt in Europa, USA, Kanada, Australien, Japan

Cover: Foto ©ninafisch / pixelio.de

Weitere Bücher finden Sie auf **www.hansebooks.com**

2017-10-08. Published here. Last update: **2017-10-15**.
[Köstering authored another noted book *Leben und Wirken des Ehrw. Ernst Gerhard Wilh. Keyl*, ... (in Google Books here)]
Table of Contents

Auswanderung
der
sächsischen Lutheraner im Jahre 1838,
ihre
Niederlassung in Perry Co., Mo..
und damit
zusammenhangende interessante Nachrichten,
nebst einem
wahrheitsgetreuen Bericht
von dem
in den Gemeinden zu Altenburg und Frohna vorgefallenen
sog. Chiliastenstreit in den Jahren 1856 und 1857.

Auf Begehren

der

Gemeinden in Altenburg und Frohna der Wahrheit zur Ehre nach den

Quellen erzählt und der ev..luth. Synode von Missouri, Ohio u. a. St.

als ein geringer Beitrag zu ihrer Geschichte übergeben

von

J. F. Köstering,

ev.-luth. Pastor zu Altenburg und Frohna.

Zweite Auflage.

St. Louis, Mo.

Druck und Verlag von A. Wiebusch u. Sohn.

1867.

Vorwort.

Seite

Anmerkmrgen zu Matth. 10,34. und Luc. 12, 51 III
Was von den Lehrstreitigkeiten in der Kirche zu halten sei VI
Ursachen, die tie nachfolgende Schrift hervorgerufen haben XXI

Erster Abschnitt.

Die kirchlichen Zustände in Deutschland zur Zeit der Auswanderung 1
Warum so Viele dem Pastor Stephan in Dresden sich anschlossen 5
Urteil der Welt über Stephan's Charakter 7
Stephan's Lehre und Praxis. 8
Stephan's Pläne zur Auswanderung 10
Das Signal zum Aufbruch 12
Die Ueberfahrt 14
Die Ankunft in St. Louis 15
Öffentliche Lossagung von Stephan 17

Zweiter Abschnitt.

Die Niederlassung in Perry Co., Mo 19
Stephan's Entfernung aus derselben 28
Die Reue der von Stephan Betrogenen 26
Die New-Yorker unter M. Oertel 29

Die äußeren Verhältnisse in der Ansiedlung 30
Die kirchlichen Verhältnisse in derselben 35
Die merkwürdige Disputation 40
Urteile über dieselbe 52
Die Gemeinde in St. Louis und ihre Kämpfe 55
Das Ableben des seligen Pastor O. H. Walther 57
Die Berufung des Pastor C.F.W. Walther 58
Das Ende des abgefallenen Spröde 62
Der erste Kirchbau in St. Louis 63
Die Gründung des Colleges in Altenburg 66
Die ersten Lehrer an demselben 67
Die Uebergabe desselben an die Synode 72
Die Verlegung desselben nach St. Louis 73
Gründung des praktischen Seminars in Fort Wayne 74
Das Ableben des seligen Professors A. Wolter 75
Welche Lehre in unseren Anstalten geführt wird 77
Gründung und Entwickelung des Schullehrer-Seminars 78
Der Lehrstreit mit der Buffalo-Synode 84
Pastor Grabau's falsche Lehren 97
Geschichtliche Entstehung des „Lutheraners" 112
Konstituierung der Synode von Missouri 2c., im Jahre 1847 120
Lehre und Praxis derselben 121
Die Teilung derselben in Distrikte 125
Ihre Entwicklung 128
Die Wahl eines allgemeinen Präses 126
Ihr Werk des Glaubens, und ihre Arbeit der Liebe 129
Die Ursache des Zerfallens mit Herrn Pfarrer Löhe 130
Fortsetzung der geschichtlichen Begebenheiten in Perry Co 133
Das Ableben des seligen Herrn Pastor Löber 140
Kurzer Abriß von dessen Leben und Wirken 141
Die Berufung seines Nachfolgers, Pastor Schieferdecker's 149
Dessen nachmaliges Zerfallen mit seiner Gemeinde 150

Was man unter Chiliasmus versteht 161
Dessen Schriftwidrigkeit 162
Die Ursache des sogenannten Chiliasten - Streits in Altenburg 164
Wie dieser Gegenstand vor die Districts-Synobe kam 171
Deren Urteil über den Chiliasmus 168
Öffentlicher Ausbruch dieses Streits in Altenburg 173
Die anderthalbjährigen Verhandlungen darüber in der Gemeinde 176
Das Rottenwesen Pastor Schieferdecker's 226
Die Verhandlungen der allgemeinen Synode im Jahre 1857 mit Pastor Schieferdecker 233
Pastor Schieferdecker's Ausschluß aus dem Synodal-Verband 237
Dessen Absetzung von Seiten der Gemeinde 238
Proceß der Gemeinde mit Pastor Schieferdecker vor dem weltlichen Gericht 244
Ende und Ausgang desselben 247
Verleumdungen von Selten Pastor Schieferdecker's und seiner Rotte 247

Anhang.

Fortsetzung der Geschichte der Gemeinde in Altenburg 249
Pastor Beyer's Berufung 250
Umkehr des Herrn Julius Nitzschke vor seinem Ende 251
Abermaliger Versuch, Pastor Schieferdecker zur Buße zu bewegen 255
Unsere Stellung zu den Chiliasten 271
Pastor Beyer's Wegberufung 272
Die Berufung des Pastor F. Köstering 274
Vermahnung an die hiesige Gemeinde aus Luther's Auslegung des 23. Psalms 275

Geliebter Leser!

Wenn unser HErr und Heiland JEsus Christus (Matth. 10. und Luc. 12.) sagt, Er sei nicht gekommen, Frieden zu bringen auf Erden, sondern Zwietracht und das Schwert; Er sei gekommen, den Menschen zu erregen wider seinen Vater, und die Tochter wider ihre Mutter, und die Schnur wider ihre Schwieger; und daß des Menschen Feinde seine eignen Hausgenossen sein würden: — so fragen wir billig: Wie? Ist nicht der Sohn Gottes dazu in die Welt gekommen, daß Er der Welt den Frieden brachte? Heißt Er nicht darum der Friedefürst, weil Er uns durch Sein Leiden und Sterben und durch Seine Auferstehung den Frieden erworben hat? Singen nicht die heiligen Engel bei Seiner Geburt: „Friede auf Erden"? Ruft Er nicht bei Seiner Auferstehung Seinen Gläubigen zu: „Friede sei mit euch" und übermal: „Friede sei mit euch"? Singen wir nicht allsonntaglich im Hause Gottes:

Nun ist groß Frieb' ohn Unterlaß,

All Fehd' hat nun ein Ende?

Wie sagt denn nun unser Heiland, Er sei nicht gekommen, Frieden zu bringen? — Das ist leicht zu erachten. — Die

Propheten des alten Bundes, wenn sie von den Wohltaten Christi im neuen Bunde reden, -rühmen n. A. auch von dem großen <u>Frieden</u>, der in diesem Reiche herrschen werde. So heißt es z. B. Psalm 72, 7.: „<u>Zu Seinen</u> (Christi) <u>Zeiten wird blühen der Gerechte, und</u> **großer Friede, <u>bis der Mond nimmer sei</u>**." Und Iesaias 9: „Auf daß Seine Herrschaft groß werde, und <u>des Friedens kein Ende</u>." Nun war es eine bei den Juden allgemein verbreitete Meinung — die auch die lieben Apostel von Jugend auf eingesogen hatten — daß dieser <u>Friede</u>im Reiche Christi ein weltlicher, irdischer und fleischlicher Friede sein werde, ein Friede mit den Reichen dieser Welt, da <u>buchstäblich</u> die Wölfe bei den Lämmern in Frieden wohnen, Kühe und Bären mit einander an die Weide gehen, ein Säugling seine Lust am Loch der Otter haben, ein Entwöhnter seine Hand in die Höhle des Basilisken stecken, und die Schwerter in Pflugscharen verwandelt werden würden. Wenn nun demnach die unvernünftigen Thiere mit einander Frieden halten würden, so müßten doch viel mehr die vernünftigen Menschen, und noch viel mehr die <u>Christen</u> mit einander in Frieden leben.

 Diese jüdische Meinung, so sehr sie sich auch auf den Buchstaben der Schrift stützt, hat doch nicht den **Sinn** des Buchstabens für sich, denn der Sinn des Buchstabens ist nicht immer der <u>buchstäbliche</u>. Um nun Seinen Aposteln diesen Wahn und falschen Verstand von Seinem Reiche zu benehmen, spricht unser Heiland zu ihnen: Ihr sollt nicht wähnen, daß ich gekommen bin, einen weltlichen, irdischen Frieden, wie er dem Fleisch gefällt, zu bringen — das sei ferne! In Meinem Reiche werdet ihr vielmehr nur Krieg haben, Krieg mit dem Teufel und der Welt und dem Fleische, Krieg mit falschen Lehrern, Irr.

geistern, Rotten, Schwärmern, Ketzern, Tyrannen und allen Gottlosen. Denn wohin ihr auch nur mit der Predigt des lautern, seligmachenden Evangeliums kommen mögt — es wird sich Krieg dagegen erheben. Das sollt ihr, meine lieben Apostel, euch wohl merken, damit ihr nicht, wenn ihr sehet, daß ihr mit eurer Predigt die ganze Welt wider euch erregt, von meinem Evangelio abfallet, und am Glauben Schiffbruch leidet. Darum müsset ihr lernen das Schwert führen — nicht das Schwert Petri, womit er dem Malchus das Ohr abgehauen hat, sondern — das Schwert des Geistes, welches ist das Wort Gottes. Ihr müßt den Leuten zu Nehemias Zeiten, die an den Mauern Jerusalems bauten, gleich sein, von denen geschrieben stehet: „Mit einer Hand taten sie die Arbeit, und mit der anderen hielten sie die Waffen."

Daß dies die klare Meinung Christi in den oben angeführten Worten sei, ist außer allem Zweifel. Er will uns den Wahn benehmen, als werde je in Seinem Reiche ein Friede ohne allen Unfrieden, und die Wahrheit ohne allen Widerspruch herrschen. Darum ist denn auch die Schwärmerei der Chiliasten wider diesen Spruch, die trotz der klaren Worte Christi vom Gegenteil, dennoch von einem solchen noch zukünftigen Reiche Christi träumen, in welchem — ohne allen Unfrieden, ohne Widerspruch der Wahrheit — der tiefste weltliche Friede herrschen werde, da die Kirche die Kreuzesgestalt ablegen und keine streitende Kirche mehr sein werde 2c. Desgleichen streitet die Meinung der Unierten und aller falschen friedensmacher wider diesen Spruch, die da wähnen, weil Christus Frieden gemacht habe durch sein Blut, so müßten sich nun.,ch Alle, die Christen sein wollen, uniren, sich die

Bruderhand reichen, und aller Streit unter ihnen müßte aufhören; am wenigsten aber dürften sie über <u>Lehre</u> streiten. Diese Leute bedenken freilich nicht, daß Christi Reich ein <u>Kreuzreich</u>, und Seine Kirche eine <u>streitende</u> Kirche ist, was sie auch bis zum jüngsten Tage bleiben wird. Denn der Teufel seiert nimmer: kann er den Christen auf keine andere Weise beikommen, so versucht er es, sie in falsche Lehre zu stürzen; ist ihm das aber gelungen, so hat er gewonnen Spiel. O wie Viele hat der Teufel durch falsche Lehre gestützt. Viele, die in herben innerlichen Anfechtungen wider den Teufel bestanden waren, fielen, als die Versuchung der <u>falschen Lehre</u> em sie herantrat.

Weil aber Viele, auch manche rechtschaffene Seelen sich an dem Streit in der Kirche Gottes ärgern, d. i. daran Anstoß nehmen, und mancherlei Scheingründe vorbringen, warum das Streiten über Lehre unter den Christen aufhören sollte: so wollen wir hier einige dieser Gründe beleuchten, und sehen, ob sie stichhaltig sind. Wir sehen uns dazu um so mehr verpflichtet, weil wir in diesem Büchlein fast nur vom Streit und Krieg in der Kirche Gottes reden; da wollen wir nun zuvor einige Hindernisse zu beseitigen suchen, damit Jedermann unsere Erzählung vom Krieg und Sieg in der Kirche Gottes um so vorurteilsfreier lesen möge. Gott verleihe dazu seine Gnade!

I.

Die Friedensleute, die von keinem Streit wegen der Lebe Etwas wissen wollen, geben vor: <u>es sei die Wahrheit nicht so klar und entschieden, daß nicht auch die Anderslehrenden und Andersglauben in</u>

diesem und jenem Stück recht haben konnten. Darum sei es am geratensten, gegen Alle Duldsamkeit zu beweisen, die heilige Liebe zu üben, und Niemanden wegen seiner Lehre und seines Glaubens anzufechten. — Daß dies nun ein nichtiger Einwand ist, da's ist für jeden Unbefangenen klar. Der aufgestellte Grundsatz ist durchaus falsch. Denn es verhält sich, Gottlob! mit den Heilswahrheiten nicht so, wie mit der Astronomie, in der es bis auf den heutigen Tag noch viele Probleme gibt, die vielleicht auch nie gelöft werden konnen — o nein! Die Heilswahrheiten sind so klar in der heiligen Schrift enthalten und vorgestellt, daß auch der einfältigste Mensch, wenn er nur gesunde Vernunft und Verstand hat, es fassen kann, und wenn er dem heiligen Geist Raum gibt, auch zugleich im Herzen kräftig davon überzeugt wird, daß sie gottliche Wahrheiten sind, die da stehen, wie ein Fels im Meer. Daß aber Viele dennoch die deutlichsten Wahrheiten nicht erkennen, sondern verleugnen, oder in solche Zweifel geraten, da sie selbst nicht wissen, wie sie daran sind, davon liegt die Schuld wahrlich nicht an der Wahrheit, daß sie etwa dunkel wäre: das sei ferne! Wenn ein Blinder sagt, die Sonne scheint nicht, weil er sie nicht sieht, so ist es deswegen noch nicht so. Die Ursache, daß Viele die deutlichsten Wahrheiten nicht erkennen, gibt St. Paulus an, wenn er sagt: „Der Gott dieser Welt hat der Ungläubigen Sinne verblendet, daß sie nicht sehen das helle Licht des Evangelii von der Klarheit Christi." Und dieser verfluchte Geist des Irrtums aus dem Abgrunde der Hölle, der Alles, auch die deutlichsten Wahrheiten in Zweifel zieht, hat leider in unserer Zeit einen großen Teil der Christenheit, und selbst viele Gelehrte bezaubert, daß es Einem schier gar nichts Neues mehr ist, wenn ein ausdrücklicher Glaubensartikel aufs Ungewisse gezogen wird. Auch bei den sogenannten gläubigen Gelehrten ist es in unseren Tagen fast zu einer allgemeinen Mode geworden, daß sie nicht mehr mit der Glaubensgewißheit an die heilige Schrift gehen, daß diese oder jene Wahrheit, die sie daraus beweisen wollen, auch wahrhaftig darin enthalten ist. Nein! das scheint ihnen zu verächtlich zu sein; sondern sie wollen vielmehr mit dem großen Licht ihrer Vernunft und mit ihrer Gelehrsamkeit die Wahrheit erst herausspekulieren und herausphilosophieren, und was sie dann in Folge dessen herausbringen, das soll die Wahrheit sein. Daß sie daher einen Fehl nach dem anderen gebären, ist nicht zu verwundern. Wenn die Vernunft eine Wahrheit aus der heiligen Schrift herausspekulieren will, so wird ein Kalb daraus. Wer z. B. aus der heiligen Schrift erkennen lernen will, ob JEsus Christus Gottes Sohn ist, der muß auch mit der Glaubensgewißheit daran gehen, **daß** JEsus Christus **wahrhaftig** Gottes Sohn ist, und daß diese Wahrheit in der Bibel klar geoffenbaret ist. Also: Wer aus der heiligen Schrift den Beweis führen will, daß JEsus Christus Gottes Sohn ist, der muß zuvor das Thema stellen: JEsus Christus **ist** Gottes Sohn; denn nur dann wird seine Beweisführung dasselbe Resultat liefern, sonst nicht. Daher kommt es denn auch, daß viele Gelehrte, die gläubig, ja rechtgläubig sein wollen, mit vielen Lehren noch nicht im Reinen sind, weil sie dieselben mit dem Perspektiv ihrer Vernunft in der heiligen Schrift noch nicht entdeckt haben; eigentlich aber darum nicht, weil sie nicht **glauben**, daß sie klar in Gottes Wort geoffenbaret sind, so daß sie ein Mensch, wenn auch nicht in dem völligen Maße, so doch in ihrer völligen Richtigkeit mit Gewißheit erkennen könne.

Man will in unseren Tagen nicht glauben, daß es schon jemals Leute gegeben hat, die die Wahrheit besessen haben. Auch selbst an dem großen Werk der Reformation, welches Gott durch seinen Propheten Luther indem letzten Zeitalter der Welt vorgenommen hat, haben Viele Etwas auszusetzen, und meinen allerlei Mängel daran zu erblicken. Erkühnt sich aber jetzt Jemand und sagt, er besitze durch Gottes Gnade die volle Wahrheit, so wird ihm des Erzlügners Frage vorgehalten: „Ja, sollte Gott gesagt haben?" Sollte es wirklich so sein, daß du den (vor der Vernunft) verborgenen Schatz im Acker gefunden hättest? Und bezeugt er es nun abermals mit einem freudigen: Ja! ich habe die göttliche Wahrheit gesunden, und kein Teufel soll mich des irre machen, so fragt mancher Pilatus-Bruder: „Was ist Wahrheit?" So steht es in der That. Die Wahrheit im Besitz zu haben und darüber froh und freudig zu sein, das hält man für Hochuiuth, Frevel und Vermessenheit. Wohl gibt man zu, daß ein Mensch, daß eine Kirchengemeinschaft Stücke der Wahrheit haben könne; aber sich der vollen göttlichen Wahrheit zu rühmen, das hält man schier für gotteslästerlich. O des großen Jammers! Ist denn nun der HErr JEsus zum Lügner geworden, da Er verheißt, daß Er durch Seinen heiligen Geist Seine Kirche in alle Wahrheit leiten wolle? Das wäre freilich Vermessenheit, wenn Jemand sagen wollte, er habe die volle Wahrheit in ihrer Breite und Länge, in ihrer Höhe und Tiefe erkannt. Zu dieser Erkenntnis wird kein Sterblicher kommen, so lange er nämlich im Fleische lebt. Erst im Himmel werden wir zu dieser Erkenntnis kommen, wenn Gott die Hüllen abgetan hat.

Wenn aber die falschen Friedensmacher vorwenden, die Wahrheit sei nicht so klar geoffenbart, daß man Anderslehrenden mit Gewißheit sagen könne: eure Lehre ist falsch: so ist das ein großer Irrtum. Wie hätten dann Christus und Seine Apostel es den Christen so ernstlich auf die Seele binden können, daß sie sich vor den falschen Propheten hüten, die Geister prüfen und falsche Lehre fliehen sollten? Wofür haben denn so viele Heilige Gottes Leib und Leben, Gut und Blut willig dahingegeben? Doch gewiß für die Wahrheit, die sie klar erkannt hatten, und darüber sie göttlich gewiß waren, daß sie Wahrheit sei. Es ist daher auch ein Zeichen der letzten Zeit, daß Viele von einer gewissen, bestimmten, unwidersprechlichen Wahrheit Nichts wissen wollen; das ist der Geist des Irrtums, der in den letzten Zeiten Viele, und — wo es möglich wäre — auch die Auserwählten verführen soll. Dieses Irrgeistes Absicht ist es, alle Religionen in einander zu mengen; und eine allgemeine Weltreligion herzurichten, die auch dem alten Adam gefällt, die zusammengesetzt ist aus freimaurerischen Werken der Finsterniß, aus rationalistischem Unglauben, herrnhutischem Gefühlsglauben, reformirtem Zweifel, unionistischer Halbheit und Gleichgültigkeit, pietistischer Werkelei, methodistischer Gesetztreiberei, chiliastischen Träumen u. s. w., und wer nicht Ja und Amen dazu sagt, der ist ein stocksteifer Altlutheraner! Dieser neuen Weltreligion, deren Stifter wahrlich nicht der heilige Geist ist, muß sich ein Christ, der noch an eine unwidersprechliche, in Gottes Wort klar geoffenbarte Wahrheit glaubt, mit aller Macht entgegensetzen, oder es trifft ihn das Urteil des treuen und wahrhaftigen Zeugen über die Laodiceer, Offenb. 3, 15. Daß er damit den Zorn der Un- und Halbgläubigen auf sich laden wird, ist gewiß; es ist aber besser, in der Menschen, als in Gottes Urteil fallen, besser, der Menschen, als Gottes Zorn auf sich laden. Es stehet geschrieben: „Irret euch nicht, Gott läßt sich nicht spotten." Wenn die Menschen die Liebe zur Wahrheit nicht annehmen wollen, daß sie selig werden, so sendet ihnen Gott kräftige Irrtumer, daß sie glauben der Lüge und verlorengehen.

II.

Ein anderer Einwand lautet: man könne die Wahrheit schon glauben, lehren und bekennen, ohne es mit dem Widerpart zu verderben, wenn man nur von dem Geiste der Liebe und des Friedens beseelt sei. — Darauf ist zu antworten: Es wäre wohl zu wünschen, daß die göttlichen Wahrheiten also gelehrt und gepredigt werden könnten, daß es nicht nötig wäre, die irrigen Lehren Anderer zu widerlegen und zu verwerfen. Daß das aber unmöglich ist, das kann man auch den einfältigsten Menschen klar machen. Nur dann wäre es möglich, wenn der Feind kein Unkraut ausstreuete, wenn sich kein Irrtum der Wahrheit entgegensetzte: aber mit wie vielen Irrtümern ist die Wahrheit umgeben, dadurch sie verdunkelt wird! Da ist es doch nun eines jeden Christen, und vornehmlich eines Predigers Pflicht, das Wahre von dem Falschen und das Licht von der Finsternis gewissenhaft zu unterscheiden. Er soll auch nicht den geringsten Irrtum in der Lehre, den er erkennt, unberücksichtigt lassen und gleichgültig ansehen, weil auch der leiseste Irrtum leicht wie ein Krebs um sich frißt und alle Lehren durchdringt, wie ein wenig Sauerteig den ganzen Teig durchsäuert. Ein gewissenhafter Prediger wird doch gewiß alle Sünden und Fehler, Schwachheiten und Gebrechen, die er an sich selbst wahrnimmt, richten, und durch Gottes

Gnade zu überwinden und abzulegen suchen; und so wird er es auch halten mit den ihm anvertrauten Seelen. Wenn er Sünden und Gebrechen in ihrem Leben und Wandel sieht, die sie in, Gefahr ihrer Seligkeit bringen können, so wird er sie darauf freundlichst aufmerksam machen; ja, er wird auch oft gar seine Stimme wandeln müssen und als ein Elias mit heiligem Feuereifer diese und jene Sünden, öffentlich und sonderlich, strafen müssen, auf daß sich Alle fürchten lernen. Und nun sollte er, was die Lehre betrifft, eine Gefahr sehen, und nicht als ein treuer Wächter auf Zions Mauern die Posaune blasen in einem deutlichen Ton, daß sich Jedermann auf den Feind rüsten könne? Es sollte schweigen, wo Gottes Ehre, sein Amt und der Menschen Seligkeit ihm gebieten, den Mund aufzutun? Gottloses Leben sollte er strafen, und falsche Lehre, die falschen Glauben und unchristliches Leben erzeugt, sollte er ungestraft lassen? Das sei ferne! Oder sollte die Sünde der falschen Lehre nicht eben so groß und größer sein, als die Sünde eines unchristlichen Lebens? Sollte falsche Lehre Gott, dem HErrn, nicht ein eben so großer Greuel sein, als das gottlose Wesen dieser argen Welt? O gewiß! Unser Katechismus sagt: „Wer aber anders **lehret** und lebet, denn das Wort Gottes lehret, der **enteiliget** unter uns den Namen Gottes!" Darum muß ein Prediger, dessen Lippen die Lehre bewahren sollen, vor falscher Lehre und Lehrern warnen und dieselben strafen, sollte er es gleich (und es wird nicht anders sein) mit dem Widerpart verderben.

Es ist auch Gottes ausdrücklicher Befehl, daß ein Prediger, als ein bestellter Wächter, über die Lehre wache und als ein Hirte soll er nicht nur seine Herde weiden, sondern auch den Wölfen wehren. Diesen Befehl hat er um so ernstlicher zu beherzigen, je drohender die Gefahr ist, der seine Schafe ausgesetzt sind.

Angesichts der vielen Irrtümer fordert St. Paulus daß ein Bischof nicht nur mächtig sein soll zu ermahnen doch die heilsame Lehre, sondern auch zu strafen die Widersprecher. Die heilige Schrift ist nicht nur nütze zur Lehre, zuxxerung, zur Züchtigung in der Gerechtigkeit, sondern auch zur Strafe derer, die vom Wege der Wahrheit abweichen. Und ist uns nicht auch hierin unser HErr JEsus Christus vorangegangen? Er, der uns ein vollkommenes Erempel der Sanftmut und Demut, der Geduld und Liebe vorgestellt hat — Er hat nicht unterlassen, falsche Lehre gründlich zu widerlegen. Mit welchem Eifer um des HErrn Haus hat Er oft die Schriftgelehrten, Pharisäer und Saddueäer eingetrieben, und ihnen das Maul gestopft, und das Volk öffentlich und ernstlich gewarnet vor dem Sauerteig der Pharisäer und Sadduzäer! Und Seine Apostel — mußten sie nicht immerdar im Kampf und Streit stehen? Bald mit den Juden, bald mit den Heiden; bald mit den falschen Aposteln und trüglichen Arbeitern, die da ernteten, wo sie nicht gesäet hatten, bald mit anderen Irrgeistern, die die göttliche Wahrheit durch Irrtum verkehrten, und Viele abwendig machten dem Satan zu. So hat die Kirche durch alle Zeiten hindurch im Streit liegen müssen, nicht nur mit Welt und Fleisch, sondern auch mit dem Teufel und seinem Anhang, den falschen Lehrern. Dieser Kampf wird auch nicht aufhören bis an den jüngsten Tag, weil der Teufel nicht aufhören wird, die Kirche Gottes mit falscher Lehre anzufechten, denn wo unser HErrgott Seine Kirche baut, da bauet der Teufel eine Kapelle daneben, und da gehen die Worte unseres Heilandes in Erfüllung: „Ich bin nicht gekommen, Frieden zu bringen auf Erden, sondern Zwietracht und das Schwert."

Darum irren die gar sehr, die da vorgeben, man könne die Wahrheit schon predigen, ohne es mit dem Widerpart zu verderben, man könne Gottes Reich schon bauen, ohne des Teufels Reich wider sich zu erregen. Wo die ewige göttliche Wahrheit lauter und rein geprediget wird, da schlägt der Satan Lärm und richtet Rotten und Sekten an, und da ist der Friede zu Ende. Da gehen die Worte in Erfüllung: „Wenn wir reden, fangen sie Krieg an." Darum, so wenig es dem HErrn JEsu gelungen ist, die Wahrheit ohne Widerspruch zu predigen und ohne Feinde wider sich zu erregen, so wenig wird es auch uns gelingen, es sei denn, daß wir die Wahrheit verschweigen und Christum verleugnen. Dagegen aber sollen wir die Worte Christi beherzigen: „Wer mich verleugnet vor den Menschen, den will ich auch verleugnen vor meinem himmlischen Vater."

III.

Sie geben ferner vor: Durch Bekämpfung derer, die anders lehren, werde die Christenheit mit Zank und Streit angefüllt, die Liebe verletzt, und die Gottseligkeit untergraben. — Darauf ist zu antworten: Was den Zank und Streit betrifft, der durch die Bekämpfung falscher Lehre erregt wird, so ist wohl in Acht zu nehmen, daß man einen ehrlichen und gerechten Kampf für die Wahrheit unterscheiden muß von einem unnützen Wortgezänk; denn es ist bekannt, daß die sogenannten Friedensleute auch das für Zank halten, wenn ihre groben Irrtümer gebührend gestraft werden. Sie wollen also damit, daß sie Alles für Wortgezänke und leere Wortkriege erklären, der Wahrheit nur die Spitze abbrechen. Dagegen soll man aber wissen, daß ein ehrlicher Kampf um und für die Wahrheit tausend Mal besser und Gott wohlgefälliger ist, als ein falscher, fauler Friede, darunter die Wahrheit leidet. Wohl ist es wahr, daß die Christen Frieden halten sollen; aber um den Frieden zu erhalten, sollen sie nicht die Wahrheit fahren lassen, wohl aber sollen sie den Frieden fahren lassen, um die Wahrheit zu erhalten. „Wir können nichts wider die Wahrheit, sondern für die Wahrheit," 2 Cor. 13,8. Daß daran Etliche Anstoß nehmen, kommt daher, weil es ihnen entweder noch an der rechten Erkenntnis fehlt, oder weil sie sich in ihrem falschen Frieden nicht wollen stören lassen.

Daß durch Bekämpfung Falschgläubiger, wie sie vorgeben, die Liebe verletzt wird, das ist auch ein leerer Einwand. Daß in der Art und Weise des Kampfes gegen die Liebe gefehlt werden kann, geben wir gerne zu. Das ist aber nicht eigentlich, was sie meinen. Ihre Meinung ist, daß aller Kampf gegen Anderslehrende wider die Liebe sei. Dagegen ist aber zu wissen, daß die wahre christliche Liebe sich darin offenbart, daß sie den Irrenden ungeschminkt die Wahrheit sagt und ihn von dem Wege des Verderbens zu bekehren sucht. Hingegen ist es höchst unchristlich und eine unverantwortliche Lieblosigteit, den Irrenden ohne Zurechtweisung hingehen zu lassen.

Man darf hier auch nicht vergessen, daß Diejenigen, die immer von Liebe und Frieden reden, wenn sie einmal der Wahrheit gemäß angegriffen werden, nichts weniger als Liebe verraten; sondern daß eben sie es sind, die bitterer, giftiger Worte sich bedienen, die Sache ins Persönliche ziehen, und sich bald zu Richtern über die Gewissen aufwerfen. Statt daß sie also mit guten Gründen und Beweistümern, wenn sie die hätten, streiten sollten und der Wahrheit die Ehre gäben, so führen sie eine solche Verteidigung, dadurch das königliche Gebot der Liebe, die sie so hoch erheben, verletzt wird; ja, gar oft setzen sie auch die Regeln der christlichen Bescheidenheit und Anständigkeit ganz aus den Augen. Dahingegen ist es der Liebe, die sich der Wahrheit freuet, ganz gemäß, wenn ein Irrtum gründlich aufgedeckt, und mit allen seinen Gefahren, Folgen und Sünden lebendig dargestellt wird. Und je gefährlicher der Irrtum ist und je heiliger er sich geberdet, desto notwendiger ist es, ihn mit den rechten Farben zu malen, und nicht auf gut uniouistisch die in falscher Lehre Gefangenen mit einem „Eia popeia" in den Schlaf der Sicherheit einzuwiegen.

Denn was ist endlich die Absicht mit Bekämpfung der falschen Lehre? Die, einmal daß Gottes Ehre gerettet werde; dann, daß alle Unbedachtsame und Arglose, aufmerksam gemacht, sich vor der Gefahr hüten, daß sie nicht auch hineinfallen; endlich, daß die Irrenden von ihrem Irrtum überführt und zurecht gebracht werden möchten. Je tiefer nun der Irrtum bei den Irrenden schon gefressen hat, je ernstlicher muß er auch angegriffen werden. Das Sprüchwort sagt: „Mit einem Fuchsschwanz schlägt man keinen Nagel in die Wand." Wenn man eine Wunde noch so sanft zudeckt, so wird sie davon nicht geheilt. Das Unkraut, welches nur über der Erde abgerauft wird, schlägt gleich wieder aus und verbreitet sich um so mehr; gleiche Bewandtnis hat es auch mit falscher Lehre. Darum ist das der größte Liebesdienst, wenn dem Irrenden sein Irrtum gründlich aufgedeckt wird. Die Liebe freuet sich der Wahrheit.

Daß endlich vorgegeben wird, durch Streiten über die Lehre werde die Gottseligkeit untergraben, so ist darauf zu erwidern, daß die Sachen vielmehr so stehen, daß die wahre Gottseligkeit dadurch gefördert wird. Die wahre Gottseligkeit hängt ja genau mit der göttlichen Wahrheit zusammen und läßt sich schlechterdings davon nicht trennen; ja, alle Gottseligkeit und Frömmigkeit, die es mit der Wahrheit nicht genau nimmt, die ist eine falsche, selbsterdachte, die Gott nicht gefallen kann. Denn Gott will nicht gedienet sein nach unserem Wahn und Gutdünken, sondern nach der Richtschnur seines untrüglichen Wortes. Diese Wahrheit ist Vielen abhanden gekommen. Sie meinen Gott mit einem selbsterdachten frommen Leben dienen zu können, ohne es mit der Wahrheit seines Wortes genau zu nehmen. Daher rührt bei Vielen die unverantwortliche Gleichgültigkeit gegen die reine Lehre; daher kommt es, daß so Wenige einen rechten Eifer haben, in der Erkenntnis zu wachsen und in der Lehre immer mehr gegründet zu werden. Das ist auch eine Frucht des unionistischen, indifferentistischen Geistes, der den Kampf scheuet.

IV.

Noch einen Einwand wollen wir beantworten. Er lautet: Wenn man Anderslehrenden und Andersglaubenden die Bruderhand und Kirchengemeinschaft verweigere, so lange fie nicht mit uns in allen Glaubenslehren einig seien, so spreche man damit (wenn auch nicht geradezu) das Verdammungsurteil über sie aus. Diese Leute hofftendochauchseligzuwerdenundindenHimmel zu kommen. Da es abernur Einen Himmel, nur

Eine Seligkeit gebe, die Gott allen Frommen bereitet habe, so sei es doch unverantwortlich, sich von denen wegen Lehrverschiedenheit zu trennen und getrennt zu halten, die mit uns die Eine Seligkeit zu erlangen hofften. Daraus müsse nun Einsfolgen: entwedermüsse man ihnen die Seligkeit absprechen, oder man dürfe ihnen die Bruderhand und Kirchengemeinschaft nicht verweigern. — Dieser Einwand scheint wirklich Grund zu haben und keine Wahl übrig zu lassen, weswegen auch Viele dadurch in die Enge getrieben werden. Darum ist es um so nötiger, auf diesen Einwand eine klare Antwort zu geben, und entweder zu bekennen, daß wir überwunden sind, oder bewährte Gründe für das Gegenteil hervorzubringen.

Erstens: Es ist eine unleugbare Tatsache, und darum wohl in Acht zu nehmen, daß falsche Lehre falschen Glauben erzeugt und nach sich zieht; ferner, daß diejenigen, die in falscher Lehre und falschem Glauben mutwillig beharren und keine bessere Lehre annehmen wollen, unmöglich selig werden können. Denn wer der Wahrheit trotz aller besseren Belehrung mutwillig und beharrlich widersteht, der ist ein Ketzer, er sei nun der Gelehrteste unter den Gelehrten oder der Allergeringste unter dem gemeinen Volk.

Zweitens: Damit ist aber keineswegs gesagt, daß Alle, die sich in einer falschgläubigen Kirchengemeinschaft befinden, verloren gehen müssen; wer wollte sich unterstehen, ein solch Urteil zu fällen, das allein Gott zusteht? Es ist also eine grundfalsche Beschuldigung, daß wir über irgend einen Menschen ein Verdammungsurteil aussprechen;

man will uns dadurch nur in einem gehässigen Lichte darstellen und uns die Meinung, als wären wir die alleinseligmachende Kirche, unterschieben. Wir stellen nur die allgemeine, aber unwidersprechliche Behauptung auf, daß mutwilliges Beharren in falscher Lehre und falschem Glauben die ewige Verdammnis nach sich zieht.

Drittens: Wir machen demnach einen Unterschied unter den Personen, die in einer falschgläubigen Gemeinschaft stehen, und unter der Lehre, die in solcher Gemeinschaft geführt wird. Die Personen, es seien denn notorische Ketzerführer, verdammen wir nicht, sondern befehlen sie Gott, der Herzen und Nieren prüfet, und wünschen, daß er ihnen die Augen auftun, und sie zur Erkenntnis der Wahrheit bringen wolle. Die falsche Lehre aber verdammen wir geradezu, weil dadurch Gott seine Ehre geraubt, die Christenheit geärgert, viele Seelen verführt und des Teufels Reich gebaut wird. Wer begreift nun nicht diesen himmelweiten Unterschied?

Viertens: Eben so, wie wir einen Unterschied machen unter Personen und Lehre, so machen wir auch ferner einen Unterschied unter den Personen selbst, die sich in einer falschgläubigen Kirchengemeinschaft befinden. Es sind unter denen solche Leute, die den Irrtum mutwillig festhalten, lehren, ausbreiten und verteidigen, und alle bessere Lehre verachten und von sich stoßen. Ob diese aber noch für Christen zu halten sind, das möge ein Jeder selbst beurteilen. Es sind aber auch solche Leute unter ihnen, die durch Gottes Gnade bewahrt bleiben, daß sie das Gift der falschen Lehre nicht einsaugen, sondern in kindlich einfältigem Glauben die Stücke der Wahrheit festhalten, die sich noch in der falschgläubigen Gemeinschaft vor finden. Diesen wird es der HErr auch gelingen lassen, und sie entweder zu der rechtgläubigen Kirche bringen, oder sie als einen heiligen Samen unter den Falschgläubigen unbeschadet bis ans Ende erhalten. Sie gehören dem Herzen nach zu den Rechtgläubigen, obgleich sie äußerlich mit Falschgläubigen in Gemeinschaft stehen; und kommen sie zur Erkenntnis der Irrtümer in ihrer Gemeinschaft, so müssen sie auch von ihr ausgehen, es koste, was es wolle.

Fünftens: Aus dem Gesagten ist nun klar, daß wir, wenn wir Falschgläubigen die Kirchengemeinschaft verweigern, damit kein Verdammungsurteil über sie aussprechen; im Gegenteil bekennen wir, daß auch aus ihnen Leute selig werden. Daß wir aber trotzdem mit ihnen nicht in Kirchengemeinschaft treten können, auch nicht mit den Rechtgläubigen unter ihnen, so lange sie nicht von Jenen ausgehen, daran ist ihre falsche Lehre schuld. Nicht wir, sondern sie verhindern die Kirchengemeinschaft. Denn wer hat den Zwiespalt in der evangelischen Christenheit angerichtet? Doch gewiß die Falschgläubigen! Darum soll man sich ihr Geschrei nicht beirren lassen, und die Beschuldigungen von Lieblosigkeit, Unduldsamkeit u. s. w. gerne ertragen, und nur bei der Wahrheit standhaft bleiben; denn es stehet geschrieben: „Die Wahrheit wird euch frei machen." Darum rufen wir uns nochmals die Worte Christi zu: „Ich bin nicht gekommen, Frieden zu bringen auf Erden, sondern Zwietracht und das Schwert."

Wir haben nun noch einige Bemerkungen in Bezug auf das nachfolgende Büchlein selbst zu machen, was wir in Folgendem kürzlich tun wollen:

1. Fragt Jemand nach der Ursache der Entstehung dieses Büchleins, so diene ihm Folgendes zur Nachricht: Es ist in diesem Sommer ein Büchlein erschienen, betitelt: „Geschichte der ersten deutschen Ansiedlung in Altenburg, Perry Co., Mo. Mit besonderer Berücksichtigung der dortigen kirchlichen Bewegungen, geschrieben von G. A. Schieferdecker." Der Hauptzweck dieser, von Herrn Pastor Schieferdecker herausgegebenen Schrift ist offenbar der, den hier vorgefallenen höchstbetrübten sogenannten Chiliasten-Streit, der eine Gegengemeinde zur Folge gehabt hat, so darzustellen, daß ihn (den Past. Schieferdecker) Jedermann, der den Hergang nicht näher kennt, für das unschuldigste, frömmste Lamm auf Erden halten muß, das noch nie ein Wasser getrübt hat. Hingegen aber wird meine Gemeinde, desgleichen die Synode von Missouri :e., als tyrannisch, lieblos, ungerecht, fanatisch dargestellt, so daß der, welcher mit der Sache nicht vertraut ist, wunder denken muß, welche Ungeheuer die hiesige Gemeinde, die Past. Schieferdecker wegen falscher Lehre abgesetzt hat, und die Synode sein müssen. Weil nun der ganze Handel so unehrlich von Past. Schieferdecker entstellt worden ist, so konnte meine Gemeinde unmöglich dazu schweigen; sondern mußte nun ohne Schonung den ganzen Handel aufdecken, was auf Grund der Gemeinde-Protokolle im dritten Abschnitt dieses Büchleins geschehen ist. Wir fordern Alle, die dieser wichtige und folgenschwere Handel interessiert, auf, unsere wahrheitsgetreue Erzählung mit der Schrift Herrn Past. Sch's. zu vergleichen, so wird — des sind wir fest überzeugt — jeder unparteiische

Leser unserem Urteil beifallen, daß nicht die hiesige Gemeinde, nicht die Synode, sondern Past. Schieferdeckers falsche Lehre und unredliches Handeln die Ursache des Streits und der Rottirerei gewesen ist.

2. Was die beiden ersten Abschnitte dieses Büchleins betrifft, so habe ich in Bezug darauf Folgendes zu bemerken: Der erste Teil ist nicht von meiner Hand zusammengestellt worden, sondern aus der Feder des Herrn Prof. Walther geflossen. Derselbe wurde hier im Jahre 1864 bei der Jubelfeier der hiesigen Gemeinden zum Andenken an die vor damals 25 Jahren stattgehabte Einwanderung vorgelesen, und wurde somit ein Eigentum unserer Gemeinden. Und weil derselbe ein sehr wertvolles Document ist, das wir auch gerne auf unsere Nachkommen zu vererben wünschen, darum haben wir denselben nach eingeholter und erhaltener Erlaubniß des Verfassers mit aufgenommen. — Was aber den zweiten Abschnitt betrifft, so habe ich in Bezug darauf zu bemerken, daß unsere Absicht damit war, nicht nur die Erfahrungen der ersten Ansiedler zu beschreiben, sondern zugleich eine kurze Geschichte unserer Synode zu entwerfen, die vielleicht als Grundlage zu einer ausführlicheren Geschichte dienen könnte. Darum habe ich denn auch, wo ich ratlos war, um Auskunft nachgesucht, die ich denn auch erhalten habe. Besonders muß ich hier erwähnen, daß Herr Prof. Walther mir auf mein Bitten mehre wertvolle Documente hat zukommen lassen, die an den betreffenden Orten eingefügt worden sind. Im Uebrigen habe ich die früheren Jahrgänge des „Lutheraners," die Synodalberichte, die Kirchenaeten der hiesigen Gemeinde und der Gemeinde in St. Louis ;e. benutzt, und was ich nur Zweckdienliches darin finden konnte, habe ich herausgenommen und eingefügt.

Was nun schließlich an dem Büchlein, seine Form u. s. w. betreffend, auszusetzen ist, das wolle man meiner Untüchtigkeit und der wenigen Zeit, die ich zum Schreiben desselben gehabt habe, zuschreiben. Ich habe die Arbeit nicht aus Langweile unternommen, sondern bin dazu von meinen Gemeinden, und auch von außen her, aufgefordert worden. Auch habe ich die Schrift nicht aus Feindschaft gegen Herrn Pastor Sch., oder irgend eine andere Person, geschrieben, des ist Gott mein Zeuge. Ich habe sie mit inbrünstigem Gebet zu Gott angefangen und fortgesetzt, und sie soll nur zur Ehre der Wahrheit und zur Verherrlichung des großen Gottes dienen, der Sein Volk auch in diesem Lande wunderlich, aber doch seliglich geführt hat. Besonders soll sie das unseren Kindern nach uns erzählen, daß sie auch mit uns Gott loben und preisen, Sein Wort und Seine Kirche lieb haben, dabei beständig und bis ans Ende verbleiben und selig werden durch JEsum Christum, welchem sammt dem Vater und heiligem Geist sei Lob, Ehre, Preis und Dank von Ewigkeit zu Ewigkeit! Amen.

Altenburg, Perry Co., Mo.,

in der Reformationswoche 1865.

J. F. Köstering, Pastor.

Erster Abschnitt.

Die Ursachen der Auswanderung.

Motto: Denn es werden falsche Christi und falsche Propheten aufstehen, und große Zeichen und Wunder tun, daß verführet werden in den Irrtum (wo es möglich wäre) auch die Auserwählten. (Matth, 24:24)

Am 19. Februar 1839 war es, als die letzte Abteilung einer Auswanderungsgesellschaft in St. Louis, Mo., ankam, die unter dem Namen der sächsischen die Aufmerksamkeit sowohl von Freunden als Feinden auf sich gezogen hat.

Mit dieser Auswanderung hatte es kürzlich folgende Bewandtnis.

Die Lutherische Kirche Deutschlands befand sich damals schon seit längerer Zeit im tiefsten Verfall. Anstatt des Evangeliums von Christo dem Gekreuzigten herrschte fast allenthalben unter dem Titel der Aufklärung die elendeste Vernunftreligion. Gott, Tugend und Unsterblichkeit galten für die drei einzigen feststehenden Glaubensartikel. Die Bibel erklärte man für ein Buch, in welchem sich zwar diese drei wichtigen Wahrheiten aufbewahrt fänden, aber sie seien auch der eigentliche Kern derselben und alles Andere bloße Schale, teils morgenländische Bilder, teils abergläubische Volksvorstellungen, an welche Christus und die Apostel sich anbequemt hätten. Die Lehren von der Eingebung der heiligen Schrift durch den heiligen Geist, von der heiligen Dreieinigkeit, von der Gottheit Christi, von der Versöhnung der Sünderwelt durch Christi Leiden und Sterben, von Christi stellvertretendem, tuenden und leidenden Gehorsam, von der Erbsünde, von der Rechtfertigung eines armen Sünders vor Gott aus Gnaden allein durch den Glauben, von den Gnadenwirkungen des heiligen Geistes zur Buße und Bekehrung, von der Wiedergeburt durch die Taufe, von der Absolution durch das Evangelium, von der Gegenwart des Leibes und Blutes JEsu Christi im heiligen Abendmahl, von der alleinigen Gnadenzeit in diesem Leben und von der ewigen Verdammnis derer, die im Unglauben sterben, vom Dasein und den Wirkungen des Teufels, alle diese eigentlich christlichen Lehren galten für veraltete Lehren früherer abergläubischer Zeiten. Wer sie noch für Wahrheiten erklärte, der hieß ein Obscurant oder Finsterling, und wer sich etwas von lebendigem Christentum merken ließ, den nannte man einen Mystiker, d. h. Geheimniskrämer, oder einen Pietisten, d.h. einen Frömmler, und diejenigen Prediger, welche noch Seelen durch ihre Predigten zur Buße erweckten, sah man für gefährliche Menschen an, welche die Leute verrückt machten. Schon meinte man, das alte Christentum sei längst überwunden, werde bald endlich ganz vom Erdboden verschwunden sein und ein neues aufgeklärtes Zeitalter anbrechen, in welchem allenthalben die Religion des bloßen gemeinen Menschenverstandes zur Herrschaft kommen werde. Hiernach verstand es sich von selbst, daß der Unterschied, den man bisher zwischen den lutherischen und den anderen s. g. protestantischen Kirchen gemacht hatte, gar nicht mehr stattfinden könne und dürfe. Gerade das dreihundertjährige Reformationsjubiläum, welches man im Jahre 1817 in ganz Deutschland feierte, wurde als Gelegenheit benutzt, die Scheidewände zwischen den verschiedenen Kirchen nach und nach gänzlich niederzureißen, die kirchlichen Bekenntnisse abzuschaffen und die s. g. Union einzuführen. In Sachsen zwar, wo ein katholischer König regierte, der beschwören mußte, nicht die katholische Religion mit Gewalt oder List einzuführen, sondern die lutherische Staatskirche mit ihren öffentlichen Bekenntnissen und Einrichtungen unangetastet zu lassen und zu schützen, hier in Sachsen kam es aus diesem Grunde zu keiner Union, allein desto greulicher verwüstete hier der Rationalismus die noch immer den lutherischen Namen und die äußerliche lutherische Form tragende Kirche. Im Regiment saßen die ärgsten Kirchenfeinde; auf der Landesuniversität unterrichteten die meisten Professoren ihre Studenten nicht, wie sie das Evangelium einmal dem Volke heilsam predigen, sondern wie sie dasselbe dem Volke unvermerkt aus dem Herzen bringen könnten, auf den Kanzeln erscholl fast überall nichts, als eine heidnische Tugendlehre, indem Christus als der Weise von Nazareth und als das herrlichste Tugendmuster gepriesen wurde, der nur für seine Lehren am Kreuze gestorben sei; in den Volksschulen wurde schon der zarten Jugend anstatt des wahren Christentums Nichts als eine elende Naturreligion als „die Lehre Jesu" eingeprägt. — So lange noch die alten Agenden, die alten Gesangbücher und alten Katechismen in Gebrauch waren, erhielt sich hierdurch noch bei Vielen kümmerlich der heilige christliche Glaube, namentlich weil sich die meisten Prediger und Lehrer noch nicht getrauten, mit ihrem bagzen Unglauben herauszugehen, sondern ihre falschen Lehren noch immer mit christlichen Redensarten zu bemänteln suchten. Aber endlich wurde das spärliche Licht, das noch gebrannt hatte, auch ausgelöscht, und nach und nach fast überall rationalistische Agenden, Gesangbücher und Schulbücher eingeführt. So wurde es immer mehr und mehr in Deutschland stockfinstere Nacht. Das wahre Christentum wurde nicht nur eine immer seltnere, sondern auch selbst eine immer unbekanntere Sache.

    Doch Gott erhielt sich selbst in diesen schrecklichen Zeiten, in welchen eine größere Finsternis hereingebrochen war, als sogar mitten im Papsttum, einen Christensamen; die Psorten der Hölle konnten auch in Deutschland die Kirche Christi nicht überwältigen; gerade von dem Jahre 1817 an, wo man die christliche Kirche in Deutschland endlich ganz zu Grabe tragen wollte, fanden wieder an den verschiedensten Orten merkwürdige Glaubenserweckungen statt. Nicht nur trat hier und da wieder ein öffentlicher Lehrer auf, der Christum den Gekreuzigten als das Heil der armen Sünder verkündigte und ein Häuflein Gläubiger um sich sammelte, sondern an vielen Orten, wo der Greuel der Verwüstung durch die frechsten Irrlehrer an heiliger Stätte stand, sammelten auch einfältige, von der Liebe Christi entzündete Laien kleine Schaaren um sich, mit denen sie oft unter viel Spott, Hohn und Versolgungen in abgelegenen Winkeln durch gemeinsames Gebet, gottseliges Gespräch und Lesen erbaulicher Schriften sich stärkten, erbauten und erquickten. Je mehr das arme, verführte, blinde Volk, ihre s. g. Geistlichen an der Spitze und selbst mit Hülse der Obrigkeit, dagegen wütete und tobte, um so schneller wurde nur das Werk Gottes bekannt und desto mehr Seelen wurden von dem ausgebrochenen heiligen Feuer mit ergriffen und entzündet. Ueberaus schmerzlich fühlten es nun in dieser Zeit viele Gläubiggewordene, daß sie eine Herde seien, die keinen Hirten habe. Je klarer es Vielen wurde, daß nicht nur ihr eigenes Christentum, sondern das Christentum der meisten Gläubigen, die sie kennen lernten, auf sehr schwachen Füßen stehe; je deutlicher namentlich Viele, welche durch Gottes Fügung alte lutherische Erbauungsschriften in die Hände bekommen hatten, erkannten, daß das wieder erwachte Glaubensleben nicht jenes gesunde, gewisse, weltüberwindende Glaubensleben der früheren besseren Zeit sei; je größer daher bei Mangel an reiner Erkenntnis oft ihre Ratlosigkeit in großen Seelennöten wurde: um so mehr sehnten gerade die ernstesten Christen sich nach einem erfahrenen, bewährten Führer, dem sie sich, ohne Gefahr, verführt zu werden, anvertrauen und von dem sie, gründliche Anweisung, und Rat und Trost in allerlei Anfechtungen erhalten könnten. Dieses Verlangen regte sich nicht nur in vielen s. g. Laien, sondern auch in manchem jungen unerfahrenen Seelsorger. Einen Mann in Christo, einen geistlichen Vater, einen Vorkämpfer, eine Säule, an die man sich anlehnen könne, wünschte man.

Ein solcher Mann schien der Pastor Martin Stephan wirklich zu sein. Vom Jahre 1810 an hatte er eine lange Reihe von Jahren in der Hauptstadt des Königreichs Sachsen, in Dresden, dem Sitz des rationalistischen landeskirchlichen Regiments, Christum frei und öffentlich bekannt und nicht nur gegen den dort sein Haupt frech emporhebenden Unglauben, sondern mich gegen jede Glaubens-Verfälschung und -Vermengung mit damals fast beispielloser Entschiedenheit gezeugt. Seine Wirksamkeit hatte sich auch weit über die engen Gräuzen seiner kleinen böhmisch-lutherischen St. Johannis-Gemeinde ausgedehnt. Hunderte, vielleicht Tausende bekannten nach und nach, durch seinen Dienst aus dem Verderben errettet, von der Finsternis zum Licht, zum Glauben an ihren Heiland, zu einen festen Grund ihrer Hoffnung, zu einem neuen Leben aus Gott und zugleich zu der damals so seltenen Gewißheit gekommen zu sein, daß die evangelisch-lutherische Kirche allein die Kirche .des reinen Wortes und der unverfälschten Sakramente sei. Besonderes Zutrauen erweckte es bei vielen heilsbegierigen Seelen, daß Stephan Allen, die sich ihm näherten, abrieth, ihre geistliche Nahrung in den neuen gläubig religiösen Schriften zu suchen, und sie vielmehr in die symbolischen Bücher der ev.-lutherischen Kirche und in ältere lutherische Erbauungsschriften wies. Als im Jahre 1830 durch die Ausscheidung sowohl einzelner Prediger und Gemeindeglieder, als ganzer Gemeinden aus der unierten Landeskirche Preußens und durch die darauf folgenden schweren Verfolgungen der ausgetretenen treuen Lutheraner wieder Viele an das Kleinod erinnert wurden, welches die alte Luthers-Kirche besitzt, da wurden viele Gläubige namentlich in Sachsen auf Stephan aufmerksam, als einen Mann, der nie gewichen fei, schon seit langer Zeit gegen den Unionsgreuel Zeugnis abgelegt habe und mit dem Eifer für das kirchliche Bekenntnis und die reine Lehre den Eifer für lebendiges Christentum und wahre Gottseligkeit verbinte. Während daher in Dresden selbst eine lebendig gläubige Gemeinde, die aus Leuten aller Stände bestand, sich um ihn schaarte, wendeten sich an ihn auch anderwärts her sonderlich junge Prediger, Kandidaten, Studierende und machten ihn zu ihren: Gewissensrat.

Je unerfahrener die meisten Rachsuchenden waren und je mehr sich der empfangene Rat zur Beruhigung der Gewissen bewährte, je größer wurde das Zutrauen, welches sie in diesen Mann setzten. Mancher hatte auch wohl einen Freund, einen Bruder, einen Verwandten, dessen großen Ernst und dessen reises Urteil in geistlichen Dingen er hoch stellte, und der sich an Stephan, als einen erleuchteten Seelsorger, eng angeschlossen hatte, was nun auch ihn veranlaßte, diesem Mann die Führung seiner Seele anzuvertrauen. War eine Anzahl Seelen durch einen jungen Prediger erweckt worden, der Stephan zu seinem Gewissensrat erwählt hatte, so wurden diese Seelen natürlich auch dazu angeleitet, Stephan für den geistlichen Vater ihres Hirten und so gewissermaßen für ihren Oberhirten anzusehen und zu verehren; ohne ihn selbst zu kennen.

So berechtigt anfänglich ein gewisses Zutrauen war, mit welchem man sich einem Mann hingab, durch dessen Dienst nicht nur Viele zu einer rechtschaffenen Bekehrung von der Gewalt des Satans zu Gott, sondern auch viele Gläubige aus großen gefährlichen Irrtümern, Zweifeln, Anfechtungen zur Klarheit, Gewißheit und Seelenruhe gekommen waren, und da Stephan fort und fort auf die kirchlichen Symbole und auf die alten lutherischen Schriften verwies: so wurde doch nach und nach, namentlich bei denen, welche Stephan näher standen, nus dem berechtigten Zutrauen zu seinem Bekenntnis ein sündliches Vertrauen auf seine Person. Immer mehr gab man sich der Voraussetzung hin, was Stephan sage und rate, das müsse jedenfalls richtig sein und dürfe, ja müsse angenommen werden, auch wenn man den guten Grund der Entscheidung nicht klar erkennen könne, ja, gar nicht ernstlich geprüft habe. Stephans Leben war verdächtig. Zum großen Anstoß der Welt machte er nächtliche Spaziergänge mit seinen Vertrauten; aber weil er behauptete, er müsse das tun, da er während des Tages unausgesetzt mit seelsorgerischen ArVeiten beladen sei und doch durchaus körperlicher Bewegung bedürfe, so meinten seine Anhänger, daß der Anstoß nicht ein gegebener, sondern ein genommener sei. Auch fand ein offenkundiges Mißverhältniß zwischen ihm und seiner Gattin statt, durch welches das ganze Familienleben so gut wie aufgelöst war; aber weil Stephan immer und immer klagte, daß die Schuld lediglich auf seiner Gattin ruhe, beruhigte man sich auch hierüber, und bemitleidete nur einen Mann, der bei seinen beispiellofen Amtslasten und - Sorgen selbst im Schooße seiner Familie die Pflege und Erholung nicht sinde, die er doch so sehr bedürfe. Die geärgerte Welt beschuldigte Stephan geheimen verbrecherischen Umgangs; selbst manche Gläubige, welche sich von ihm sern hielten, sprachen die Befürchtung aus, daß er nicht über allen Verdacht erhaben sei, da er Nichts tue, um den Anstoß wegzuräumen; seine Anhänger aber, mit ihrem Gewissen bereits an seine Person gesesselt, achteten alle über ihn ergehenden bösen Gerüchte für Nichts, oder für Früchte des Unglaubens und der Feindschaft gegen einen treuen Knecht Christi und der Kirche. Hierin wurden sie um so mehr gestärkt, da die gegnerischen Gläubigen, zu Beweisen aufgefordert, solche nicht liesern konnten, und nun allein vor zu großer Anhänglichkeit an Stephans Person warnten; wogegen man sich aber dann darauf berief, daß man von Stephan nur wie die Kinder vom Vater abhängig sei. Hierzu kam, daß wiederholt angestellte gerichtliche Untersuchungen immer mit Stephans Freisprechung geendet hatten; was seine Anhänger immer sorgloser und sicherer machte.

Je mehr aber dem armen Manne Vertrauen, Unterwürfigkeit und Verehrung gezollt wurde, um so dietatorischer wurde von Zeit zu Zeit sein Verhalten, während die am festesten von ihm Gefangenen selbst Alles taten, die immer mehr heraustretende Herrschsucht als die rechte Handhabung des Wortes Gottes und des Seelsorgeramtes zur Anerkennung zu bringen.

Stephans Lehre ist wohl nie die reine Luthers-- Lehre, sondern mehr eine pietistische gewesen; daher er neben den kirchlichen Bekenntnissen nicht sowohl Luthers Schriften, als vielmehr Schriften wie die von Spener, Aug. Herm. Franke, Bogatzky, Joh. Jakob Rambach, Joh. Philipp Fresenius, von Werner, dem Verfasser des Himmelswegs, von Steinmetz, Freylinghaufen, Scriver, Heinr. Müller, Joh. Arndt und andere empfahl; wiewohl er auch an diesen dann und wann teils berechtigte, teils unberechtigte Ausstellungen machte. Das Eigentümliche in seinem Lehrsystem, wenn man überhaupt bei ihm von einem System reden kann, waren allerlei hierarchische Grundsätze, d. i. Lehren, welche Priesterherrschaft und, was dieselbe im Gefolge hat, begründen. Das unbedingte Vertrauen und der blinde Gehorsam, welcher Stephan geleistet wurde, schienen ebensowohl Ursache wie Wirkung seiner hierarchischen Lehrgrundsätze gewesen zu sein. Das öffentliche Predigtamt stellte er als ein Gnadenmittel dar, ohne welches ein Mensch nicht wohl zum Glauben kommen und selig werden könne. Die Ordination galt ihm für eine von Gott eingesetzte, von den Aposteln her in ununterbrochener Reihenfolge geschehende Fortpflanzung der Fähigkeit, die Gnadenmittel gültig und kräftig zu verwalten. Der Pastor zwar ihm der Kirchenregent, der das Kirchenregiment allein habe, worein das außer dem Amte befindliche Volk, namentlich was Lehre betrifft, Nichts zu reden habe; daher Laien auf Concilien nur als Zeugen und dergleichen zuzulassen seien.

Den Löse- und Bindeschlüssel oder den Bann legte er gänzlich in die Hände der s. g. Geistlichkeit. Die sichtbare lutherische Kirche erklärte er für die wahre Kirche im eigentlichen Sinne des Worts. Solche Worte Gottes, wie: „Sage es der Gemeinde," Matth. 18. und: „Ihr seid das auserwllblte Geschlecht, das königliche Priestertum, das heilige Volk des Eigentums, daß ihr verkündigen sollt die Tugenden des, der euch berufen hat von der Finsternis zu seinem wunderbaren Licht," 1 Pet. 2, 9., solche Worte Gottes hatten in Stephans Lehrsystem keine Stelle und wurden jämmerlich verdreht. Wie Stephan in dieser Beziehung im Jahre 1836 stand, beweisen gewisse Grundzüge zu einer Kirchenverfassung, welche damals aufgesetzt, jedoch nicht vollendet worden sind.

Nicht nur kamen jedoch in beiläufigen Aeußerungen noch schlimmere Dinge, denn diese feierlich als Lehre der wahren Kirche vorgelegten Irrtümer, vor, sondern die Praxis war selbst noch schlimmer, als die dieselbe begründende Lehre. Unter dem Titel der Amts - Autorität wurde die furchtbarste Gewissenstyrannei ausgeübt. Die Furcht vor Verletzung der Würde des heiligen Amtes lag auf den Herzen und Gewissen seiner Anhänger wie ein Bann. Hatten die jungen Prediger und Kandidaten und die Stephan zunächst stehenden, besonderes Ansehen genießenden Gemeindeglieder darunter zu leiden, so erfuhren zum Teil wieder die von ihnen Abhängigen denselben Gewissensdruck. Alle oder doch die Allermeisten seufzten darunter; aber die falsche Lehre von Kirche, Amt und Kirchenregiment und eine nach und nach immer größer werdende Furcht vor Stephans höchster Autorität hatte die Gewissen so fest gefangen und verstrickt, daß sich Jedermann fürchtete, bei Widerstand gegen das Ganze wider Gott selbst zu streiten und durch Verlassen der Gemeinschaft die wahre Kirche aufzugeben, in welcher allein Heil und Seligkeit zu finden sei. So wurde denn die gegenseitige brüderliche Gemeinschaft völlig vergistet, also daß Keiner dem Andern sich zu entdecken getraute. Der Glaube litt in denen, welche ihn noch bewahrten, unersetzlichen Schaden. Leichtsinn wechselte bei Vielen mit immer wiederkehrender Höllenangst und Gewissensqual. Gerade die zartesten Gewissen suchten aber die Ursache ihrer Zweifel an der Richtigkeit der ganzen Sache in sich selbst, in ihrer Blindheit und in ihrem argwöhnischen, mißtrauischen Herzen. —

Stephan scheint sich nach Allem, was ältere Vertraute von ihm berichten, schon frühzeitig mit dem Gedanken einer Auswanderung getragen zu haben. Zuerst richtete er seinen Blick zu diesem Zweck auf Australien. Er kam jedoch, als ein Mann von jedenfalls praetischem Blicke, davon bald wieder ab und wendete sich den Vereinigten Staaten von Nordamerika zu. Um über die hiesigen Verhältnisse Erkundigungen einzuziehen, setzte er sich daher schon im Jahre 1830 mit dem noch lebenden hiesigen Prediger Dr. Benjamin Kurz in Baltimore in briefliche Verbindung, durch dessen Berichte er auch in dem Entschluß, die Vereinigten Staaten zum Ziel der beabsichtigten Auswanderung zu machen, nicht wenig befestigt wurde. Eine Zeitlang sein Augenmerk auf den Staat Michigan richtend, wurde er endlich durch das Buch eines gewissen Duden über den Staat Missouri, worin dieser Staat mit den glühendsten Farben als ein Garten Gottes geschildert wird, gerade auf diesen Teil der Union, als den zu einer Niederlassung für eine größere Einwanderungsgesellschaft passendsten aufmerksam, und bewogen, denselben schließlich dazu auszuwählen.

Schon seit dem Jahre 1830 und wohl noch früher hatte

Stephan ihm näher Stehende in seinen Auswanderungsplan eingeweiht und sie von der wahrscheinlich in Kurzem eintretenden Notwendigkeit zu überzeugen gesucht, denselben auszuführen. Bei dem Verfall, in welchem sich damals die Kirche allenthalben in Deutschland befand, bei dem großen Mangel an Klarheit in der Lehre und bei dem unbegrenzten Zutrauen zu Stephans Lauterkeit und Weisheit, das er bei seinen Anhängern genoß, kostete es auch nicht große Ueberredungskünste, dieselben für diesen Plan einzunehmen. Sie wurden darauf hingewiesen, in welchen, schweren Gewissensnöten sich treue Prediger in Deutschland befänden, die in unchristlichem Geist verfaßte Formulare zu den heiligen Handlungen aus der neumodischen Agende gebrauchen müßten, elendes, von Rationalisten vorgeschriebenes Geschwätz als Gebete öffentlich vortragen, aus widerchristlich verfälschten Gesangbüchern in den Gottesdiensten ihre Gemeinde singen lassen, aus mit offenbaren oder versteckten Ketzereien angefüllten Schulbüchern die Kinder in ihren Schulen, und zwar meist von den ärgsten Irrlehrern, unterrichten lassen, auch die lasterhaftesten und ungläubigsten Leute zum heiligen Abendmahl zulassen, in Gemeinschaft mit den gottlosesten Irrlehrern dieses heilige Sakrament ausspenden und die offenbarsten Ketzer, Lästerer, Feinde Christi und Wölfe für ihre kirchlichen Inspectoren anerkennen, respektieren, sie an ihre Altäre und auf ihre Kanzeln lassen müßten. Es wurde ferner daran erinnert, wie auch die Laien reißende Wölfe für ihre Seelsorger anerkennen, bei ihnen Absolution, Taufe und Abendmahl nehmen und ihre Kinder von Erzverführern unterrichten lassen müßten. Vor Allem wurde vorgestellt, daß mau von Seiten des ungläubigen Kirchenregiments darauf ausgehe, den Eid auf die kirchlichen Bekenntnisse abzuschaffen, und auch die letzten Ueberbleibsel des Luthertums, ja des ganzen Christentums aus früherer Zeit abzutun, und aus der

Kirche eine nur durch Naturreligion verbundene Gesellschaft zu machen, daß es zwar jetzt noch möglich sei, so lange noch Freiheit stattfinde, das Amt niederzulegen und auszuwandern, und sich selbst, die Kirche und ihre Güter zu retten, daß aber vielleicht bald auch diese Möglichkeit verschwunden sein werde. Schon jetzt sei das Bleiben in Deutschland mit äußersten Seelengefahr verbunden; bald könne es aber dahin kommen, daß es ganz unmöglich sei, da selig zu werden. Deutschland habe das Evangelium verworfen und sei somit zum Gerichte reis. Wer in diesen Gerichten nicht mit umkommen wolle, müsse daher eilends aus diesem Sodom und Gomorrha fliehen. Jetzt gelte der Spruch: „Wer verläßt Häuser, oder Brüder, oder Schwestern, oder Vater, oder Mutter, oder Weib, oder Kinder, oder Aecker, um meines Namens willen, der wird es hundertfaltig nehmen und das ewige Leben ererben," Matth. 19. Jetzt gelte der Spruch: „Des Menschen Feinde werden seine eigenen Hausgenossen sein. Wer Vater oder Mutter mehr liebt denn mich, der ist meiner nicht wert. Und wer Sohn oder Tochter mehr liebt denn mich, der ist meiner nicht wert," Matth. 10, 36. 37. Jetzt heiße es wieder, wie bei Abraham: „Gehe aus deinem (götzendienerischen) Vaterlande und von deiner Freundschaft und aus deines Vaters Hause, in ein Land, das ich dir zeigen will," 1 Mos. 12, 1.—

Schon eine Reihe von Jahren hindurch hatte Stephan erklärt, er warte nur noch auf ein Zeichen von Gott zum Aufbruch; als er aber im November des Jahres 1837 auf dem Weinberge in der Hoflösnitz aufgehoben und bald darauf vom Amte suspendiert und ein Prozeß wider ihn eingeleitet worden war, da erklärte er kurz darauf, zu Anfang des Jahres 1838, nicht nur den Gliedern seiner Dresdener Gemeinde, sondern ließ es auch allenthalben hin, wo mit ihm Verbundene waren, melden, die Stunde zum Aufbruch habe geschlagen. Da Jedermann auf diesen endlichen Schritt bereits vorbereitet war, so erklärten sich auch alsbald Hunderte bereit, dem Rufe zu folgen. Am 4. Sept. 1838 hatten sich daher bereits 707 Personen zur Mitauswanderung gemeldet und einschreiben lassen; aus Dresden und der Umgegend 240, aus Leipzig 31, aus Frohna im Muldenthale, wo Pastor Keil stand, und aus der Umgegend 109, aus Lunzenau bei Rochlitz, wo Pastor Bürger stand, und aus der Umgegend 84, aus Eichenberg bei Cahla im Altenburgischen, wo Pastor Löber stand, und aus der Umgegend 108 (unter welchen sich jedoch auch eine Anzahl Lutheraner aus der Gegend von Halle und Naumburg befand), aus Paitzdorf im Altenburgischen, wo Pastor Gruber stand, und aus der Umgegend 48, aus Langeneursdorf bei Waldenburg im Muldenthale, wo Pastor Walther der Aeltere stand, 16, aus Bräunsdorf bei Peniz, ebenfalls im Muldenthale, wo Pastor Walther der Jüngere stand, 19, anderwärts her noch einzelne Personen, an der Zahl 20; welche alle zusammen das von ihnen mitzunehmende Vermögen in barem Golde zu 123,987 Thalern angaben und in eine sogenannte Kreditkasse zusammen taten. Wenige, die bisher zu Stephans Anhängern sich gezählt hatten, erkannten, daß nicht Gott, sondern Stephan sie rief. Prediger, Schullehrer, Staatsbeamte legten ihre Aemter nieder, ansässige Landbauer verkauften ihre Besitztümer, Aerzte gaben ihre Praxis, Künstler und Handwerker ihre Geschäfte auf, ja, Verehelichte verließen ihre Gatten, Eltern ihre Kinder, Kinder ihre Eltern, Alle ihre Heimath; nach der großen Mehrzahl in tiefster Verblendung wähnend, damit dem HErrn ein Opfer zu bringen, ihre eigenen Seelen, und für ihre Kinder und Kindeskinder die Gnadenmittel, die wahre Kirche zu retten. Wunderbarer Weise ließ auch Gott Alles nach Wunsch gelingen. Eine Anzahl Landmädchen z. B., die, weil ihre Eltern die Einwilligung zur Auswanderung nicht hatten geben wollen, keinen Reisepaß erhalten hatten, wanderten ohne Paß, teils als Studenten, teils als junge Damen verkleidet, meist zu Fuß aus dem Muldenthale Bremerhafen, dem Abfahrtsplatze, zu und kamen daselbst ungehindert an. Aehnlich ging es mit einigen unmündigen Kindern; obgleich man dieselbigen und diejenigen, die man für ihre Entführer hielt, mit Steckbriefen lebhaft verfolgte, kamen sie dennoch insgesammt unentdeckt und wohlbehalten glücklich im bestimmten Abführts-Hafen an; nur eine Pfarrerswittwe, bei welcher man die entflohenen Kinder vermutete, wurde im Bremerhafen bis nach der Abfahrt des letzten Schiffes festgehalten, aber endlich auch ungehindert entlassen, daher sie mit zwei ihrer Kinder und einem jungen Manne über New-York nachreiste und da seiner Zeit glücklich ankam. Eine große Kirchenbibliothek, eine Orgel, eine Sammlung von Kirchenmusiealien mit den dazu gehörigen Instrumenten war auf allgemeine Unkosten angeschafft worden und wurde mitgenommen. Eine Auswanderungs- und Kreditkassenordnung wurde entworfen.

Die Gesellschaft mietete vier Schiffe zu ihrem ausschließlichen Gebrauche, ein fünftes kleineres besetzten ihre Glieder bis auf nicht mehr als drei Plätze, welche zur Gesellschaft nichtgehörige Passagiere einnahmen.

Dasjenige dieser Schiffe, welches unter allen zuerst in See ging, war das Schiff Copernicus; es geschah dies am 3. November 1838; und am 31. December desselben Jahres kam es glücklich in New Orleans an. Der darauf befindliche Prediger war Pastor Bürger aus Lunzenau.

Das zweite war das Schiff Johann Georg. Dasselbe verließ nur einige Stunden später an demselben 3. November 1838 den Hafen, erreichte New Orleans aber erst am 5. Jan. 1839. Die auf diesem Schiffe befindlichen Prediger waren die Pastoren Keil aus Frohna und Walther der Jüngere ans Bräunsdorf.

Das dritte Schiff war die Republik; sie verließ Bremerhafen am 12. Nov. und kam dann am 12. Jan. 1839 in New

Orleans glücklich em. Der auf diesem Schiffe befindliche Prediger war Pastor Löber aus Eichenberg.

Das vierte Schiff war der Olbers; derselbe lief am 18. Nov. 1838 aus und kam am 20. Jan. 1839 in New Orleans an. Auf diesem Schiffe befanden sich die Pastoren Stephan und Otto Hermann Walther, der Aeltere, aus Langenkursdorf.

Das fünfte Schiff war die Amalia; dieselbe lief an demselben Tage mit dem Olbers aus, kam jedoch in New Orleans nicht an, und ist auch von dem Schicksale dieses Schiffleins nie etwas Bestimmtes kund geworden. Es ist daher ohne Zweifel in den damals häufigen, schweren Stürmen mit allen darauf Lebenden zu Grunde gegangen.

Auch in St. Louis kamen die Passagiere der vier ersten Schiffe nach einer glücklichen Fahrt auf dem Mississippi wohlbehalten an, und zwar am 19. Februar 1839 Nachmittags in der ersten Stunde.

Das endliche Wiederzusammentreffen aller aus Deutschland gemeinschaftlich Ausgezogenen am ersten Zielpunkt in der erkorenen neuen Heimath, mit Ausnahme jener auf dem verunglückten Schiffe befindlich gewesenen, war jedoch im Allgemeinen nichts weniger als herzlich fröhlich. Hatte Stephan schon in Deutschland vielfach eine große Härte und Herrschsucht und ein Gelüsten gezeigt, sich unter dem Vorgeben eines Amtsrechts auch in Familien- und andere weltliche Angelegenheiten einzumischen, und hatte schon sein Wandel in Deutschland Tausende mit Verdacht gegen seine Rechtschaffenheit erfüllt, so hatte sich dies alles während der Land-, See- und Flußreise um ein Großes gesteigert, und war durch nur zu offenbar gewordene Gunstsucht, Prunkliebe, Verschwendung und leichtfertiges Verfügen über fremdes Eigentum vermehrt worden. Hierzu war noch dieses gekommen. In Deutschland hatte Stephan zwar schon die bischöfliche Verfassung als die heilsamste empfohlen, aber nicht nur entschieden bekannt, daß dieselbe nur eine menschliche

Kirchenordnung sei, sondern auch, wahrscheinlich um über seine ehrgeizigen Pläne zu täuschen, erklärt, daß er selbst in Amerika nicht Bischof, sondern nur dessen Ratgeber werden wolle. Während der Seereise aber hatte er nichts desto weniger seine Schiffsgesellschaft überredet, ihn zum Bischof zu erwählen, da es, wie er vorgab, für die augenblickliche und künftige kräftige Wirksamkeit der einwandernden Kirche von höchster Wichtigkeit sei, daß er als der Leiter des Ganzen sogleich mit der bischöflichen Würde bekleidet öffentlich auftrete. Dies alles und die von Stephan angeordnete und von seinen Nächststehenden mit nur zu großem Eifer ausgeführte unseelsorgerliche und unväterliche, inquisitorische, gewissensbeherrschende und tyrannische Behandlung, namentlich derjenigen Personen, welche ihre schweren Gewissensbedenken nur ein wenig sich merken und laut werden ließen, hatte endlich eine fast allgemeine Gedrücktheit der Gemüter und ein geheimes Bangen, ja wohl Grauen vor der Zukunft bewirkt; Stephan aber, dem es hierbei selbst unheimlich geworden zu sein scheint, hatte dies nur dazu bewogen, endlich während der Mississippifahrt ein Document anfertigen zu lassen, welches alle Glieder hatten unterzeichnen und vermittelst desselben Stephan mit Herz und Leben sich verschreiben müssen; was nach seiner Ankunft auch den früher angekommenen Gliedern zugemutet und von diesen in ihrer tiefen Verblendung, auch wohl vielfach mit Befremden und schwerem Herzen, doch ohne Widerstand geleistet wurde.

 Jedoch nachdem die gesammte Auswanderungsgesellschaft Stephan noch einmal gegen öffentliche Angriffe auf seinen Charakter bald nach ihrer Ankunft öffentlich in dem hiesigen Anzeiger des Westens verteidigt hatte — da war nun auch die Stunde des Gerichts für diesen riesenhaften Heuchler und die Stunde der Erbarmung Gottes gekommen, welche beschlossen hatte, die von Stephan schmählich Verführten aus den Klauen ihres Verführers zu erretten. Stephan wurde offenbar als ein scheußlicher Sündendiener. Worauf dann die Gesellschaft am 27. Mai 1839 folgenden Widerruf und öffentliche Lossagung von Stephan in dem Anzeiger des Westens vom 1. Juni jenes Jahres publizierte:

„Die Unterzeichneten fühlten sich noch vor einigen Wochen gedrungen, den mancherlei übeln Gerüchten, die von Deutschland her gegen unseren zeitherigen Bischof Stephan auch hier verbreitet worden waren, öffentlich in diesen Blättern zu widersprechen. Denn da sowohl nach unseren eigenen Beobachtungen, als nach den über diesen Mann verhängten strengen gerichtlichen Untersuchungen alle gegen ihn ausgesprochene Beschuldigungen durchaus unerwiesen blieben, so hielten wir uns vornehmlich an sein entschiedenes lutherisches Bekenntnis und trugen kein Bedenken, mit ihm nach Amerika auszuwandern und unsere von seiner Unschuld gewonnene Ueberzeugung öffentlich auszusprechen.

Leider aber haben wir in den letztversiofsenen Wochen eine Erfahrung gemacht, die uns hinsichtlich jenes Mannes ebenso einer schmählich erlittenen Täuschung überführt, als unsere Herzen mit Abscheu und Entsetzen erfüllt hat. Stephan hat sich wirklich der geheimen Sünden der Wollust, der Untreue und der Heuchelei schuldig gemacht, und wir selbst müssen diejenigen sein, denen völlig unaufgefordert die Geständnisse getan wurden, die ihn entlarven, und von denen wir nun sofort auch Andern die nötige Mitteilung gemacht haben.

Haben wir nun vorher in Unwissenheit und freiwilliger Anhänglichkeit diesen Mann verteidigt, so sagen wir uns jetzt, da uns Gott durch seine gnädige Führung die Augen hierüber geöffnet hat, von dem Tiefgefallenen öffentlich los.

Wir hoffen zu Gott, daß er, der bisher so sichtbar sich unserer und der mit uns ausgewanderten Gemeinde angenommen hat, bei uns und Andern alle schädliche Folgen des gegebenen großen Aergernisses abwenden werde."

St. Louis, 27. Mai 1839.

Gotthold Heinrich Lober, Pastor,

Ernst Gerhard Wilhelm Keyl, Pastor,

Ernst Moritz Bürger, Pastor,

Carl Ferdinand Wilhelm Walther, Pastor,

(zugleich im Namen ihrer zwei abwesenden Amtsbruder:)

Otto Hermann Walther, Pastor,

Maximilian Oertel, Pastor.

Fast unbegreiflich weit und tief waren hiernach wohl die Irrwege, auf welche sich eine Anzahl Christen hatte verlocken lassen, die lieber Alles verlassen und verläugnen, als einen falscheu Weg gehen wollten; schwer und groß waren die Sünden, zu denen sich Christen hatten verführen lassen (freilich in den mannigfaltigsten Abstusungen und in der Meinung, Gott einen Dienst daran zu tun), Christen, denen es zumeist ihr ganzer Ernst war, selig zu werden, und die lieber sterben, als in die geringste Sünde willigen wollten: allein noch unendlich größer war die Breite, und die Länge, und die Tiefe, und die Höhe der Liebe und Erbarmung Gottes, welcher ihnen durch furchtbare Tatsachen erst gezeigt hat, wohin falsche Lehre, namentlich von Amt und Kirche, wohin Priesterherrschaft, blindes Vertrauen auf einen Menschen, Mangel an Prüfung aller Lehre und alles Lebens nach Gottes Wort, endlich führen kann, und der sie dann aus der Finsternis des Irrtums zu dem Lichte der lauteren Wahrheit, aus dem Elend der Menschenknechtschllft zur vollen seligen Freiheit der Kinder Gottes geführt, das Böse zum Guten gewendet, sie für Viele hier zum Segen gesetzt und eines großen herrlichen Werkes doch endlich gewürdigt hat. Ihm, dem treuen, erbarmungsreichen Gott Vater, Sohn und heiligen Geiste sei Lob, Preis und Ehre in Zeit und Ewigkeit. Amen.

Zweiter Abschnitt.

Die erste deutsche evangelisch-lutherische Ansiedlung in Perry County, im Staate Missouri, und damit zusammenhängende interessante Nachrichten.

Motto: „Weil denn die Elenden verstöret werden, und die Armen seufzen, will ich aus, spricht der HErr; ich will eine Hülfe schaffen, daß getrost lehren soll." Ps. 12,6.

Der vorhergehende Abschnitt hat zwar schon der Offenbarwerdung Stephans und des nicht geringen Erschreckens der Auswanderungsgemeinde darüber Erwähnung getan; wollen wir aber ein deutliches Bild von der ersten Ansiedlung dieser Gesellschaft entwerfen, so müssen wir uns erlauben, bis auf die Zeit der Ankunft in St. Louis zurückzugreifen, und noch einiger Begebenheiten, die mit unserer Erzählung zusammenhängen, Erwähnung zu tun.

St. Louis war, wie wir gehört haben, der Sammelplatz dieser Leute, von wo aus ein geeigneter Platz zur Niederlassung und Ansiedlung aufgesucht und angekauft werden sollte. Eine geraume Zeit verstrich, ehe ein Platz aufgefunden wurde, der den Wünschen Stephans entsprach; denn auch in diesen Angelegenheiten mußte Alles nach seinem Rat und Wunsch gehen, wenn die Gemeinde seinen Zorn nicht auf sich laden wollte. Während dieser Zeit wurden die Leute in einigen gemieteten Häusern untergebracht, wo sie, meistenteils ohne Arbeit, zehrend aus der Kreditkasse, drei bis vier Monate zubrachten, weil Stephans verkehrte Maßregeln es so lange nicht zu einem gewissen Endziel kommen ließen, in Folge deß dann die Kreditkasse aufs höchste erschöpft wurde. Zur Abhaltung ihrer Gottesdienste wurde ihnen von den Episkopalen der untere Raum ihrer Kirche zu benutzen erlaubt. — Aber schon bald wurden Manche aufs Krankenbett gelegt, und ein Teil davon ging in die Ewigkeit. Ungeachtet dieser Züchtigungen aber fuhr Stephan, der Führer dieser Auswanderungsgemeinde, dennoch in seinem hoffärtigen und — wie es denn bald an den Tag kam — fleischlichen Wandel fort, und mästete sich wie ein Ochse zum Schlachttag. *) — Endlich war nun der geeignete Platz aufgesunden, wo, nach Stephans Idee, die Kirche unter ihrem bischöflichen Oberhaupte mit allen ihren äußerlichen und innerlichen Kräften konzentriert werden sollte. Dieser Platz lag in Perry County, Missouri, etwa 110 Meilen unterhalb St. Louis. Die Gegend war zwar ziemlich schön und gesund, ja, nach Stephans Urteil schöner, als das Land Palästina, hatte aber doch wegen ihres zu sehr gebrochenen Landes nur einen ärmlichen Boden, dem nur mit viel Mühe und Arbeit ein sehr geringer Ertrag abgewonnen werden konnte. Es setzt uns freilich in Verwunderung, daß sich diese Leute in einer solchen Gegend niederließen, da doch damals noch in allen westlichen Staaten Amerikas ungeheure Strecken des fruchtbarsten Landes zum Verkauf dalagen; es war aber für sie eine zeitliche Strafe dafür, daß sie Stephan, wir wollen nicht sagen, blindlings folgten, aber doch glaubten, daß sie ihm, auch in äußeren Dingen, nicht etwa nur um guter Ordnung, sondern um des Gewissens willen, gehorsam zu sein schuldig wären. Sie kauften hier ein zusammenhängendes Stück Land von 4440 Acker, auf welchem schon einige hergerichtete Farmen waren, mit einem Landungsplatze für Dampfboote am Mississippi Flusse, für über 10,000 Dollars, welches Geld aus der Credit

— — — — —

*) Seine Verschwendung ist in der Thal großartig gewesen. In sieben Monaten — wovon drei Monate auf die Schifffahrt kommen, wo er doch mit Lebensmitteln versehen war — hat er für sich und sein Haus 4000 Thaler verbraucht.

kasse genommen wurde. Nach und nach zogen nun die Meisten, besonders die, die kein Handwerk hatten, von St. Louis hinunter in die neue Ansiedlung, wo ihnen freilich keine glänzenden Verhältnisse entgegenwinkten, sondern vielmehr kümmerliche Zeiten und heftige Trübsalsstürme bevorstanden, wie sie die Meisten unter ihnen noch nicht erlebt hatten. In St. Louis blieb eine kleine Gemeinde von ohngefähr 1N0 bis 120 Seelen zurück, welche den nun in Gott seligen Hrn. Past. Otto Herman Walther zu ihrem Seelsorger berief.

Auch Stephan war noch vor Pfingsten 1839 in der neuen Ansiedlung eingetroffen, um daselbst nach seinem Ermessen die äußeren und inneren Anordnungen zu treffen; denn ohne seine Zustimmung und Anweisung durfte Keiner Etwas anfangen, wenn es auch noch so gering war. Daß aber ein solcher Mann, von dem der Geist Gottes, wie von einem Saul, gewichen war, und der zu dem mohammedanischen Glauben (sollte sagen Gotteslästerung) herab gesunken war, daß Alles, was er vornehme, von Gott gewollt sei. und folglich auch gelingen müsse — daß der, sage ich, nur verkehrte Dinge anrichten konnte, ist leicht zu erachten. Statt daß er, wie es nur vernünftig gewesen wäre, als Führer dieser Leute, sie hätte antreiben sollen, zunächst allen Ernstes für eine, wenn auch noch so geringe Wohnung und für Obdach zu sorgen, damit sie vor Wind und Wetter geschützt gewesen, und den klimatischen Krankheiten nicht so leicht zum Opfer gefallen wären; so gingen vielmehr seine Verordnungen dahin, daß sie zuerst Wege machen, Brücken bauen und dergleichen oft ganz unnötige und vergebliche Arbeiten verrichten mußten. Denn wenn sie z. B. am Tage oft eine Brücke auf ihre Weise gebaut hatten, so kam vielleicht schon in der nächsten Nacht ein starker Regenguss, und flößte sie wieder hinweg. Ueber solche vergebliche Arbeiten, die die Leute auch nicht einmal ordentlich anzugreisen verstanden, wurde viel edle Zeit verschwendet. Wagen hatten sie nicht; Zugtiere waren zwar da, aber die durften sie oft nicht einmal gebrauchen, weil Stephan befürchtete, die möchten sich die Beine brechen; so konnten sie nur mit vieler Mühe gar Weniges zu Stande bringen. Und weil Niemand ohne höheren Befehl Etwas unternehmen durfte, sondern auf eine bestimmte Anweisung warten mußte, so geschah es denn oft, daß die Leute fast vor Mittag nicht an die Arbeit kamen, weil man im bischöflichen Rate über die vorzunehmende Arbeit des Tages nicht hatte zur Einigkeit gelangen können. Während dem nun die armen Leute sich vielfach ganz unnötiger und nutzloser Weise plagen und Stephans verkehrte Pläne ausführen mußten, lagen sie mit ihren Familien in sogenannten *Camps*, worin sie vor dem Wind und Wetter nicht geschützt waren, was denn zur Folge hatte, nicht nur, daß ihnen viele wertvolle Sachen, die sie sehr nötig gebrauchten, zu Grunde gingen, sondern daß auch bald hernach ihrer Viele erkrankten, und ein Opfer der den neuen Einwanderern so gefährlichen klimatischen Fieber wurden. Stephan aber bekümmerte sich um das traurige Loos der armen Leute weniger, als sich ein Hirte um seine Viehherde bekümmert, sondern zeigte sich ganz herzlos, schalt sie für faul und trage, die um der Kirche willen Nichts tun und leiden wollten, für Ungehorsame, die ihm, als dem Bischof ihrer Seelen, nicht folgig und gehorsam seien; und wehe dem, der dawider mucken, oder auch nur eine Unzufriedenheit zeigen wollte; denn alsobald ward es Stephan durch seine Spione angezeigt, und ein solcher, mit den verkehrten Maßregeln seines Bischofs Unzufriedener, mußte dann sicherlich auch dessen Zorn fühlen. *) Noch in seinen letzten Predigten schalt er die Leute sehr. Sie hatten nämlich eine Laube gebaut, in welcher der Gottesdienst

---

*) Ueber ein Mitglied der Gesellschaft, das die s. g. „Unterwerfungsurkunde" nicht unterschreiben wollte, verhängte er den Bann in der Weise, „dasselbe solle nicht einmal zur Miethe in der Colonie wohnen dürfen, geschweige ein Grundstück besitzen,"

Schuld daran, daß die Kirche Gottes noch unter einer Laubhütte wohnen muß. Und was noch mehr ist: euer Bischof muß in einem Saustalle wohnen." Alsobald wurde nun der Anfang gemacht, einen nach einem großartigen Maßstabe gezeichneten bischöflichen Palast zu bauen. Aber der Augenblick war nahe, da dieser greuliche Heuchler entlarvt werden sollte. Schon war Hr. Past. C. F. W. Walther von St. Louis hergesandt, der mit unwidersprechlichen schriftlichen Zeugen Aussagen über Stephans unmoralischen Lebenswandel versehen war; es bedurfte nur noch einiger Tage Zeit, um zuvor Alle mit dem Erschrecklichsten bekannt zu machen, damit Alle auf den öffentlichen Act der Absetzung Stephans vorbereitet seien, sodann auch Vorkehrungen getroffen würden, daß das noch wenige übrige Geld in der Kreditkasse den unehrlichen Judashänden Stephans entrissen würde. — Während nämlich Stephan in Perry County seine eignen Pläne verfolgte, und zur Ausführung derselben die Kräfte der Leute mißbrauchte, wurden in St. Louis Entdeckungen gemacht, die von höchst betrübender Art waren. Unaufgefordert, allein gedrungen von ihrem Gewissen, und ohne daß die Eine es mit der Andern verabredet hatte, machten jetzt einige Mädchen, welche auf der Seereise und hier in der nächsten Nähe Stephans gewesen waren, dem nun seligen Hrn. Past. Löber Geständnisse,*) welche es offenbar machten, daß dieser Mensch unter der Larve der Frömmigkeit und des vorgeblichen Eisers für die lutherische Kirche und ihre schriftgemäße Lehre ein Diener der Sünde und ein Sklave des Satans in der Fleischeslust gewesen war. Was man in Deutschland den scharfsichtigen Feinden des göttlichen Worts nicht hatte glauben wollen, mußte man jetzt mit

---

*) Diese Geständnisse erfolgten von Zweien gleich unmittelbar noch einer von Hrn. Past. Löber am Sonntage Rogate gehaltenen ernsten Predigt, durch welche Gott die Herzen der Mädchen gerührt hatte.

greßet Scham und Betrübniß aus dem Munde derer hören, die Stephan zu Dienerinnen seiner Wollust gemacht hatte. Welche teuflische Künste dieser gottlose Mensch gebraucht hat, die unschuldigen Mädchen zu verführen, das gehört freilich nicht vor die Öffentlichkeit; wir wollen nur so viel sagen, Beelzebub, der Teufel selbst, in eines Lichtengels Gestalt hätte es auf keine verschmitztere Weise anfangen konnen, die Mädchen zu verführen, als es Stephan angefangen hat. So läßt es sich denn auch um so leichter erklären, wie es möglich war, daß Mädchen, die ein aufgewachtes Gewissen und Gottes Wort lieb hatten, sich zu einem so großen, greulichen Sündendienst hergeben und lauge Zeit darin beharren konnten. Wer dies aber lieset, der erschrecke doch mit uns vor des Teufels Bosheit, vor der gottlosen Welt Verführung und seines eignen Fleisches Verderbtheit, und seufze mit David: O ziehe nicht von mir die Hand ab, Gott, mein Heil! HErr JEsu, HErr JEsu! erbarme dich meiner!

Daß nun die erfahrene bitterste Täuschung das vormals unbegränzte Zutrauen bald in Abscheu und in die tiefste Entrüstung gegen Stephan verwandelte, kann uns nicht Wunder nehmen. Als ihm nun in Gegenwart der meisten mit ihm ausgewanderten Prediger, Kandidaten und anderer Mitglieder der Gesellschaft seine Sünden allen Ernstes vorgehalten wurden, wollte er sich durchaus nicht demütigen, sondern leugnete Alles frech und frei und sagte, es sei Alles eitel Verleumdung u. s. w. Und doch waren es die Werkzeuge seiner Schandtaten, die als Zeugen gegen ihn auftraten; und diese wollte er noch zu Verleumdern und falschen Zeugen stempeln,*) woraus hervorgeht

----

*) Daß diese Zeugen sollten falsche Aussagen getan haben, ist moralisch ganz undenkbar. Denn erstlich war ihre Aussage ein Sündenbekenntnis; sodann gereichte ihnen ihr Geständnis nicht zur Ehre, sondern bei der Welt zur größten Schmach und Schande. Ja, hatte ihre Aussage nicht über sie selbst Schande gebracht, so könnte man noch an der Glaubwürdigkeit derselben zweifeln; so aber nicht.

daß dieser Mensch dem Gericht der Verstockung anheim gefallen war. Er wurde demnach alsobald aus der Gesellschaft entfernt; man setzte ihn in einem Kahn über den Mississippi auf die Illinois-Seite, an einem Platze, der unter dem Namen „Teufels Backofen" allen Schiftern auf dem Mississippi bekannt ist, *) weil sich dort eine gefährliche Stelle im Flusse befindet, wo schon manches Schiff gescheitert und manches Menschenleben zu Grunde gegangen ist. Dort blieb er eine Zeitlang wohnen, und eine seiner bisherigen Dienerinnen folgte ihm dahin nach. Später nahm er eine Gemeinde bei Red Bud Randolph Co., Illinois, an, woselbst er am 22. Februar 1846 gestorben ist, und zwar aller Wahrscheinlichkeit nach, wie er gelebt hat — in seinen Sünden. Ein Versuch des seligen Past. Löber von hier, Stephan zur Buße zu bewegen, war ganz fruchtlos geblieben. So endete — ach! es ist erschrecklich — ein Mann, der zwei Jahrzehnte hindurch Gottes Wort mit großem Eifer gepredigt und für eine Säule der lutherischen Kirche gegolten hat. Wahr ist es, daß Stephan Vielen ein Wegweiser zum Himmel und ein Tröster und Berater auf dem dornenvollen Wege zum ewigen Leben gewesen ist. War seine Theologie auch nicht die eines Luther, sondern vielmehr die eines Arndt, Spener, Scriver, Franke u. s. w., so hat er doch das lutherische Bekenntnis in den Zeiten des greulichsten Rationalismus und der Unionsmacherei entschieden verteidigt und darüber Schmach und Verachtung, Spott und Hohn erduldet; darum er denn auch von allen Gläubigen herzlich geliebt und hoch geachtet wurde.**) Um so viel erschrecklicher ist aber der

---

*) Stephan wurde zwar vor seiner Entfernung sorgfältig visitiert; aber doch fehlten der Kreditkasse 1100 Piaster, die er, wie man vermutete, in einem ausgehöhlten Stock mit fortgetragen hat. Auch hat er einen Prozeß auf Schadenersaß von 3000 Dollars anhängig zu machen gesucht, ist aber damit abgewiesen worden.

**) Pr. C. E. Vehse fügt von ihm: „Stephan ist ein psychologisches Räthsel: was man auch dagegen sprechen mag, so viel bleibt stehen: ein so

Untergang dieses Mannes, an dessen Erempel wir uns spiegeln und die Worte der Schrift beherzigen sollen: „Wer da stehet, sehe wohl zu, daß er nicht falle!" Wahrlich! der Fall in wahrer Demut auf die Kniee ist besser und glücklicher getan, als der Fall durch Hochmut in falsche Lehre und gottloses Leben. Wollen wir vor dem letzteren durch Gottes Gnade bewahrt bleiben, so müssen wir den ersteren fleißig tun.

Je unerwarteter und furchtbarer die Täuschung war, in der sich die Leute in Bezug auf den moralischen Charakter Stephans befanden, desto mißtrauischer wurden sie nun auch

―――

gottloser Mann er war, ein so gescheidter ist er gewesen. Es ist wahr, eine exakte allgemeine und eine klassisch-gelehrte Bildung besaß er nicht. Abel et war einer von denen, aus die durch eine der letzten Überlieferungen der bis Ende vorigen Jahrhunderts blühenden lutherischen Kirche in Schlesien die reine Lehre dieser Kirche gekommen war, und er hatte in der Bibliothek der Elisabethkirche zu Breslau, wo er unter dem alten Scheibel Zutritt erhalten, schon in früher Jugend eine nicht geringe Kenntniß der Litteratur und Geschichte derselben sich erworben, und diese Kenntniß bei seinem sehr guten Gedächtnis in späterer Zeit fortwährend erweitert. Der Kirchengeschichte namentlich war er sehr mächtig, und wußte sie eben so anschaulich, als anziehend mitzuteilen. Demnächst war er durch seine ausgebreitete und intime Bekanntschaft mit Personen vom höchsten Range bis auf die der untersten Classe herab in Besitz einer Masse des interessantesten Materials über viele Personen und Sachen und zu einer seltenen und festen Menschenkenntnis gekommen, und er hatte einen solchen seinen Tact in Behandlung der verschiedenartigsten Charaktere erlangt, daß die Herrschaft, die er dadurch nach und nach über dieselben gewann, gar nicht gemerkt ward. Von der Herrschsucht, die nach seinem Weggang von Dresden ausbrach, kamen früher nur Spuren zu meinen Augen, die er selbst immer wieder verwischte,.. Seine vorzüglichen Gaben als Kanzelredner sind auch von seinen bittersten Feinden anerkannt worden: ich muß noch jetzt sagen, daß ich in meinem ganzen Leben nichts Herrlicheres, als seine Reden in den sonntägigen Nachmittagserbauungsstunden gehört habe." — Dieser Dr. Vehse, der auch unter Stephan mit ausgewandert war, aber bald wieder nach Deutschland zurückkehrte und dort eine ziemlich parteiische Geschichte über die Auswanderung in Druck herausgab, war es, der nach den entdeckten Betrügereien Stephans sich oft vor die Stirn schlug und ausrief: „O Doctor der Jura, Doctor der Jura, wie hast du dich verblenden lassen!

gegen Alles, was auf Stephans Rat und dessen Leitung bisher ins Werk gerichtet worden war. Die Folge davon war, daß nun nach und nach eine immer gründlichere und strengere Revision aller dieser Dinge vorgenommen wurde; und dieses brachte immer mehr die Überzeugung hervor, daß man sich, Stephan folgend, je mehr und mehr von dem Hiele, was man von Anfang an im Auge gehabt, verirrt habe, je näher man demselben zu kommen gewähnt hatte. Können wir nicht schlechterdings sagen, Alle, so können wir doch gewiß sagen, die Allermeisten hatten sich mit dem festen Vorsatz der Auswanderung angeschlossen, daß sie dem HErrn JEsu Christo, seinem Wort und seiner Kirche treu bleiben wollten bis an den Tod; und jetzt erkannte man, daß man dem HErrn Christo, seiner Wahrheit und Kirche untreu geworden war, daß es nur noch um einen Schritt zum völligen äußerlichen Abfall von der wahren Kirche JEsu Christi zu tun gewesen sei. Hatte man vorher — wie bezaubert — auch die einleuchtendsten Zeugnisse dafür nicht einsehen können, so siel es jetzt wie Schuppen von Aller Augen. — Mit tiefer Betrübniß erkannte man ferner, daß man sich einer-großen Untreue gegen Gott auch darin schuldig gemacht habe, daß man Stephan, wenigstens im Allgemeinen, ohne Prüfung gefolgt war, also auf Menschen vertraut und Fleisch für seinen Arm gehalten hatte; daß man mit Stephan Abgötterei getrieben und sich von ihm zu vielen schweren Sünden hatte verleiten lassen, in dem Wahn, Gott einen Dienst daran zu tun. Ferner wurde erkannt, daß man durch das abgöttische Verehren Stephans Hochmut, Herrschsucht und Tyrannei genährt habe, und daß man ihm in dieser Weise dazu behülflich gewesen sei, daß er die Unerfahrenheit und das aufgewachte Gewissen vieler redlicher Leute benützte, seine hierarchischen Pläne hinauszuführen, in der Absicht, sich ein ruhiges, schwelgendes Alter bereiten zu können. Man erkannte endlich auch in tiefster Reue, daß man die Kirche Deutschlands wegen ihres tiefen Verfalles ganz und gar verworfen hatte; baß man sich von ihr — gegen Gottes Befehl — in der Zeit der Not — getrennt hatte; daß man bei dem Auszuge die heiligsten Bande zerrissen hatte; daß man sowohl der Welt, als auch den Kindern Gottes in beiden Weltteilen ein schreiendes Aergerniß gegeben hatte u. s. w.

Diese Ueberzeugungen gewannen die durch Stephan Betrogenen freilich nicht mit einem Mal, sondern erst nach und nach, die eine früher, die andere später, die eine leichter, die andere schwerer. Auch unter ihnen selbst entstanden große Zerwürfnisse; das gegenseitige Vertrauen war in seinen innersten Gründen völlig erschüttert, und Satan hatte ohne Zweifel nichts Anderes im Sinne, als die ganze Gesellschaft zu zersprengen, um sie sodann, wo möglich, in kleinen Häuflein ins Verderben zu stürzen. — Der selige Pastor Löber läßt sich darüber in einer Handschrift also vernehmen:„Durch diese für uns alle höchst wichtige Entlarvung Stephans wurde zwar die ganze Gemeinde eines Teils aufs äußerste bestürzt und vor der Welt mit Schmach und Schande bedeckt, anderen Teils aber auch wie aus einem tiefen Schlaf aufgeweckt und aus einer großen Gefahr, ja aus höllischen Stricken des Teufels errettet. — Allerdings war nun eine schwere Zeit der Sichtung nach außen und innen über uns gekommen; viele bisher verborgen gewesene Seelenschäden und verwundete Gewissen wurden nun offenbar, längst verhaltener Anstoß und Unwille brachen heraus und gar Manche schienen irre zu werden und nicht mehr zu wissen, wohin sie halten sollten. Vielleicht wäre eine allgemeine Verwirrung und Auflösung unserer ganzen Gemeinde erfolgt, wenn nicht der gnädige und allmächtige Gott sich unserer erbarmt, uns behütet und noch zusammengehalten hätte. Sprangen auch Etliche von unserer Gemeinschaft ab, oder gingen sogar nach Deutschland zurück, so wurde doch der größte Teil unter uns, der wirklich nicht um Stephans, sondern um des göttlichen Worts und der Kirche willen ausgewandert war, durch das sehnliche Verlangen gehalten, die Weide ihrer Seelen desto reiner und ungestörter zu genießen, nachdem derjenige aus ihrer Mitte entfernt war, der ihnen dieselbe so vielfach verkümmert und verbittert hatte."

So hatte es Gott dem Satan nicht gelingen lassen, die zerrüttete Herde auch gar zu zersprengen, sondern als ein treuer Gott, der nicht Lust hat an unserem Verderben, suchte und sammelte er sie wieder und vermehrte ihre Zahl. Gerade zu der Zeit, als Stephan entlarvt wurde, kamen 95 Deutsche von New York, unter Anführung eines gewissen Pastor Maximilian Oertel, hier in Wittenberg an. Diese Leute hatten sich schon seit einigen Jahren in New York aufgehalten, waren dort mit einigen Lutheranern aus Berlin, die mit Stephan im Briefwechsel standen, bekannt und zu einer Gemeinde gesammelt worden, die einen Zögling aus dem Barmer MissionsHause, mit Namen Oertel, der sich in der Eigenschaft eines inneren Missionars in New York aufhielt, zu ihrem Pastor gewählt hatte. Diese Leute fanden sich nun natürlich auch bei ihrer Ankunft hier in Stephan fehr getäuscht; jedoch, da sie nur um Gottes Worts willen hierher gekommen waren, was sie hier reichlich fanden, so ließen sie sich nicht abschrecken, ihre Wohnung hier aufzuschlagen und sich mit den sächsischen Lutheranern zu vereinigen. Ihr Pastor Oertel aber ergriff bald das Hasenpanier und kehrte wieder nach New York zurück. Dort angekommen, verleugnete er gottloser Weise seinen Glauben; er ließ sich von der römischen Hure küssen und in ihren Schooß aufnehmen und wurde, um Amt und Brod zu bekommen, aus einem lutherischen Prediger, für den er sich ausgegeben hatte, ein elender Mameluk und Apostat, der nun dem Papst die Pantoffeln küßt und für gutes Geld und päpstlichen Ablaß die katholische Kirchenzeitung herausgibt, wodurch er das römische Antichristentum verbreiten hilft. Das ist auch ein Exempel des Gerichtes Gottes, und wer es lieset, der merke darauf!

Was nun die äußerliche Gemeinschaft dieser Colonie betrifft, so wurde bald nach der Entlarvung Stephans gefühlt, daß eine Communwirthschaft, wie sie bisher unter ihnen bestanden hatte, nicht wohl länger zulässig sei. Es war nämlich schon von Deutschland aus eine allgemeine Kreditkasse unter dieser Gesellschaft errichtet worden, in welcher ein jedes Mitglied den größten Teil seines Vermögens niedergelegt hätte. Aus dieser Kasse wurden alle Unkosten der Reise u. s. w. bestritten. In einer zu diesem Zwecke entworfenen „Auswanderungs-Ordnung" heißt es darüber also:

„Zu einstweiliger Bestreitung der nötigen Ausgaben für Kirchen-, Schul- und Gemeindebedürfnisse, zur Unterstützung unbemittelter Auswanderer, und zum Ankauf des oberwähnten Striches zusammenhängender Ländereien wird eine Vorschuß- oder Kreditkasse errichtet. Aus dieser Kasse werden demnach die bemerkten Ausgaben vorschußweise bestritten und für jede Auslage, welche diese Kasse besorgt, namentlich auch für Darlehen an unbemittelte Auswanderer haften sowohl die ganze Gemeinde, als auch die anzukaufenden Ländereien, jedoch mit Ausnahme der von denselben für Kirche und Schule abzugebenden Anteile. — Was nach Abzug aller Kosten und Verluste, sowie des an Kirche, Schule und Gemeinde abzugebenden Anteils bei dem Länderei-Ankauf und Verkauf übrig bleibt, wird unter diejenigen, welche Geld in diese Kasse einlegen, nach dem Maße des Betrages dieser Einlagen zu seiner Zeit verteilt. — Diese Einlagen, woraus der Fond der Kasse besteht, hängen von Jedermannes freiem Willen ab." Um aber die Auflösung dieser Gesellschaft nach der Ankunft in Amerika zu verhindern, mußte ein Jeder folgende Verpflichtung eingehen:

„Die Unterzeichneten machen sich auf fünf Jahre verbindlich, alle kirchlichen und eomnwnlichen Lasten, wie sie ein von Kirche und Commun niederzusetzender Ausschuß von Jahr zu Jahr veranschlagen wird, gemeinschaftlich aufzubringen, so daß Jeder nach dem Maße seiner Ver mögensverhältnisse beizutragen hat. Diese Beiträge sollen teils nach dem Werthe der Grundstücke, teils nach dem Betrage des sonstigen Vermögens und Einkommens mit christlicher Billigkeit und Sorgfalt verteilt werden."

Aus diesen Verordnungen ersieht man schon, daß es die Abficht der Führer dieser Gesellschaft war, einen s. g. christlichen Kirchenstaat, mit einem Bischof an der Spitze, hier in Amerika aufzurichten, von wo aus sich alles Licht und alle Erkenntnis über dieses Land verbreiten sollte. Daß diesen Ideen die Vorstellung von einer anderen herrlicheren Gestalt des Reiches Christi hier ans Erden zu Grunde lag, ist nicht schwer zu erraten. Stephan war ein Chiliast der gemeinsten Sorte. Nach seiner Idee sollte hier in Perry County, Missouri, das tausendjährige Reich entstehen; das hier angekaufte Land sollte die irdische Basis sein, worauf es errichtet, und die Auswanderergesellschaft das Material, woraus es errichtet werden sollte. Stephans Leben und Ende zeigt uns daher auch, wohin endlich die chiliastische Schwärmerei- führt — nämlich in den tiefsten Abgrund des Verderbens.

Wir haben nun gesehen, was Stephans Absichten auch in Bezug auf die äußeren Verhältnisse und Einrichtungen dieser Gesellschaft hier im Lande waren, und wir müssen, gestehen: reinmenschlich betrachtet wären, wenn Alles ehrlich und ordentlich zugegangen wäre, die besten Hoffnungen auf guten Erfolg vorhanden gewesen. Wir haben uns die Mühe genommen, den hier in Altenburg im Kirchenarchiv aufbewahrten ganzen Stapel von Acten der Auswanderungsgesellschaft durchzusehen, und müssen bekennen, daß von dieser Gesellschaft die besten Pläne gefaßt und die vortrefflichsten Anordnungen zu einem guten Erfolg getrofsen worden waren; auch war der Reichtum der Gesellschaft groß,*) so daß bei einem ordentlichen Haushalten damit und bei weiser Anwendung dieser Mittel große Dinge hätten ausgerichtet werden können. Das war aber der Fluch dieser Gesellschaft, daß man, durch falsche Lehre verblendet, Stephan ohne genügsame Prüfung folgte und ihn nach seinem Gefallen schalten und walten ließ, bis endlich die Kreditkasse — zum Erschrecken Aller — erschöpft und Alles verschwendet war. Nun war das Einlenken zu spät; die Armut brach wie ein gewappneter Mann über die Gesellschaft herein; und wäre nun des HErrn Wort nicht ihr Trost gewesen, so hätten sie in ihrem Elend vergehen müssen. Dahin aber mußte es mit den Leuten kommen, damit sie vom Vertrauen auf Menschen loskamen, und sich nun der gnädigen Fürsorge Gottes in die Arme warsen. Das taten sie denn auch, und so machten sie die selige Erfahrung, daß der Gott, der dem Vieh sein Futter gibt, und der das Schreien der jungen Raben hort, die Gerechten nicht verläßt und ihren Samen nicht nach Brod gehen läßt. Oft wurde zwar die Not sehr groß, aber um so wunderbarer war dann auch wieder die Hülse Gottes. Dafür nur ein Beispiel: Eine Predigerwittwe Familie von acht Personen hatte eines Tages auch kein Stücklein Brods mehr zu essen, und wußte auch nicht, woher sie Mehl zum Backen nehmen sollte. Als nun der Hunger groß ward, sagte eines der Geschwister zu den andern: Ich habe einmal gehört, daß man geröstete Welschkornkörner essen kann, das wollen wir auch versuchen. Wie gesagt, so getan. Von

---

*) Die Summe der Kreditkasse eingezahlten Gelder belief sich auf ohngefähr 125,000 Thaler — in der That ein hübsches Capital, um eine leidlich anständige Existenz zu begründen.

und ihnen war der Tisch gedeckt. Der lieben Wittwe aber liefen dabei die hellen Wehmutstränen die Backen herunter. Als nun eins der Geschwister betrübt sagte: bei einer solchen ärmlichen Kost würden sie doch nicht lange hart arbeiten können, da sagten die anderen tröstend: sie wollten nur nicht verzagen, sondern auf Gottes gnädige Hülfe sich verlassen, der werde ihnen schon wieder Brod geben. Und wie sie glaubten, so geschah ihnen. Denn siehe! noch an demselben Tage kam ein englisch redender Mann mit einem Pferde, das mit einem Sack Mehl belastet war, auf das Haus der Wittwe zugeritten und fragte, ob sie nicht Mehl zu Brod bedürften. Natürlich wurde ihm mit einem Ja geantwortet, aber auch sogleich hinzugefügt, daß augenblicklich leider! kein Geld zum Bezahlen vorhanden sei; wolle er ihnen aber das Mehl überlassen, so solle er bald richtig seine Bezahlung dafür erhalten. Dies Versprechen war ohne Zweifel aufrichtig gemeint, denn es war eine ehrliche, fromme Familie, die es gab; und doch ist das Mehl nie bezahlt worden. Warum denn nicht? wirst du fragen. Weil der Mann, der ein guter Engel für die fromme Familie in der Zeit der Not war, nie wiedergesehen worden ist; denn trotz alles Nachsorschens hat man nie in Erfahrung bringen können, woher er gekommen und wohin er gegangen war. — Wir aber sagen: Der alte Gott lebt noch;

Et sorget für uns, hüt't und wacht.

Es steht Alles in seiner Macht.

Wir haben oben schon gesagt, daß bald, nachdem die erschrecklichen Entdeckungen über Stephans unmoralischen Lebenswandel gemacht worden waren, die Communwirthschaft aufgehoben wurde. Die 4440 Acker des angekauften Landes wurden je nach dem Guthaben eines jeden Creditors verloost und für die Debitoren hinreichende käufliche Lots ausgelegt, so daß nun ein jeder seinen eigenen Herd gründen konnte;

und so ging es denn frühlich an die Arbeit. Aber gar bald kam die züchtigende Hand Gottes wieder über sie; viele der stärksten Männer wurden aufs Krankenbett geworfen und gingen in die Ewigkeit. Der schon mehr erwähnte selige Past, Löber schreibt darüber also: „Manche der Abgeschiedenen hatten sich wohl nach deutscher Arbeitsamkeit in dem ungewohnten heißeren Klima mit allzugroßer Anstrengung übernommen Andere unterlagen vielleicht den mancherlei Entbehrungen und oft kümmerlichen Verhältnissen des ersten Anbaus. Wenn es Euch, liebe Nachkommen, an diesem Orte einst, wie wir wünschen, wohlgehen sollte, so vergesset nicht, daß es uns oft fehl sauer geworden ist, diesen Wald zu lichten und unsere Felder urbar zu machen! Wir müssen Euch aber auch die große Güte Gottes rühmen, die uns treulich beigestanden, unsere Arbeit gesegnet und unser täglich Brod und Auskommen gar gnädig beschert hat."

Die ganze Auswanderungsgemeinde — die abgerechnet, die in St. Louis blieben — teilte sich danach hier am Orte der Ansiedlung in fünf kleine Gemeinden, deren Wohnplätze die Namen Wittenberg, Seelitz, Dresden, Altenburg und Frohna erhielten, zu denen dann etwas später noch einer, Johannesberg genannt, hinzukam. Diese Gemeinden wurden anfänglich von folgenden Pastoren mit Wort und Sakrament bedient: 1. Wittenberg und Frohna: von Pastor Ernst Gerhard Wilhelm Keyl; 2. Altenburg: von Pastor Gotthold Heinrich Löber; 3. Seelitz: von Pastor Moritz Bürger; 4. Dresden und Johannesberg: von Pastor Carl Ferdinand Wilhelm Walther.— Die meisten von diesen kleinen Gemeinden sind aber nicht lange selbständige Gemeinden geblieben; Seelitz, Dresden und Wittenberg sind mit Altenburg zu einer Gemeinde vereinigt worden, und gegenwärtig wird auch die Gemeinde in Frohna unter Mitwirkung eines Vikars von hier aus mit bedient. — Auch ist hier noch eine andere — acht Meilen von hier gelegene — Niederlassung zu erwähnen, die den Namen Paitzdorf führt. Die ersten lutherischen Ansiedler daselbst kamen kurz vor Ende des Jahrs 1839 hier an. Sie kamen aus dem Herzogtum Sachsen - Altenburg, unter Anführung ihres damaligen Pastors Carl Friedrich Grub er; ihre Zahl war 141 Seelen. Die Gemeinde, wiewohl ziemlich klein, besteht jetzt noch und wird von Pastor Wilh. Bergt bedient.

Haben wir nun bisher ein Bild von dem äußeren Zustande der unter Stephan ausgewanderten Gesellschaft zu entwerfen versucht, so wollen wir jetzt auch, so viel in unseren Kräften steht, versuchen, ein Bild von dem innerlichen Zustande dieser Gemeinde zu entwerfen. Da haben wir denn vornehmlich die Lehre zu untersuchen, die vom ersten Anfange an unter diesen Leuten im Schwange ging. Wir bemerken hier aber gleich, daß wir nur von der allgemein herrschenden Richtung in der Lehre innerhalb dieser Gemeinschaft reden; daß Einige unter ihnen derselben nie beigepflichtet haben, das werden wir später noch hören.

Stephan, in dem sich der Geist der ganzen Gesellschaft personifizierte, war mit vielen greulichen Irrtümern in der Lehre behaftet. Er wollte zwar streng lutherisch sein; er suchte aber das strenge Luthertum — im Gegensatz zu dem unionistisch-schwärmerischen Wesen der Neugläubigkeit — darin, daß er selbst wesentlich papistisch dachte und lehrte, namentlich von Kirche, Kirchen-Ordnungen und Verfassung, vom Amt, Amtsgewalt u. s. w. Von der Kirche lehrte er: die sichtbare lutherische Kirche sei die Kirche, d. i. die allein seligmachende Kirche, außer welcher kein Heil sei. Daß diese Lehre u n lutherisch ist, weiß Jedermann, der nur Einen aufmerksamen Blick in die Bekenntnisschriften der lutherischen Kirche getan hat. Die Augsb. Confession Art. 8. sagt: "Item, wiewohl die christliche Kirche eigentlich nichts an ders ist, denn die Versammlung aller Gläubigen und Heiligen" 2c. Und in der Apologie Art. 7.: „Daß gewiß wahr bleibt, daß der Hauf und die Menschen die rechte Kirche sein, welche hin und wieder in der Welt, vom Aufgang der Sonne bis zum Niedergang, an Christum wahrlich glauben." Und endlich in den Schmalkaldischen Artikeln Teil III, Art. 12.: „Denn es weiß, Gott Lob, ein Kind von sieben Jahren, was die Kirche sei, nämlich die heiligen Gläubigen und die Schäflein, die ihres Hirten Stimme hören. Denn also beten die Kinder: „ „Ich gläube Eine heilige christliche Kirche."" Und weil nun Stephan seine Anhänger glauben machte, daß allein er und die ihm anhingen, die sichtbare lutherische Kirche seien, so galt es bei den Leuten für eine ausgemachte Sache: Wer da selig werden wolle, müsse mit fliehen, müsse der über das Meer ziehenden Kirche folgen und sich da sammeln, wo die Existenz einer wahrhaft lutherischen Gemeinde möglich sei. Was Wunder, daß durch solche falsche Lehre Viele im Gewissen in Verwirrung gesetzt wurden und nun, wenn auch mit blutendem Herzen und thränenden Augen, die heiligsten Bande der natürlichen Liebe zerrissen, um nur der seligmachenden Kirche folgen zu können.

Eben so, wie in der Lehre von der Kirche, lehrte Stephan auch falsch vom Amt. Das Amt des Predigers sah man an als ein Mittleramt zwischen Christo und seinen Gläubigen, durch welches allein Gnade und Seligkeit zu erlangen sei. Man ließ es also nicht, wozu es Gott allein in seiner Kirche verordnet hat, ein Amt des Dienstes am Wort sein, sondern man machte es gotteslästerlicher Weise zu einem Gnadenmittel. Unbedingten Gehorsam, hieß es, sei der Laie dem geistlichen Amte schuldig in allen Dingen, die dem Worte Gottes nicht zuwider wären. — Um dieses mit Beweisen zu belegen, wollen wir aus einem von Stephan verabfaßten Manuskript einige Punkte hersetzen; dasselbe führt die Überschrift:

„Grundzüge zu einer Kirchenverfassung, wie sie in Gottes Wort und den symbolischen Schriften der evangelisch-lutherischen Kirche vorgeschrieben und in der apostolischen Kirche in den ersten Jahrhunderten wirklich bestanden hat." Da heißt es:

§ 1. Das geistliche Amt ist, wie kein anderes Amt, von Gott unmittelbar eingesetzt, von unserem HErrn JEsu Christo den Aposteln übertragen, und von diesen auf die in Gottes Wort vorgeschriebene Weise, d. i. durch Ordination, bis auf unsere Zeit fortgepflanzt worden.

§ 2. Menschen können dieses Amt nicht übertragen, Gott allein kann es, und tut es mittelst der Diener seines Worts, welche dieses Amt in der erwähnten Weise empfangen haben.

§ 4. Nur durch das Amt wird die Gnade Gottes angeboten, durch die Gnadenmittel der Predigt, der Sakramente und der Seelsorge, durch Ermahnen und Drohen, und des Weidens der Herde Christi, und des Binde- und Löseschlüssels.

§ 5. Das Amt dauert fort, auch wenn Niemand die Predigt des Wortes Gottes annimmt. Diejenigen, welche die Predigt annehmen, bilden die Herde Christi, und mit dem Amte zusammen die Kirche.

§ 6. Nur dieses Amt hat über Aufrechthaltung der reinen Lehre, zum Besten der Kirche, zu wachen. Fragen, und insbesondere Ketzereisragen, welche Bestimmungen der Lehre betreffen, haben daher nur die Diener des Wortes Gottes zu entscheiden.

§ 7. Ebenso gehen alle liturgischen Anordnungen nur vom Amte aus. Ohne Einwilligung der Laiengemeinde können jedoch in einer einmal eingeführten Liturgie keine Veränderungen getroffen werden.

8 8. Auf Concilien haben nur Diener des göttlichen Worts Sitz und Stimme. Laien werden zwar auch zugezogen, jedoch nur als Zeugen und Concipienten.

§ 10. Die weltliche Obrigkeit hat auf Verlangen des Amtes oder auf den Grund bestehender Gesetze die Behinderungen, welche der Wirksamkeit des Amtes entgegengesetzt werden, bei Vermeidung des Kirchenbannes der obrigkeitlichen Personen mit weltlicher Macht zu beseitigen.

§ 15. Jedem Laien steht es frei, sich durch Lesen von Schriften beliebig zu unterrichten und zu erbauen, und darf ihn daran Niemand mit äußeren Gewaltmitteln hindern; er darf aber nicht vergessen, daß er sich dabei nach dem Rache seines Seelsorgers zu richten hat.

Aus diesen „Grundzügen zu einer Kirchenverfassung" ersieht man schon zur Genüge, daß Stephan einen ganz unlutherischen, romanistischen Geist hatte. Man hört darin nur von den Rechten und Gewalten des geistlichen Amtes, aber so viel als gar Nichts von den Rechten, Privilegien und Freiheiten der Christen reden, als daß sie etwa demütig zuhören und in einem Buche lesen dürfen, und das letztere noch nicht ohne den Rat ihres Seelsorgers. Aus diesen Grundsätzen, verbunden mit einer gottlosen Gesinnung, läßt sich denn auch seine herzlofe, pöbelhafte und tyrannische Behandlung der Gemeinde erklären, die ihn zuletzt nicht mehr liebte, sondern nur fürchtete, und darum nur froh sein konnte, daß Gott selbstüber diesen greulichen Bösewicht Gericht gehalten hat.

Die mit Stephan ausgewanderten Prediger und Kandidaten waren natürlich auch, der eine mehr, der andre weniger, von Stephans falscher Lehre angesteckt; wenigstens waren sie selbst in der Lehre nicht klar und fest, so daß sie Stephan hätten entgegentreten können. Zwar haben wir schon oft aus dem Munde dieser alten Auswanderer gehört, daß einer unter ihnen, der damals noch ein ganz junger, aber bei den Leuten sehr beliebter Prediger war, oft bezeugt habe, daß, wenn gleich Stephan und die ganze Gesellschaft in den tiefsten Grund des Meeres versenkt würde, die Kirche doch deswegen nicht unterginge, weil auch in der verderbten Landeskirche Deutschlands noch manche verborgene Gläubige seien, die der HErr als einen heiligen Samen mitten unter dem abtrünnigen Geschlecht erhalten werde. Cr wandere auch nicht etwa um Stephans willen mit ans, sondern um hier in Amerika das Reich Gottes mit bauen zu helfen. Er erwarte in Amerika auch Nichts weniger als gute Tage, sondern habe sich in Gottes Namen auf das Schlimmste gefaßt gemacht, und das möchten Alle tun, so würden sie auch in der Stunde der Not und Gefahr standhaft bleiben, und stark sein in dem HErrn und in der Macht seiner Stärke. — Diese Reden zeigen klar an, daß dieser teure Mann kein gemeiner Stephanist war, daß ein anderer Geist in ihm war, als in Stephan und seinen Anbetern lebte. Das wußte auch Stephan nur zu wohl; darum haßte er diesen Mann von Grund der Seele, hielt ihn nur für seinen Judas, und hätte es gerne gewehrt, daß er nicht mit nach Amerika gekommen wäre. Aber eben diesen Mann wollte Gott vornehmlich dazu gebrauchen, daß er sich in der Zeit der allergrößten Verwirrung, da die ganze Gesellschaft aus den Fugen gehen zu wollen schien, vor den Riß stellte, und das Verderben aufhielt. — Es geschah nämlich, daß manche aufrichtige Seelen, nachdem Stephans Werke der Fiusterniß ans Licht gekommen waren, irre wurden, nicht wußten, wohin sie halten sollten, zweifelten, ob sie auch noch eine christliche Gemeinde sein könnten u. f.- w. Etliche gingen so weit, daß sie dem Faß den Boden gänzlich ausstießen und das Kind mit dem Bade ausschütteten, sagten, sie seien keine christliche Gemeinde mehr, die Kirche sei nicht mehr hier, sondern nur ein verlaufner Haufen Volks, der gar kein Recht habe, einen Prediger zu berufen; darum hätten auch die Prediger gar keinen ordentlichen Beruf; was sie daher täten, habe keine Gültigkeit; sie müßten ihr Amt niederlegen, höchstens könnten sie eine Predigt aus Luther vorlesen, nach Deutschland müßten sie wieder zurück, wo sie ihr ordentliches Predigtamt verlassen hätten u. s. w., u. s. w. Und was geschah? Die Prediger und Kandidaten,. denen von diesen Leuten alle Schuld in das Gewissen geschoben wurde, kamen in die entsetzlichste Gewissensnot. Einer von den Predigern legte in der That sein Amt nieder; einige der Kandidaten gingen mit großer Schwermut belastet wie verstört umher, und ihrer zwei sind gänzlich dahingefallen, weil sie keine bessere Belehrung annehmen wollten. Selbst der selige Pastor Löber, dieser fromme und treue Knecht Gottes, der alle Not auf seinen Knien vor Gott durchkämpfte, war in den ersten Stürmen fast wankend geworden, und sein Fuß hätte beinahe geglitten, so daß er zum zweiten Mal — zuerst in Deutschland, und dann hier — sein Amt niedergelegt hätte. Aber der HErr half ihm gnädiglich durch diese Anfechtung hindurch und bewahrte ihn vor dieser schweren Sünde. Wie lief nun die Sache endlich hinaus? Gar herrlich; die Wahrheit ging siegreich aus dem Kampfe hervor. Diese Anfechtung mußte dazu dienen, daß innerhalb dieser Gemeinschaft der Stephanische Sauerteig ausgefegt und der Grund der reinen, lauteren Lehre gelegt wurde, auf welchem dann später die evangelisch-lutherische Synode von Missouri, Ohio u. a. Staaten erbaut worden ist. Die Sache ist diese: Es wurde nämlich hier in Altenburg eine öffentliche Disputation abgehalten, in welcher es sich darum handelte, ob hier noch eine christliche Gemeinde und Kirche vorhanden sei oder nicht. Heftige Gegner traten in dieser Disputation der Wahrheit entgegen, unter denen der ausgezeichnete, sehr gewandte Advokat Adolph Marbach von Dresden der Hauptwortführer war. Ihnen gegenüber stand als Wortführer und Verteidiger der Wahrheit unser Hr. Prof. Walther. Derselbe war schon seit längerer Zeit so krank gewesen, daß er seinem Amte nicht hatte vorstehen können, und hielt sich deswegen bei seinem Schwager, Herrn Pastor Keyl in Frohna, auf. Hier benutzte er die lichten Augenblicke, die er hatte, sich in der großen und auserlesenen Bibliothek des Herrn Past. Keyl in die Lehre der reformatorischen Väter, und besonders Luthers, hinein zu arbeiten und zu vertiefen, und aus ihnen einen reichen Vorrat von gründlich lutherischtheologischen Zeugnissen zu sammeln, sich anzueignen und in Mark und Blut zu verwandeln. So gerüstet, trat er nun auf den Kampfplatz. Es wurde nämlich von ihm mit überzeugender Klarheit aus Gottes Wort und den Schriften der reinen Lehrväter dargetan, 1. daß, wenn die Gemeinde auch eine mannigfach befleckte und mit vielen Sünden behaftete sei, sie dennoch ebensowohl eine <u>christliche</u> sei, wie die corinthische und galatische Gemeinde; denn sie wolle ihre Sünde nicht verbergen noch beschönigen und beibehalten, sondern sich von allen Flecken reinigen, und allen Sauerteig ausfegen, und sich auf den allerheiligsten Glauben an Christum durch Gottes reines Wort und die heiligen Sakramente erbauen und befestigen. — 2. wurde klar erwiesen, daß trotz allen Verirrungen und Verwirrungen dennoch der HErr Christus, sein Wort, sein wahres Sakrament, das Amt der Schlüssel u. s. w. unter ihnen wäre, und daß der HErr noch sein Volk und seine Kirche unter ihnen habe, wären es auch nur die getauften Kindlein in der Wiege. Denn wenn der heil. Apostel die berufenen Galater „Gemeinden" oder Kirchen nenne, so gehe daraus unwidersprechlich hervor, daß auch in diesen Gemeinschaften, obgleich sie von falschen Lehrern in Irrtum und zum großen Teil zum Abfall von Christo verführt waren, doch ein verborgener Same einer Kirche wahrhaft Gläubiger geblieben sei. Man dürfe daher ganze Gemeinschaften nicht allein nach den Pastoren, noch nach einigen Wenigen beurteilen, und um dieser willen, weil sie falsche Lehre hätten, sogleich die ganze Gemeinschaft verdammen, da ja die Ohren der Zuhörer oft reiner wären, als die Lippen der Prediger, und Viele in einem verderbten Zustande der Kirche die Grundlehren doch beibehielten, den Irrtümern aber nicht beistimmten, oder sie doch nicht hartnäckig fest hielten, sondern sich endlich davon reinigten. So verhalte es sich nun auch innerhalb dieser mit Stephan ausgewanderten Gesellschaft. Darum solle sich ja Niemand erfrechen, das Kind mit dem Bade auszuschütten, und durch die Bank Alle in Einen Töpf zu werfen; denn ihrer Viele hätten Stephans Irrtümer nie angenommen und nie gebilligt, wenn sie auch leider! — in Folge eigner Unklarheit —. lange Zeit nicht öffentlich Zeugnis dagegen abgelegt hätten. — 3. wurde dargetan: Weil denn nun an diesem Orte noch Gottes - Kinder, und alle <u>wesentlichen</u> Stücke, die zu einer christlichen Gemeinde gehören, vorhanden seien, so müsse denn notwendig auch das <u>Berufsrecht</u> zur Aufrichtung des heiligen Predigtamtes vorhanden sein. „Denn wo <u>die Kirche ist, da ist je der</u> **Befehl<u>, das Evangelium zu predigen; darum</u>** <u>müssen die Kirchen die Gewalt behalten, daß sie Kirchendiener fordern, wählen und ordinieren; und solche Gewalt ist ein Geschenk, welches der Kirchen eigentlich von Gott gegeben und von keiner menschlichen Gewalt der Kirche kann genommen werden.</u>" (Schmalkald. Art. Anhang.)

Wir lassen hier einen Abschnitt aus einem Manuskript folgen, welches damals von Hrn. Prof. Walther aufgesetzt worden ist, und welches uns einen klaren Blick in die damaligen Zustände der Gemeinde tun läßt. Es heißt daselbst also:

„Weil denn die Elenden verstöret werden und die Annen seufzen, will ich auf, spricht der HErr; ich will eine Hülfe schaffen, daß man getrost lehren soll"; so heißt es, m. th. Br., im 12. Psalm im 6. Verse. Diese Verheißung ist nach dem Zeugnisse unserer Gottesgelehrten besonders zur Zeit der Reformation auf das herrlichste erfüllt worden. Gewiß dürfen aber auch wir zur Ehre des barmherzigen und langmütigen und geduldigen Gottes bekennen, daß diese teure angefangen hat. Wir verstörten und wurden verstört; Viele seufzten und über Viele wurde geseufzt, und siehe — der HErr sing ohne all unser Verdienst und Würdigkeit an, eine Hülfe zu schaffen, deren wir uns nicht versehen hatten. Gott tat einen großen Verstörer aus unserer Mitte, dem wir uns wider Gottes Willen anvertraut hatten, als einem Führer zum Himmel. Aber was wäre aus uns geworden, wenn sich Gott nicht weiter unserer angenommen hätte? — Noch immer wurden die Elenden verstöret, und die Armen seufzten noch immer, und die Schuld — war bei uns, lag in unserer noch immer fortgehenden Verblendung. Aber Gott war noch nicht müde, sich unserer zu erbarmen; Er erweckte Männer unter uns, die von dem, was sie als gebliebenes Verderben erkannten, öffentliches Zeugnis ablegten. Mit herzlichem Danke muß ich hierbei an jene Schrift erinnern, welche vor nun fast anderthalb Jahren die Herren Dr. Vehse, Fischer und Jäckel an uns gerichtet haben. Diese Schrift war es vorzüglich, welche uns einen kräftigen Impuls dazu gab, das gebliebene Verderben mehr und mehr zu erkennen und abzutun zu suchen. Ohne diese Schrift — ich bekenne es jetzt in lebendiger Ueberzeugung — wären wir vielleicht noch lange manche Irrwege gegangen, aus denen wir uns nun glücklich herausgesunden haben. Ich bekenne dies mit um so tieferer Beschämung, je undankbarer ich mich erst gegen diese teure Gabe Gottes bewiesen habe. So untreu aber auch Viele mit mir mit dem geschenkten Lichte umgingen, so hat doch Gott nicht aufgehört, immer mehr Strahlen Seiner Wahrheit in unser Dunkel fallen zu lassen, von Manchem uns loszureißen, was wir erst in unserer Verkehrteit festhalten wollten, große, gefährliche geistliche Schäden uns zu entdecken, und unsere Herzen je mehr und mehr auf den Weg der Wahrheit zu leiten. Ach, wie können wir dem HErrn vergelten alle Seine Wohltat, die Er an uns getan hat? Daß Er uns Ungetreue nicht dahingegeben hat in verkehrten Sinn und unsere Herzen nicht hat verstockt werden lassen durch Betrug der Sünde? Er hat nicht mit uns gehandelt nach unseren Sünden und uns nicht vergolten nach unserer Missetat. Cr hat gezeigt, daß Er uns nicht verderben wolle, daß Er Gedanken des Friedens über uns habe und nicht des Leids. Ach, danket, danket mit mir dem HErrn, denn Er ist freundlich, und Seine Güte währet ewiglich. Er hat auch für uns die Fürbitte Seines lieben Sohnes, JEsu Christi, erhört: „Vater, vergib ihnen, denn sie wissen nicht, was sie tun." So lebendig ich aber nun auch erkenne, wie sehr wir Gott dafür zu danken haben, daß Er immer Mehrere unter uns erweckt, die den Schaden, welchen wir genommen haben, tiefer einsehen und davon zu Aller Besserung Zeugnis ablegen: so bedenklich und beunruhigend ist mir's hingegen, daß jetzt unter uns Stimmen laut werden, deren Einfluß nach meiner innersten Ueberzeugung für uns höchst gefährlich werden kann.

Zweierlei ist es hauptsächlich, was in mir eine nicht geringe Besorgnis erweckt.

Ich finde erstlich, daß Mehrere unter uns, wenn sie die von Einigen begangenen Sünden aufdecken und strafen, nicht den gehörigen Unterschied machen und viele Gewissen dadurch unerträglich beschweren. Suchen jetzt nicht Mehrere den Unterschied zwischen den Verführern und den Verführten fast ganz zu verwischen? Verlangt man nicht oft von den Verführten das Bekenntnis einer Schuld, die nur auf den Verführern ruht? Macht man nicht vielen einfältigen Seelen ein Gewissen über Irrtümer, die nur die Geheimsekretäre Stephans gekannt haben? Malt man nicht oft das schreckliche Bild der schändlichsten stephanistischen oder vielmehr Stephanisten - Clubs ab und schreit dann: das ist die Kirche, die ihr ausmacht? Behandelt man nicht oft diejenigen, welche unter der Macht ihrer vormaligen Gewissensdränger erlagen und darum manches Falsche annahmen, so, als wären sie in gleicher Schuld mit denen, welche sie erst tyrannisiert und die ihnen das Falsche gewaltsam und gewissensbeschwerend aufgedrungen haben? Behandelt man nicht oft diejenigen, welche unter der Gewissensgeißel der Stephanisten bluteten, als wären sie nicht viel besser als diejenigen, die diese Geißel grausam über sie schwangen? Verlangt man nicht oft von Einfältigen eine Erkenntnis und ein Bekenntnis von Sünden, die wohl die gewesenen ärgsten Stephanisten wissen (weil sie sie begangen haben), deren sich aber jene gar nicht schuldig wissen können? Macht man nicht oft einen besonders hohen Grad der Sündenerkenntniß zur Bedingung der Gnade und Seligkeit? ja eine Sündenerkenntniß, die auf Entscheidung der schwersten Gewissens- und Collisions-Fälle beruht? Sucht man jetzt unter uns nicht oft alle vorher gemachte christliche Erfahrungen und die gewissesten empsundenen Gnadenwirkungen und Versiegelungen des heil. Geistes als greuliche Selbsttäuschungen verdächtig zu machen, nur aus dem Grunde, weil man jene Erfahrungen zu einer Zeit gemacht habe, wo man seine Verführer noch nicht durchschaut habe? Dies Alles bekümmert mich um so mehr, wenn ich den Zustand unserer Gemeinden bedenke. Sie sind gewohnt, sich schlagen, schrecken und allerlei gemachte Sünden sich aufbürden zu lassen; sie sind zum Teil so zerplagt, in Angst und Furcht gejagt, daß es nicht schwer ist, sie zu schrecken; zu Vielen darf man nur sagen: „es ist gar Nichts mit euch, euer ganzes Christentum ist falsch, es muß in Allem neuer Grund gelegt werden," so erschrecken sie schon, ohne einen Beweis zu hören; ihre Gewissen sind schon zu sehr verwirrt; sie geben lieber Alles zu, auch die Sünde, davon sie in ihrem Gewissen noch nicht überzeugt sind, um nur nicht für halsstarrig und unbußfertig angesehen zu werden. Ach, ein Quentchen wahre Armut des Geistes ist mehr wert, als tau send Centner Kopfsündenerkenntniß! — Matth. 9, 26.: „Und da Er das Volk sahe, jammerte ihn desselbigen, denn sie waren verschmachtet und zerstreut, wie die Schafe, die keinen Hirten haben." —

Das Zweite, was in mir große Besorgnisse erweckt, ist, daß jetzt Mehrere unter uns es entweder als Bedenken oder als eine ausgemachte Sache hinstellen, daß unter uns weder christliche Kirche, noch Gemeinde, noch Amt, noch rechtes Sakrament, noch göttliche Absolution, noch Beruf, noch geistliches Priestertum 2c. sei. Man macht uns also nicht bloß streitig, daß hier lutherische, sondern auch, daß überhaupt christliche Gemeinde da sei und daß hier die Güter der Kirche verwaltet werden. Nun bin ich zwar weit, weit entfernt, es irgend Jemandem zur Sünde machen zu wollen, der dergleichen Serupel hegt und selbige auch, wo es verlangt wird, privatim oder öffentlich darlegt; aber was soll man dazu sagen, wenn man hört, wie sich Mehrere in dieser Sache verhalten? Kaum traut man seinen Ohren, wenn man hört, wie Mehrere, welche vorgeben, darüber nur Serupel zu haben, diejenigen behandeln, welche diese Serupel nicht teilen. Diese werden oft, wo sich nur Gelegenheit findet, von jenen umringt und so durch stürmisches Aufreden bestürzt gemacht, daß sie wo möglich, wie auf einer Folter des Gewissens, bekennen sollen, auch sie zweifelten an Allem. Können wohl angeblich so zarte Gewissen so ungebunden, so gewissenlos handeln? Es ist schon eine sehr mißliche Sache, ohne Not bloße Bedenken jedermann preiszugeben. Daher sagt Luther in seinem 1528 ausgegangenen „Briefe von der Wiedertaufe": „Denn auch der Satan durch alle Schwärmer jetzt nicht mehr tut, denn daß er eitel ungewiß Ding aufbringt, und meinet, es sei genug, wenn er könne hoffärtiglich und verächtlich von uns reden, als die Sakramentsrotten tun. Da will keiner seinen Dünkel gewiß machen und beweisen; aber alle ihre Mühe ist, daß sie unseren Verstand möchten verdächtig und ungewiß machen. "*Suspiciones docent, non fidem* (Vermutungen lehren sie, nicht Glauben), „und heißens dann Schrift und Gottes Wort. Der Teufel webt in den Staub und wollte gern einen Nebel vor unseren Augen machen, daß wir das Licht nicht sohen sollten; und im Nebel hält er uns eitel Irrwische vor, daß er uns verführe. Das ist, weil sie ihren Dünkel gefaßt haben, versuchen sie sich, wie sie die Schrift darauf reimen und mit Haaren hinzuziehen." So weit Luther. (Siehe Opp. Ila!. l'om. XVII. 2691.) Eine so mißliche Sache es nun, wie gesagt, schon ist, bloße Seruvel und Bedenken ohne Not Allen, Schwachen und Starken, hinzugeben, so ist doch noch bei weitem unverantwortlicher, wenn man seine Zweifel als ausgemachte Wahrheit entweder mit Worten oder mit der That ausspricht, wie diejenigen unter uns getan haben, welche geradezu den vor zwei Jahren unter uns vollzogenen Tausen die Gültigkeit abgesprochen, die Göttlichkeit der jetzt gesprochenen Absolution unbedingt geleugnet, ja unsere Verwaltung des heil. Abendmahls — es ist schrecklich! — eine pure Spielerei genannt haben. Von solchem Treiben legt Luther folgendes Zeugnis ab: „Nun ist es Sünd und Gottversuchen, wer in göttlichen Sachen ungewiß und zweifelhaft ist, und wer ungewiffenWahn für gewisse Wahrheit lehrt, der leuget ebensowohl, als der öffentlich wider die Wahrheit redet; denn er redet, das er selbst nicht weiß, und wills dennoch für Wahrheit haben." So weit Luther. (I.. c. p. 2688.)

Je öfter ich nun bisher die genannte doppelte Bemerkung gemacht habe; je klarer es mir nämlich von Tage zu Tage geworden ist, wie sich unter uns aufs neue die Pest der Sündenmacherei und Gewissens-Beherrscherei einschleichen wolle, und wie große Gefahr da sei, daß die Verdächtigmachung der von Vielen unter uns schon vorher gemachten wahrhaften

Gnadenerfahrungen einen furchtbar verderblichen Verdacht erregen werde gegen neue Gnadenerfahrungen, die sie wieder machen; ja wie große Gefahr da sei, daß man die meisten Seelen in den Abgrund des Zweifels an <u>Allem</u> stürze, daß man allen Grund und Boden wankend mache und unter unseren Füßen endlich ganz wegziehe, daß man alle Gewißheit und Kraft und Gültigkeit der göttlichen Gnadenmittel und Einsetzungen von menschlicher Würdigkeit abhängig mache, daß wir, wenn man so fortfährt, endlich alle nie und nirgends gewiß werden können, ob wir die wahren Sakramente empfahen, ob wir Christi oder des Teufels Boten vor uns haben, ob wir in einer christlichen oder in einer heidnischen Gemeinde, in der Kirche oder in einem Götzentempel seien, ob wir in irgend einer Gemeinschaft selig werden können oder nicht, ja daß endlich besonders ein jeder Ungelehrte gänzlich daran verzweifeln muß, über die zur Seligkeit nötigen Stücke gewiß zu werden: je klarer, sage ich, mir es wurde, daß die Gefahr einer solchen Gewissensverwirrung täglich unter uns steige, je unwiderstehlicher wurde in mir der Wunsch: ach, könntest du doch Etwas dazu beitragen, und wäre es noch so wenig, daß diesem unaussprechlichen Jammer gesteuert und manches jetzt unaufhörlich unruhige und zagende Gewissen beruhigt und auf den unbeweglichen Grund des göttlichen Wortes gestellt würde! Dieser Wunsch hat mich bewogen, gegenwärtige Zuschrift an Euch, meine teuren Brüder in dem HErrn JEsu Christo, ausgehen zu lassen, worin ich Zeugnisse des Wortes Gottes, unserer öffentlichen Bekenntnisse und mehrerer reiner und unverdächtiger Kirchenlehrer zusammengetragen habe, welche nach meiner Ueberzeugung die berührten Verhältnisse in ein Licht stellen, daß auch ein jeder Einfältiger darüber zu einem sicheren Urteile gelangen kann.

    Der Zweck, welchen ich bei der gegenwärtigen Schrift im Auge habe, ist also mit nichten, etwa mich oder die ganze Gemeinde gegen einige uns zur Last gelegte Sünden in Schutz zu nehmen, da könnte man Wohl sagen, was liegt daran, wenn wir in dem und jenem uns rechtfertigen können, wenn vielleicht tausend andere Punkte uns verdammen? Nein — es handelt sich hier darum: ich will an meinem Teile wehren, daß man nicht die Sünden Einzelner zu Sünden Aller mache; daß man nicht die Greuel der Unterdrücker und Peiniger der Gemeinde der unterdrückten und gepeinigten Gemeinde selbst zuschreibe; daß man nicht die Huren-, Buben und Lügen-Schule zu dem Kern unsrer Gesammtheit mache; daß man nicht sage, Alle seien in derselben gewesen, sondern umgekehrt, diese Satans-Schule sei in unserer christlichen Gemeinde gewesen. Zeigen will ich, welch ein großer Unterschied es sei, ob man eine Gemeinde gereiniget oder ob man sie eine wahre nenne, daß eine solche wohl sehr verderbt sein, und doch noch eine wahre genannt werden könne. Ich will nicht etwa zeigen, daß die gewesenen eingefleischten Stephanisten und überhaupt die Unbekehrten unter uns die Kirche gewesen seien oder zur Kirche wahrhaft gehört haben, sondern daß gerade die Einfältigsten, die am wenigsten Geachteten die Hauptpersonen unter uns waren, und daß „diese die Kirche" ausgemacht haben, in welcher sich Alle befanden, ohne daß aber diese insgesammt wahre Glieder derselben gewesen seien. Wehren will ich, daß man diese so oft verachteten Kinder Gottes unter uns nicht mehr so übersehe, sondern wisse, daß wir alle so zu sagen ihrer Gnade gelebt haben. Wehren will ich, daß diejenigen, die es erkennen, sie seien die Kirche nicht gewesen, darum nicht sagen, es sei daher gar keine Kirche dagewesen. Wehren will ich, daß wir durch die verbreiteten Bedenken nicht nach und nach eine solche Serupulosität in uns hervorrufen lassen, daß wir endlich nirgends ruhig und nirgends darüber gewiß sein können, ob wir Christen, ob wir Lutheraner, ob wir in einer christlichen

Gemeinde seien, ob wir mitberufen und den Gottesdienst aufrichten können oder nicht, ob wir einen Gesandten Gottes oder des Teufels hören, ob wir von der Synagoge des Satans oder von der Kirche Christi berufen seien, ob wir in unserem Antte bleiben können oder es verlassen müssen, ob wir wider Gott oder ob wir für Ihn streiten, ja ob wir getauft sind oder nicht. Helsen will ich daher, daß Gewissensstricke zerrissen werden, welche sich jetzt Viele selbst um den Hals werfen, deren Druck und Wichtigkeit und Gefährlichkeit sie zwar hier in die. sen armen geschändeten Gemeinden nicht fühlen, aber wenn sie redlich sind und wenn sie in andere Gemeinschaften kommen sollten, gewiß dann zu ihrem Schrecken unerträglich finden werden. Wehren will ich daher, daß unter uns der schreckliche Wahn nicht einreise, als stehe die Kraft und Gültigkeit des Wortes und der Einsetzungen Gottes auf menschlicher Wahrhaftigkeit und Würdigkeit. Wehren will ich, daß man uns nicht auch das Hellste dunkel, das Gewisseste zweifelhaft, das Leichteste schwierig und das Klarste unerklärbar und unauflösbar mache. Es handelt sich also hier um die Beruhigung der Gewissen, um die Abwehr falscher Lehre, die sich unter dem Scheine der Demut einschleichen will, um das Festhalten der reinen Lehre von Kirche, Kirchengewalt, Amt, Beruf, Gemeinschaft, Kraft des Wortes und der göttlichen Ordnungen. Es handelt sich nicht um irgend eines Menschen Ehre und Rechtfertigung, sondern um Gottes Ehre; darum, ob Er treu ist, auch wenn wir untreu werden. —

Die Entscheidung der unter uns streitigen Punkte beruht, wie wir gewiß alle zugeben werden, hauptsächlich auf der rechten Anwendung mehrerer Punkte in der Lehre von der Kirche, Kirchengewalt, Beruf, Amt, Bann, Ketzerei u. s. f. Ich teile daher meine Schrift in zwei Teile, in deren erstem ich die reine Lehre hiervon darlege und Grund lege, und in deren zweitem Teile ich die Anwendung dieser Lehre auf unsere vorliegende Verhältnisse folgen lasse.

§ 1.

Die wahre Kirche im eigentlichsten und vollkommensten Sinne ist die Gesamtheit aller wahrhaft Gläubigen, welche von Anfang der Welt bis ans Ende aus allen Völkern und Sprachen vom heiligen Geiste durch das Wort berufen und geheiliget worden. Und weil diese wahrhaft Gläubigen nur Gott kennet (2 Tim. 2,19.), so wird sie auch die unsichtbare Kirche genannt. Zu dieser wahren Kirche gehört niemand, der nicht mit Christo geistlich vereiniget ist, denn sie ist der geistliche Leib JEsu Christi,

§ 2.

Der Name der wahren Kirche gehört auch allen den sichtbaren Haufen von Menschen, bei welchen Gottes Wort rein gelehrt und die heiligen Sakramente nach Christi Einsetzung verwaltet werden. In dieser Kirche sind zwar auch Gottlose, Heuchl e r und Ketzer, aber sie sind keine wahren Glieder derselben und machen die Kirche nicht aus.

§ 3

Der Name der Kirche und in einem gewissen Sinn auch der Name der wahren Kirche gebührt auch solchen sichtbaren Haufen von Menschen, die sich unter dem Bekenntnisse eines verfälschten Glaubens vereiniget haben und sich darum eines teilweisen Abfalls von der Wahrheit schuldig machen; wenn sie nur so viel von Gottes Wort und den heiligen Sakramenten rein haben, daß dadurch Kinder Gottes geboren werden können. Werden solche Haufen wahre Kirchen genannt, so soll damit nicht ausgedrückt sein, daß sie rechtgläubige, sondern nur, daß sie wirkliche Kirchen seien, im Gegensatz zu allen weltlichen Gemeinschaften.

§ 4.

Irrgläubigen Haufen wird der Name Kirche nicht mißbräuchlich beigelegt, sondern nach der Redeweise des

Wortes Gottes selbst. Es ist auch nicht gleichgültig, daß solchen Gemeinschaften dieser hohe Name vergönnt wird, denn daraus folgt:

1) Daß Glieder auch solcher Haufen selig werden können, denn außer der Kirche ist kein Heil.

§ 5.

2) Die äußerliche Trennung eines irrgläubigen Haufens von einer rechtgläubigen Kirche ist nicht eine notwendige Trennung von der allgemeinen christlichen Kirche, kein Abfall zum Heidentum, und nimmt jenem Haufen noch nicht den Namen der Kirche.

§ 6.

3) Auch irrgläubige Haufen haben die Kirche ngewalt, auch unter ihnen können die Güter der Kirche gültig verwaltet, das Predigtamt aufgerichtet, die Sakramente gültig administriert und die Schlüssel des Himmelreichs gehandhabt werden.

§ 7.

4) Auch irrgläubige Haufen sind nicht aufzulöfen sondern nur zu reformieren.

Die rechtgläubige Kirche ist hauptsächlich nach dem gemeinsamen, rechtgläubigen, öffentlichen Bekenntnisse zu beurteilen, wozu sich die Glieder derselben verbunden erkennen und bekennen."

Von dieser Disputation läßt sich einige Jahre später Einer, der sie mit erlebt hat, in einer Synodalrede also vernehmen: „Mit überzeugender Klarheit wurde dargetan, daß trotz allen Verirrungen wir noch den HErrn Christum, sein Wort, sein wahres Sakrament, das Amt der Schlüssel unter uns hätten, daß der HErr hier noch sein Volk, seine Kirche habe. Mehr bedurste es nicht, um die Gewissen von schwerer Bedrängniß zu befreien, um den schon fast gesunkenen Glauben in Vieler Herzen wiederaufzurichten und sie wie aus dem Tode lebendig zu machen. Es war der Ostertag unserer hart geprüften Gemeinden, wo sie, wie einst die Jünger, den todt geglaubten HErrn wiedersahen, und im Licht seiner Gnade und in der Kraft seiner Auferstehung mit Freude und Hoffnung erfüllt wurden. Es sind noch Viele hier gegenwärtig, die sich dieses Tages gewiß mit Dankes-Tränen gegen den erbarmungsvollen Gott erinnern. Es sind noch etliche der treuen Kämpfer hier gegenwärtig, die damals für die Sache Christi und seiner armen zerrissenen Herde auf den Kampfplatz traten, auch noch der teure Bruder selbst (Walther nämlich), den Gott zum vornehmsten Werkzeug in dieser seiner Sache brauchte. — So wichtig und bedeutungsvoll die Leipziger Disputation von 1519 (Luther mit Eck) für die Reformation wurde, so wichtig — ich wage es getrost zu sagen — ist diese damals hier (in Altenburg) gehaltene Disputation für die ganze nachherige Bildung und Gestaltung unserer lutherischen Kirche hier im Westen (von Amerika) geworden. Was damals als das Kleinod der Wahrheit errungen und erstritten wurde, das hat sich in allen den nachfolgenden Kämpfen, die unsere Synode geführt hat, bewährt. Es hat uns einerseits vor dem Hochmut bewahrt, die Kirche JEsu Christi in die Grenzen einer Partikularkirche einzuschließen, wie unbestreitbar auch ihre Rechtgläubigkeit sei, anderseits vor dem Unrecht, das Vorhandensein der Kirche Christi zu leugnen, wo wir zwar Mangel und Irrtum in der Lehre sehen, wo aber dennoch das Wort Gottes und die heiligen Sakramente nicht gar verleugnet und vertilgt werden. — Gerade in dieser, dem Worte Gottes gemäßen Auffassung der Kirche, als einer dem Wesen nach unsichtbaren, im Geist erbauten, deren Glieder nichts Anderes zusammenbindet, als der Eine Glaube, die Eine Taufe, das einhellige Bekenntnis der Wahrheit und das durch ten heiligen Geist in dem einigen HErrn und Heiland JEsu

Christo geknüpfte Band des Friedens und der Liebe, waren die Bedingungen eines fröhlichen Aufblühens unseres kirchlichen Gemeinwesens gegeben. Und welch einen überschwänglichen Segen Gott darauf gelegt hat, das steht heute vor unseren verwunderten Augen. Immer weiter mußte sich unser Gesichtskreis ausdehnen, immer größer wurde das Feld unserer Arbeit, Was der gnädige Gott durch den Propheten Iesaias seiner Kirche verheißt, sahen auch wir in Erfüllung gehen: „„Mache den Raum deiner Hütte weit und breite ans die Teppiche deiner Wohnung, spare seiner nicht, dehne deine Seile lang und stecke deine Nägel fest. Denn du wirst ausbrechen zur Rechten und zur Linken."" Wie müssen alle diese herrlichen Tatsachen unseren Muth, unseren Eiser, unsere Liebe zum Werk des HErrn erhöhen, mit welcher freudigen Willigkeit müssen wir nun alle Kräfte daran strecken, damit das große Werk des HErrn ja nicht durch unsere Lässigkeit gehindert werde."

Wir fügen diesem noch ein Paar Worte des seligen Pastors Löber bei, in welchen er sagt: „Weil unsere Pastoren schon vor jener öffentlichen Besprechung hinlängliche Bekenntnisse ihrer Auswanderungsschuld abgelegt und sich wegen Verlassung ihrer früheren Aemter und wegen anderer Sünden, die unter Stephans Einfluß damit zusammenhingen, vor Gott und Menschen gereinigt hatten: so trugen ihre nunmehrigen Gemeinden auch kein Bedenken, dieselben ins geistliche Hirtenamt förmlich zu berufen und sie als ihre rechtmäßigen Seelsorger anzuerkennen. — Und so mußten auch die mancherlei Anfechtungen und Reibungen, durch welche der Feind wohl nichts Anders, als uns aufzureiben gedacht hatte, unter der guten Hand Gottes uns zu unserem Besten dienen, daß wir dadurch noch besser auf Gottes Wort und Luthers Lehre merken lernten und unser Gewissen von manchen bisher unerkannten Sünden gereinigt und gegen allerlei Zweifel befestigt, viele Irrende beraten und Schwache und Aengstliche getröstet wurden. Aber nicht Alle wollten sich raten und zurechtweisen lassen, sondern Etliche gingen danach ihre eigenen Wege und wandelten hinfort nicht mehr mit uns."

Wir könnten nun in unserer Erzählung einen Schritt weiter gehen; weil wir aber schon oben erwähnt haben, daß ein Teil dieser Auswanderungsgesellschaft in St. Louis zurückblieb und sich daselbst niederließ, und weil auch später von hier noch Mehrere, in der Hoffnung besseren Broderwerbs, dorthin zogen, so ist es nicht mehr als billig, daß wir uns auch nach ihnen umsehen, und kürzlich hören, wie es ihnen ergangen ist.

Auch über diese Brüder sind dieselben Leiden ergangen, die die Ansiedler in Perry County haben erfahren müssen. — Fürs Erste hatten sie auch mit leiblichem Mangel zu kämpfen, weil sie fast alle völlig entblößt von allen Geldmitteln waren. Eine Gemeinde hatten sie zwar gebildet, sie hatten aber kein eigenes Lokal, worin sie ihre Gottesdienste abhalten konnten; denn ihre Mittel erlaubten es nicht, ein eignes, wenn auch noch so geringes, Kirchlein herzurichten.

Doch der HErr, dessen Gnade alle Morgen neu und dessen Treue groß ist, half ihnen auch in diesem Stück und lenkte die Herzen der Eigentümer der Christkirche, bischöflicher Confession, daß sie ihnen den untern Raum ihrer Kirche zum gottesdienstlichen Gebrauch überließen; auch segnete Gott ihrer Hände Arbeit, so daß sie den Aufwand zur Erhaltung des Predigtamtes und einer Gemeindeschule decken konnten. Ein anderes Hindernis, womit die Einwanderergemeinde in St. Louis anfänglich zu kämpfen hatte, war die Schande ihres Verführers Stephan und das von ihnen selbst gegebene öffentliche Aergerniß, das schwer auf ihnen lag und was ihnen oft vorgeworfen wurde. Wegen Stephans offenbargewordener Schandtaten war auch ihr Name stinkend geworden, weil sie nach ihrem Verführer beurteilt wurden. Die honette Welt rümpfte die Nase über sie, und selbst christliche Leute traten ferne von ihnen und scheueten ihre Plage. Doch auch diesen Stein des Anstoßes hat Gottes gnädige Hand von Jahr zu Jahr immer mehr gehoben und aus dem Wege geräumt. Mußten sie sich oft auch den Namen Stephanisten geben lassen, so sahen sie doch das Vorurteil ihrer Mitbürger gegen sie immer mehr schwinden; und was noch christliche Leute warm, die erkannten immer mehr, daß diese um Stephans willen mit Schmach bedeckten Leute nicht aus mutwilliger Bosheit, sondern in Verblendung Irrwege gegangen waren, und daß sie in diesem Lande nichts Anders gesucht hatten, als Freiheit des Gewissens und des Gottesdienstes, daß sie der lutherischen Kirche treu verbleiben und in diesen letzten betrübten und gefahrvollen Zeiten ihre Seelen zu erretten suchten. Daher geschah es denn auch, daß sich fortwährend neue Glieder an die s. g. Sachsengemeinde anschlossen und sich brüderlich mit ihr vereinigten, weil sie in dieser Gemeinde lutherische Lehre und lutherischen Glauben und Bekenntnis fanden. Und so ließ ihr Gott die Schmach der Welt, die auf ihr lag, zum Segen gereichen nach innen und außen.

Jedoch das größte Hindernis, was dem fröhlichen Gedeihen der Gemeinde in St. Louis anfänglich im Wege stand, war die Verwirrung und Zerrüttung in der Gemeinde selbst, die durch die Enthüllung der Stephan'schen Greuel erzeugt worden war. Es entstand die Frage: Was ist Stephanismus, und was ist wahres Luthertum? Diese Frage setzte die Gemeinde in fieberhafte Aufregung, und war die Ursache vieler Kämpfe. Niemand wollte ein Stephanist bleiben, Niemand wollte aber auch unter dem Namen des Stephanismus eine göttliche Wahrheit und Ordnung verwerfen und sich somit noch schwerer an Gott versündigen. So unheilbar aber auch die in diesem Streit entstandenen Risse werden zu wollen schienen, und so hoch auch oft das Mißtrauen der Gemeindeglieder gegen einander und das der Gemeinde gegen ihren Pfarrer stieg:

so führte Gott doch zuletzt diese Bewegung zu einem erwünschten, höchst erfreulichen Ende. Konnte sich auch der Eine nicht so schnell wie der Andere von eingesogenen Irrtümern, vorgefaßten Meinungen und Vorurteilen gegen einzelne Personen losreißen, so waren doch Alle von dem Wunsche beseelt, daß ihre Gemeinde die Gestalt einer ächt evangelisch - lntheriscken Gemeinde in jeder Beziehung in sich verwirklichen möchte. Hirte und Herde ließen es sich herzlich angelegen sein, Gottes Wort und die auf dasselbe gegründete Lehre der lutherischen Kirche aus den rechten Quellen immer besser kennen zu lernen und sich dieses Vorbild immer mehr in Liebe vorzuhalten. So schwand immer mehr die Furcht vor Stephanismus, und ein liebliches Verhältnis zwischen Prediger und Gemeinde bildete sich immer mehr aus; die Gemeinde erbaute sich auf dem Grunde der Apostel und Propheten, da JEsus Christus der Eckstein ist, und wurde je mehr und mehr ein Segen für die ihre öffentlichen Gottesdienste besuchenden Gäste. Und als sie sich nun ihrer lieblichen Gottesdienste freute und schon mit dem Gedanken umging, bald ein eignes Gotteshaus zu bauen — da sprach der HErr: Meine Gedanken sind nicht eure Gedanken, und ein harter Schlag traf die Gemeinde. Ihr teurer, treuer Seelsorger, Herr Pastor Otto Hermann Walther, hatte noch am heiligen Weihnachtsfeste 1840 drei überaus köstliche Predigten gehalten über das Thema: „Der Himmel auf Erden", worauf er sich krank zu Bette legte, und Gott hatte nach seinem weisen Rat beschlossen, das Band aufzulösen, welches gerade jetzt die Herzen der Zuhörer und ihres treuen Seelsorgers so inniglich verbunden hatte, und seinen Knecht aus der streitenden in die triumphierende Kirche einzuführen, allwo die treu und selig vollendeten Lehrer leuchten werden wie des Himmels Glanz und wie die Sterne immer und ewiglich. Daß er ein treuer und eifriger Knecht des HErrn gewesen ist, des geben ihm Alle, die ihn gekannt haben, Zeugnis. Schon in

Deutschland hat er, als Vikar seines Vaters, Christum mit großem Eifer und im Segen gepredigt. Sein Landesfürst hatte ihn so lieb, daß er ihm vor seiner Abreise nach Amerika das Geld zur Hin- und Rückreise anbot, wenn er ihm nur versprechen wollte, daß er bald wieder in sein Land zurückkehren wolle. Er war ein Jünger der Liebe, der auch die verhärtetsten Herzen in Liebe und Sanftmut mit Gottes Wort zu gewinnen suchte, der die Bösen tragen konnte mit Geduld, ein ausgezeichneter Prediger, der Viele anzog, ein weiser Leiter der Gemeinde unter den schwierigsten Verhältnissen. Ihm hat, nächst Gott, die Gemeinde in St. Louis ihre feste Begründung zu verdanken; er hat die vielen herben Anfechtungen, die über diese Gemeinde kamen, am meisten mit seinem eifrigen, brünstigen Gebet auf seinen Knien überwunden. Darüber ist er aber bald für den Himmel reis geworden. Er entschlief in seinem HErrn JEsu Christo, dem er hier gelebt hatte, am 21. Januar 1841, nachdem er sein Alter hier auf Erden gebracht hatte auf 31 Jahre und 4, Monate. Er hinterließ eine liebe, trauernde Wittwe, die später wieder in den heiligen Ehestand getreten ist, und einen Sohn, Johannes Walther, der Theologie studiert hat und schon seit einiger Zeit dem Ruse als Prediger an eine Gemeinde gefolgt ist. Mit aufrichtigen Tränen hat die Gemeinde in St. Louis ihren teuren Seelsorger zur Erde bestattet, und den noch lebenden Gliedern derselben wird er bis an ihr Ende unvergeßlich bleiben.

   Aber nicht lange konnte das erledigte Pfarramt unbesetzt bleiben; darum schritt die Gemeinde gar bald wieder zur Wahl eines neuen Pfarrers. Aus den zur Wahl aufgestellten Kandidaten wählte sie unter herzlicher Anrufung Gottes durch Stimmenmehrheit den jüngeren Bruder ihres entschlasenen Seelsorgers, Herrn Carl Ferdinand Wilhelm Walther, vormals Pastor in Bräunsdorf, im Königreich Sachsen, und später in Perry County, Mo. Derselbe trat daselbst vom. *Dom. Jubilate*

1841 sein Amt an, welches er auch jetzt noch als erster Pfarrer nebst seiner Professur am Concordia-Seminar verwaltet. In den ersten Jahren hatte auch er noch harte Kämpfe zu bestehen, zwar nicht sowohl innerhalb der Gemeinde, als vielmehr mit einem Haufen Leute, die sich von der Gemeinde getrennt hatten und allein die rechten Lutheraner sein wollten. Der Anführer unter ihnen war ein gewisser Spröde, derselbe nämlich, der die Auswanderung jener 95 geleitet hatte, die von New-York hierher kamen und deren wir oben schon Erwähnung getan haben. In diesem Manne und seinen wenigen Anhängern hatte sich der Stephanismus gleichsam verkörpert; in ihnen war Stephans sektiererischer, unlauterer und unfreundlicher Geist wieder auferstanden. Alles, was nicht nach ihrer Pfeife tanzen wollte, verdammten sie mit den härtesten Ausdrücken. Ihr Christentum sollte das echt lutherische Christentum sein; und wer selig werden wolle, müsse sich zu ihnen halten. Herrn Pastor Walther schalten sie nur eiinen verdammten Pietisten, einen Verführer und Wolf, der vom ächten Luthertum Nichts begriffen habe. Mit teuflischer Bosheit verfolgten sie daher ihren Plan, den Pastor Walther unter ihre Füße zu treten, und die Gemeinde zu zerrütten und zu zerstören. Zu dem Ende wühlten sie auch immer in der Gemeinde umher, und suchten sich Anhänger zu erwerben, was ihnen aber wenig oder gar nicht gelang. Denn wiewohl Spröde, der Führer dieser Rotte, ein großer Maulheld war, und mit seinen Reden ein Aufsehen erregen konnte, so war doch aus seinem gotteslästerlichen Benehmen leicht zu erschließen, was für ein Früchtlein dieser Mann war. Sein Treiben ging dahin, das heilige Predigtamt und alle kirchliche Ordnung umzukehren. In dieser Weise hatte er schon in New-York, und später hier in Perry County, sein Wesen getrieben, und hatte den armen Predigern, die mit ihren Gemeinden gerne Hunger und Kummer erlitten, und die Alles tatzu, um ihre Verschuldung bei der Auswanderung wieder gut zu machen, das Leben sauer gemacht; und als nun Pastor Walther nach St. Louis berufen wurde, zog er auch bald darauf dahin, um auch dort seine teuflischen Pläne zu verfolgen. Alle Vermahnung und Bestrafung war an ihm verloren; er war, wie es schien, dem Gericht der Verstockung anheim gefallen. Daher sah sich auch die Gemeinde in St. Louis genötigt, ein öffentliches Zeugnis gegen diesen Mann abzulegen, weil auch er sie in dem „Anzeiger des Westens" öffentlich angegriffen und sie geschmäht hatte. Sie tat es in folgender Weise:

„Daß ein großer Teil unserer Gemeinde vormals dem Verführer Stephan in grenzenloser Verblendung angehangen und unter seiner Leitung vor der ganzen Welt ein großes Aergerniß gegeben habe, ist wahr. Dies haben wir aber allezeit keinesweges zu bemänteln gesucht; wir haben nicht nur, sobald uns die Augen geöffnet wurden, vor Aller Augen Schritte getan, die unseren Abscheu an dem vorigen Wesen zur Genüge kund gegeben haben, sondern haben uns auch mündlich und schriftlich auf das Entschiedenste davon losgesagt. Wir sind auch ferner weit entfernt, den Fanatismus, in welchem wir vormals gefangen gewesen sind, für eine Frucht unserer teuren ev.-luth. Kirche auszugeben, wir bekennen es vielmehr, daß wir die untreuesten Söhne dieser Kirche gewesen sind und daß wir nie so gehandelt haben würden, hätten wir an den Grundsätzen der lutherischen Lehre immer treulich festgehalten. Nein, nicht unserer Kirche, sondern uns selbst, unserem Abfall von ihr lege man alle unsere vormaligen Verirrungen zur Last."

„Ob wir aber jetzt wirklich, wie wir bekennen, dem hohen Ziele, das uns die evangelisch-lutherische Kirche gesteckt hat, mit Aufrichtigkeit in Lehre und Leben Nachzukommen trachten, darüber steht uns selbst kein Zeugnis zu. Wer sich überzeugen will, der komme und sehe und höre, unsere Kirche, unser

Schule, unsere Gemeindeversammlungen und unsere Häuser stehen jedermann offen. Wir schleichen nicht in Winkeln umher, sondern handeln offen vor aller Welt. Wer sich überzeugen will, ob bei uns noch Priesterherrschaft stattfinde, der beobachte die Verwaltung unserer Gemeindeangelegenheiten und lese die Statuten unserer Gemeindeordnung, so wird es ihm unschwer sein, zu erkennen, ob wir als eine freie unabhängige christliche Gemeinde dastehen oder nicht."

„Daß, wie Herr Spröde sagt, bis auf den heutigen Tag von verschiedenen Personen verschiedenartig gegen unsere Sache protestiert worden ist, ist wahr; und wir bekennen es, daß wir einzelnen unter ihnen vieles Gute, auf das sie uns aufmerksam machten, zu verdanken haben. Aber einige unter diesen Protestanten gaben uns den Rat: Alles müsse aufhören, die Prediger müßten ihren Beruf verwerfen, die Gemeinde ihren Verband auflösen, und sich dann zu den Füßen ihrer Reformatoren, oder vielmehr Zertrllmmerer setzen. Wir haben aber zu bittere Erfahrungen von der Verderblichkeit eines solchen stephanistischen Religionseisers gemacht, als daß wir uns durch das neue Gewand, in das er sich hüllen wollte, hätten täuschen lassen können.

„Wie wenig oft diejenigen, die uns den Namen einer evangelisch-lutherischen Gemeinde nicht gönnen, selbst die Lehren dieser Kirche kennen und erfaßt haben, davon giebt wohl die angezogene Protestation den sprechendsten Beleg, da darin auf Heilighaltung eines Eides, der einem Verführer in Unwissenheit geleistet wurde, gedrungen und jenes Geschrei erhoben wird, dessen Bedeutung die Schrift schon längst geoffenlart hat (Marc. 13, 21.)."

„Zum Ueberfluß bemerken wir noch schließlich, daß unser damaliger Prediger, der in Deutschland auf sein Ansuchen von seiner geistlichen Behörde seines Amtes förmlich entlassen wurde, sich uns keinesweges aufgedrungen hat, sondern ohne irgend eine Bewerbung von seiner Seite um unser Pfarramt, vorerst von der ganzen Gemeinde in die Reihe der Kandidaten aufgenommen und hierauf aus denselben mit Stimmenmehrheit erwählt worden ist."

Sehr bezeichnend für diesen Mann ist noch das, daß er bei all seinem Disputieren über Luthertum nicht etwa den Luther, sondern Erdmann Neumeister als seinen Gewährsmann zur Hand hatte. Nachdem nun dieser Mann wohl beinahe zwei Jahre sein Wesen in St. Louis getrieben hatte, und je länger, je ärger geworden war, hat ihm Gott sein Ziel gesetzt, und sprach zu ihm: Bis hieher, und nicht weiter; hier sollen sich legen deine stolzen Wellen. Er kam nämlich eines Tages von einem Disput, den er mit Jemandem wegen kirchlicher Sachen gehabt, in welchem er in den heftigsten Zorn geraten war und über Pastor Walther sehr gelästert hatte, zu Hause, klagte über Unwohlsein, legte sich auf einen Sessel und — im nächsten Augenblick war er todt. — Wir aber setzen hinzu: „Irret euch nicht, Gott läßt sich nicht spotten."

Aus dem, was wir nun bisher von der St. Louiser Gemeinde gesagt haben, ist schon zur Genüge zu ersehen, daß sie vom ersten Anfang an tüchtig im Sieb der Anfechtung gerüttelt worden ist; es haben ihr aber alle Anfechtungen zum Besten dienen müssen. Gleichwie ein Baum seine Wurzeln um so tiefer schlagt, je mehr er vom Winde bewegt wird: so wird auch eine Gemeinde nur um so fester in der Wahrheit begründet, von den Schlacken gereinigt, in der Erkenntnis gefördert und an Erfahrung bereichert, je mehr sie von den Stürmen der Anfechtung heimgesucht wird. Satan meint es freilich böse mit ihr; aber Gott, der auch die Zügel des ganzen Weltregiments in seinen Händen hat, läßt seiner Gemeinde auch das zum Bösen Gerichtete zum Besten gereichen, und Satan muß zu Schanden,'werden. Die Anfechtung lehrt sie aufs

Wort merken, und durch die Trübsal wird sie zum Gebet getrieben. Diese köstliche Erfahrung hat auch die damals noch junge Gemeinde in St. Louis gemacht. Als sie der HErr demütigte, machte Er sie groß. Auch den unverdienten Fluch der Welt verwandelte Er ihr in einen Segen, und je schadenfroher die Ungläubigen ihrem baldigen Untergange entgegen sahen, um so mehr machte sie Gott zu einer Stadt auf dem Berge, die weit in die Lande hinaus leuchtete. — Durch Gottes Segen und ihrer fleißigen Hände Arbeit kamen die Gemeindeglieder auch immer mehr in eine bessere äußere Lage, daß sie das, was zur Erhaltung des Predigt- und Schulamtes erforderlich war, leichter bestreiten konnten. Bis zum Jahr 1840 hatten sie diese Ausgaben aus den sonntäglichen Collecten bestritten; nun trafen sie eine andere Ordnung; sie brachten den Gehalt für Prediger und Schullehrer durch freiwillige Unterschriften der Gemeindeglieder zusammen. Aber noch immer hatte die Gemeinde kein eignes Gotteshaus, wornach sie doch so sehnlich trachtete; sie traf daher die Ordnung, daß von nun an alle Kircheneolleeten einen Fond zu einem möglichst baldigen Kirchbau bilden sollten. Als nun in der ersten Hälfte des Jahrs 1842 die Eigentümer des bisher zum Gottesdienst benutzten Lokals sich dahin äußerten, daß die luth. Gemeinde nicht länger mehr ihre Gastfreundschaft in Anspruch nehmen möchte: da faßte die Gemeinde im Vertrauen auf ihres Gottes Vor- und Fürsorge den Beschluß, die Hand ans Werk zu legen, und den Kirchbau zu beginnen. Freilich tat ihr das Vertrauen auf Gottes Hülfe doppelt not; denn wiewohl sie schon 600 Dollars aus ihrer Armut zusammengespart hatte, so reichte doch diese Summe nicht einmal hin, einen Bauplatz dafür anzukaufen, geschweige denn, eine Kirche davon herzustellen. Doch aber kauften sie einen Platz für die Summe von 1000 Dollars, und trafen sodann die Anstalten, den Bau zu beginnen. Ein Plan wurde entworfen, und demgemäß ein Contract abgeschlossen, der dahin lautete, daß die Contractoren sich verbindlich gemacht hätten, binnen sechs Monaten für die Summe von 4120 Dollars die Kirche mit allem Zubehör, ausgenommen Kanzel und Altar, sir und fertig herzustellen. So ging nun das Werk unter der guten Hand Gottes glücklich von Statten, und am 2. Advent 1842 konnte die Kirche dem Dienste des dreieinigen Gottes geweiht werdendste erhielt den Namen „Dreieinigkeitskirche." In Bezug auf diesen Namen sagt die Gemeinde in dem Dokument, das sie im Grundstein der Kirche niedergelegt hat, die Nachkommen anredend, also: „Wisse es, o Leser! wer du auch sein magst, darum haben wir unserer Kirche den hohen und heiligen Namen „Dreieinigkeitskirche" gegeben, weil wir keinen anderen Gott für den wahren erkennen, als den dreieinigen, Gott Vater, Gott Sohn, Gott heiligen Geist, wie er sich uns in seinem Wort geoffenbart hat. Wisse es, o Leser! nur dazu haben wir den Grund zu unserer Kirche gelegt, daß darin, das reine Wort Gottes nach der Auslegung der apostolischen, und naeb ihr der evangelisch-lutherischen Kirche, uns und unseren Nachkommen verkündiget, und die heiligen Sakramente, die heil. Taufe und das heil. Abendmahl, nach der Einsetzung JEsu Christi, des eingebornen Sohnes Gottes, von berufenen Dienern der Kirche verwaltet werden."

Es sind nun bereits 23 Jahre darüber verflossen, als die Dreieinigkeitskirche gebaut wurde, und wenn wir bedenken, wie klein und ärmlich die Gemeinde damals noch war, und welch einen unscheinlichen Anfang sie genommen hat, so müssen wir uns billig verwundern, wenn wir jetzt vier luth. Gemeinden in St. Louis finden, die aus der Einen Gemeinde entstanden sind, und daß sie statt Einer täglichen Gemeindeschule deren zwölf hat! Und wie manche Gemeindeglieder sind von dort weggezogen, und haben an anderen Orten lutherische Gemeinden gründen, oder doch befördern helfen! Was aber den

Neue Dreieinigkeitskirche in St. Louis.

äußeren Wohlstand dieser ersten Dreieinigkeits-Gemeinde betrifft, so ist der schon daraus ersichtlich, daß diese Gemeinde in dem gegenwärtigen Jahre 1865 eine Kirche gebaut hat, deren Kosten die Summe von hunderttausend Dollars übersteigen! Wahrlich, für dies alles gebührt dem HERRN allein die Ehre, weil es auch die kühnsten Hoffnungen übersteigt. Wir können nur sagen: „Das ist vom HErrn geschehen, und ist ein Wunder vor unseren Augen. Groß sind die Werke des HErrn; wer ihrer achtet, der hat eitel Lust daran." Er wolle nun auch in Gnaden erhalten, was er gebauet hat. Er wolle es um Seines Namens Ehre willen verhindern, daß dieser Weinberg des HErrn je von den Säuen zerwühlt werde.

Erhalt', was du gebauet

Und durch dein Blut erkauft,,

Was du dir hast vertrauet,

Die Kirch', auf welch' anlauft

Der grimm'ge Sturm des Drachen,

Sei du ihr Schutz und Wall,

Daß, ob die Welt will krachen,

Sie nimmermehr verfall.

Wir verlassen nun St. Louis, und kehren wieder nach Perry County zurück, und hören, was sich da weiter zugetragen hat. Man wolle es uns nicht für Hochmut auslegen, wenn wir sagen, daß Perry County, oder genauer bezeichnet, Altenburg und seine Umgegend, in seiner Art klassischer Boden ist, in dem Sinne nämlich, wie wir es verstehen. Es ist eine Gegend, die an viele merkwürdige Begebenheiten erinnert, die zwar in ihrer Ursprünglichkeit nur betrübende Erinnerungen in uns hervorrufen, die aber, weil sie Gott so herrlich und zum Besten hinausgeführt hat, uns jetzt nur erfreulich sein können. Wir können unsere Gedanken, die wir hierbei haben, am besten mit den Worten Josephs an seine Brüder, die ihn nach Egypten verkauft hatten, ausdrücken, da er zu ihnen sagt: „Ihr gedachtet es böse mit mir zu machen; aber Gott gedachte es gut zu machen, daß er täte, wie es jetzt am Tage ist, zu erhalten viel Volks." Stephan gedachte es mit den Leuten nur böse zu machen; konnte er nur seines Fleisches Lüsten fröhnen, so hätte er sich wenig darum bekümmert, wenn auch Alle zu Grunde gegangen wären. Aber Gott gedachte es gut zu machen, wie es jetzt am Tage ist, auf daß er auch in diesem. Lande Viele durch das Evangelium beriefe, seine lutherische Kirche bauete, und viele Seelen für den Himmel gewönne. Warum mußten Stephans Greuel nicht schon in Deutschland an das Licht kommen? Darum nicht, weil Gott noch nicht ausgerichtet hatte, was er ausrichten wollte; dazu mußte auch Stephan aufgespart werden. Erst mußte die Auswanderung vollzogen sein, die dieser Mann, weil er seine Anhänger ganz und gar in seiner Gewalt hatte, in dieser Weise nur vollführen konnte; danach sollte er als ein Gefäß zu Unehren zerbrochen werden. Hier in Missouri, am Mississippi-Fluß, wo sich ein „Teufels Backofen" befindet, war der Platz, wo er entlarvt werden sollte.

Wir wollen nun mit Wenigem ein Bild von der Gründung und Entstehung des Colleges hier in Altenburg entwerfen, das neun Jahre später der evangelisch-lutherischen Synode von Missouri, Ohio u. a. Staaten zum Eigentum übergeben wurde, unter deren Pflege es durch Gottes Segen zu einer nicht unbedeutenden Größe herangewachsen ist. — Es war dies mit eine Hauptabsicht bei der Auswanderung, daß die christlichen Familienväter ihre ihnen von Gott anvertrauten und mit Christi Blut teuer erkauften Kinder dem ganz unchristlichen, durch und durch rationalistischen Schulunterricht entreißen, die aus ihnen studierende Jugend vor der losen Philosophie, die damals auf allen deutschen Universitäten herrschte, bewahren, und sie hier auf einer zu gründenden Hochschule im Glauben der Kirche auf eine christliche Weise zu ihrem künftigen Amt vorbereiten lassen wollten. Wie wichtig es überhaupt für die lutherische Kirche und ihr geistliches Wohlergehen für die Zukunft in diesem Lande sein müsse, daß sie eine rechtgläubige Lehranstalt in ihrer Mitte habe, das sahen sie Nar ein; auch fehlte es nicht an Willigkeit, die Sache in Angriff zu nehmen. Allein die bekannten Zerwürfnisse und Sichtungen, die inmitten dieser Gemeinde entstanden, verbunden mit den dadurch bedeutend vermehrten Schwierigkeiten und Hindernissen des ersten kümmerlichen Anbaus, legten natürlich auch dem neu einzurichtenden Schulwesen einen Hemmschuh um den anderen an. Prediger und Gemeinden hatten vollauf mit sich zu tun, die Armut guckte überall zum Fenster herein und den Leuten ans den Augen; woher sollten die Mittel genommen werden, eine Bildungsanstalt zu gründen und einige Lehrer an derselben zu erhalten? — Doch wiewohl manche große Schwierigkeiten diesem guten Werke hindernd in den Weg traten, so wurden sie gleichwohl mit der Hülse Gottes überwunden. Einige der damals hier noch weilenden Kandidaten legten, von der Liebe Christi gedrungen, und keine Mühe scheuend, die Hand ans Werk, begabte Knaben für den Dienst der Kirche heranzubilden. Es waren dies die Kandidaten Brohm (gegenwärtig Pastor am Concordia-Distrikt in St. Louis und Mithelfer am theologischen Seminar daselbst), Fürbringer (gegenwärtig Pastor in Frankenmuth und Präses des nördlichen Districts der Synode von Missouri 2c.), und Bünger (Pastor des Immanuels-Districts in St. Louis und Präses des westlichen Districts der Synode von Missouri 2c.). Diese — zunächst in Verbindung mit Pastor C. F. W. Walther, damals Pastor zu Johannesberg in Perry County, gegenwärtig Pfarrer der luth. Gemeinde in St. Louis und Professor der Theologie am Concordia-Seminar daselbst — legten den Grund zu dieser Prophetenschule. — Aber wo stand denn das diesem Zweck entsprechende Gebäude, und wer war der reiche Mann, der es aus seinen Capitalien in dieser Wildnis hatte bauen lassen? Lieber Leser, das Haus war nirgends zu finden. Es wohnten hier damals noch keine s. g. christlichen Kirchenpatrone, wie es deren vor Zeiten in Deutschland gegeben hat, die ans ihrem Vermögen Kirchen und hohe und niedere Schulen gestiftet haben; nein, solche möchte es in unseren Tagen überhaupt nur wenig mehr geben, am wenigsten aber in Amerika. Das Haus, das die Prophetenschüler damals aufnehmen sollte, stand noch im grünen Walde, wie ihn der liebe Gott hatte wachsen lassen. Die Bäume mußten also noch gefällt und zn einem Blockhaus, was es werden sollte, hergerichtet werden; dazu gehörte aber noch viel Mühe und Arbeit. Wer sollte aber die Arbeit verrichten? Hatte doch ein jeder genug für sich zu tun, damit er ein wenig Land klärte, um es dann mit der Hacke und eigner Hand aufzubrechen und ein wenig Korn und Kartoffeln hinein zu machen. So mußten denn die lieben Kandidaten selbst mit Hand an diese Arbeit legen, so ungewohnt sie ihnen auch sein mochte, ungeachtet, daß ihnen über der Arbeit das Blut aus den Händen lief. Ter Eine half mit Bäume fällen und sie herbei schleifen, denn Arbeitstiere gab es damals hier noch nicht; der Andere strengte alle seine Kräfte an, ein Loch zu graben, in welchem man Trinkwasser auffangen könnte u. s. w. Dazu kam nun noch, daß sie bei solcher ungewohnten Arbeit, wobei sie sich viel mehr als ein anderer Arbeiter abplagen mußten, noch oben darein Hunger und Durst leiden mußten, mit einem ungewohnten Klima zu kämpfen hatten, und was der Uebel mehr waren. Summa, so groß und schwer auch die Hindernisse waren, sie wurden doch überwunden; ein Blockhaus, ein Zimmer groß, wurde aufgerichtet, mit einem notdürftigen Dach versehen, ein Türloch eingeschnitten, ein Fenster oder zwei eingesetzt u. s. w., und — ein evangelisch-lutherisches College-Gebäude, wie es Deutschland nicht aufzuweisen hat, stand fix und fertig da! Und siehe! alle Christen

College in Perry County.

freuen sich darüber, und danken Gott für diese Gabe. Eine großartige Einweihungsfeierlichkeit hat man zwar nicht gehalten; man hat es aber geheiligt mit Gottes Wort und Gebet. Der weiland Pastor Otto Hermann Walther hat die schlichte Einweihungsfeierlichkeit dadurch erhöhen helfen, daß er den Einwohnern des Colleges ein von ihm gedichtetes köstliches Lied zusandte, welches wir hier als ein wertvolles Inventarium des Colleges folgen lassen wollen. — Es lautet also: Komm herein, komm herein.

Weih dies Haus, o JEsu, ein!

   Komm, hier ist ein Bethlehem
   Das die Armut dir erbauet.
   Komm, es ist dir angenehm,
   Dein Aug nach dem Glauben schauet.
Heut ist für dich nicht Raum
In der Herberg dieser Erden;
Findest noch ein Obdach kaum.
Wo du kannst geboren werden.
Doch die Erde bleibet dein,
Räumt man dir sie gleich nicht ein.

   Komm herein, komm herein,
   Weih dies Haus, o JEsu, ein!
Hier sollst du, HErr JEsu Christ,
In der jungen Kinder Seelen,
Dir zum Eigentum erkiest,
Eine Ruhstatt dir erwählen.
Sammle hier ein kleines Heer
Dir in diesen letzten Zeiten,
Die für deines Names Ehr,
Wie einst ihre Vater, streiten,
Dir das Hosianna schrein.
Wenn die Feinde dich verspein.

   Komm herein, komm herein.
   Weih dies Haus, o JEsu, ein!
Hier soll Alles dich allein
Als den ein'gen Meister grüßen.
Du allein sollst HErr hier sein.
Alles liegt zu deinen Füßen;

Auch die Weisheit dieser Welt
Soll die Gold und Weihrauch bringen;
Laß dein Lob — wenn dies gefillt —
Hier in allen Zungen klingen.
HErr, du siehst ins Herz hinein.
Weißt, was unser Wunsch allein.

Komm herein, komm herein,
  Weih dies Haus, o JEsu, ein.
Komm, hier ist ein <u>Nazareth</u>,
Nazarenus, sei willkommen!
  Hier die alte Inschrift steht:
  „Was kann daher Gutes kommen?"
Aber du laßt diese Schmach
Dir nicht hier den Eintritt wehren,
Pflegst noch heute unterm Dach
Der Geschmähten einzukehren.
Komm mit deinem Gnadenschein,
Geh hier immer aus und ein.

Komm herein, komm herein.
Weih dies Haus, o JEsu, ein!
Komm, hier soll das reine Bild
Deiner heilgen Jugend strahlen.
Fromm und weise, keusch und mild,
Still, demütig, ohne Prahlen,
Daß hier jedes Kind, wie du,
  Allerheiligstes von allen,
Nehm an Gnad und Weisheit zu,
Gott und Menschen zu gefallen.
Drum, o JEsu, komm herein,
Leb in Allen du allein.

Komm herein, komm herein,
Weih dies Haus, o JEsu, ein!
Komm, es sei Bethanien hier.
Wo still, von der Welt geschieden,
  Martha und Maria dir
Dienen beide gleich, in Frieden.
Wo sich Fleiß und Frömmigkeit
Als zwei Schwestern treu gesellen,
Fern von Tand und Eitelkeit,
Frei vom Joch der Klosterzellen.
Ems ist not, komm du herein,

Weih dies Haus, o JEsu, ein!
Ja es sei Bethamen hier,
Wo uns Lebenslüfte wehen.
Wo, o Fürst des Lebens, dir
Viele Todte auferstehen.
Wo Jünglinge, fromm und frei
Nach dem Höchsten, Schönsten ringen,
Und sich ohne Heuchelei
Selbst dem HErrn zum Opfer bringen.
HErr, gieb dazu dein Gedeihn,
Dein sei auch die Chi allein!

O. H. Walther.

So wurde nun von den obengenannten Lehrern der Unterricht mit Ernst und Eifer begonnen, und der HErr gab seinen Segen reichlich dazu. Als aber schon bald Pastor Walther und Kandidat Bünger einem Rufe nach St. Louis folgten, so setzten die beiden Kandidaten Brohm und Fürbringer das Werk allein fort, und zwar unter äußerlich wenig ermunternden Umständen, ganz uneigennützig, und mit Aufopferung ihrer Zeit und Kräfte, zwei Jahre lang. Und als nun auch Kandidat Fürbringer einen Ruf ins Predigtamt nach Illinois angenommen hatte, so setzte Kandidat Brohm sogar die College-Arbeit allein fort, bis er von einer heftigen Fieberkrankheit überfallen wurde, die ihn beinahe aufgerieben hätte. Als er aber mit Gottes Hülfe unter der treuen Pflege in der Familie des seligen Pastor Löbers seine Gesundheit wieder erlangt hatte, so übernahm nun auch Pastor Löber einige Unterrichtsstunden, und er und Kandidat Brohm setzten so gemeinschaftlich einige Jahre den Unterricht fort, und pflegten das Senfkorn des kleinen Colleges, bis Kandidat Brohm dem Rufe in das lutherische Pfarramt nach New York folgte. Nun hatte Pastor Löber eine Zeitlang den Unterricht größtenteils allein zu geben, nur einige Lektionen wurden von Pastor Keyl übernommen, der damals hier noch in dem benachbarten Froh na stand.

Bisher hatten sich die Gemeinden nur noch wenig der Anstatt hülfreich annehmen können, weil sie noch zu arm waren; nur einzelne Glieder hatten es getan; als nun aber ihr äußerlicher Zustand sich etwas geheben hatte, so wurde auch die hilfreiche Beteiligung an dieser Erziehungsanstalt immer mehr eine allgemeine. Manche, die bisher über dieses unscheinbare Werk den Kopf geschüttelt hatten, zweifelnd, ob es Bestand haben werde, sahen es jetzt mit der Thal bestätigt, daß Gottes Wohlgefallen auf dieser Anstalt ruhe, und daß sie durch Seine Hand bisher wunderbar erhalten und fortgeführt worden sei. Was aber dem College jetzt am nötigsten tat, war ein noch anzustellender tüchtiger Lehrer, der sich gänzlich diesem Fache widmen konnte; denn Herr Pastor Lober, auf dem die meiste Arbeit lag, war körperlich sehr leidend, so daß ihm sein Predigtamt sehr viel zu schaffen machte, und zu befürchten stand, daß er vor der Zeil aufgerieben würde. Hier war es nun wieder die Gemeinde in St. Louis, die — wie so oft — mit einem guten Beispiele voranging; sie berief nämlich im Jahre 1843 aus ihrer Mitte den Kandidaten der Theologie, Hrn. Joh. Jak. Gönner (s 25. Juni 1364, im Alter von 57 Jahren), als einen besonderen Lehrer und Rektor des Colleges mit einem bestimmten Gehalt, was bisher gar nicht möglich gewesen war. Die Gemeinden hier traten dieser Berufung bei und verwilligten dem genannten Rektor Gönner außer der Wohnung noch bestimmte Beiträge an Naturalien, Arbeit, Holz u. s. w.; auch hatte die hiesige Gemeinde mit ihrem opserwilligen Pastor Löber die Beköstigung und Pflege einiger armen Schüler übernommen, und nach und nach singen auch einige andere Gemeinden an, sich der Anstalt auch in dieser Weise hülfreich anzunehmen, und so ging das Werk des HErrn freudig von Statten.

 Bis zum Jahr 1849 war das College ein Eigentum der hiesigen Gemeinden und der Gemeinde in St. Louis gewesen;

jetzt faßte die hiesige Gemeinde den Beschluß, dasselbe der evangelisch-lutherischen Synode von Missouri 2c. anzubieten, und so ihr das Anerbieten willkommen sei, es ihr zum Eigentum zu übergeben. Die Gemeinde wählte aus ihrer Mitte eine Committee, die wegen dieser Angelegenheit die geeigneten Vorschläge machen sollte und die aus folgenden Herren bestand: Pastor Löber, Rektor Gönner, Lehrer Winter, Dr. Bünger, I. Nitzschke, G. Schmidt, A. Estel und Palisch. In dem Bericht an die hiesige Gemeinde sagt die Committee:

1. daß es aller Wahrscheinlichkeit nach für das Gedeihen des Colleges am heilsamsten sei, daß es der Synode zur Pflege übergeben werde, jedoch dergestalt, daß die Gemeinde die Infpeetion und Verwaltung darüber behalte;

2. daß es hier in Altenburg, wo es in kümmerlicher Zeit gegründet worden sei, auch fernerhin verbleibe, welches Verbleiben hier in materieller Hinsicht viele Vorteile habe, die dann auch aufgezählt werden;

3. erbietet sich die Gemeinde, bei Erweiterung des Colleges, einen geeigneten Platz von vier Acker Landes nebst einer gewissen Summe Geldes herzugeben.

Mit der größten Bereitwilligkeit ging die Synode darauf ein, das College in ihre Pflege zu nehmen und es durch ihren Einfluß zu heben. Weil aber die Gemeinde in St. Louis es so gerne in ihrer Mitte haben wollte, und deßwegen mit der hiesigen Gemeinde in Unterhandlung trat; und weil auch die Synode die Stadt St. Louis, als den Mittelpunkt des Westens, für einen geeigneten Platz hielt: so ließ sich die hiesige Gemeinde endlich — wiewohl mit schwerem Herzen — bewegen, in die Uebersiedelung des Colleges, welches sie so lieb gewonnen hatte, zu verwilligen. Die Gemeinde in St. Louis schenkte zwei wertvolle Acker Landes, in der gesündesten Gegend in der Nähe der Stadt gelegen, zu Bauplätzen, unterschrieb über 2000 Dollars zum Bau der Gebäude, und verwilligte dem College die Einkünfte ihrer Gottesacker-Kasse und den Ueberschuß aus dem Verkauf des von ihr verlegten Gesangbuches,.

In St. Louis wurde nun der Bau des Seminars rüstig begonnen und am 8. November 1849 der Grundstein zu dem einen Flügel des gegenwärtigen stattlichen Gebäudes gelegt; auch wurde um diese Zeit Herr Pfarrer C. F. W. Walther zum ordentlichen Professor der Theologie durch Stimmen-Einheit des von der Synode bestellten Wahlkollegiums gewählt, da Herr Pastor Löber, der bisher den theologischen Unterricht in dieser Anstalt gegeben hatte, während dieser Zeit durch einen seligen Tod in die Ewigkeit gegangen war. — Wir wollen nun den Entwicklungsgang dieser Anstalt nicht weiter bis ins Einzelne verfolgen; wir wollen nur noch erwähnen, daß nach einer Bestimmung der Synode im Jahre 1861 das College von dem eigentlichen theoretischen Seminar, welche bis dahin in einem Gebäude vereinigt gewesen waren, geschieden und nach Fort Wayne verlegt worden ist, wo es durch Gottes Gnade bis heute noch besteht und im Aufblühen begriffen ist.

Zu derselben Zeit, als das College nach Fort Wayne verlegt wurde, wurde das daselbst sich befindende praktische Seminar nach St. Louis verlegt. Zwar äußerlich nicht unter so dürftigen Umständen, wie das College in Altenburg im Jahre 1839, war das Prediger-Seminar zu Fort Wayne, im Staate Indiana, im Jahre 1846 gegründet worden. Als eigentlicher Gründer dieser Anstalt ist Herr Pfarrer Lohe, zu Neuendettelsau in Franken, im Königreich Baiern, anzusehen, der auf Anregung des um die lutherische Kirche Amerikas so hochverdienten Herrn Pastor Wyneken eilf gläubige, begabte und für den Dienst des HErrn in der lutherischen Kirche brennende Jünglinge, die mit angemessenen Geldmitteln, Büchern u. s. w. ausgestattet waren, herüber sandte, um hier für den Dienst der Kirche herangebildet zu werden. — Diese

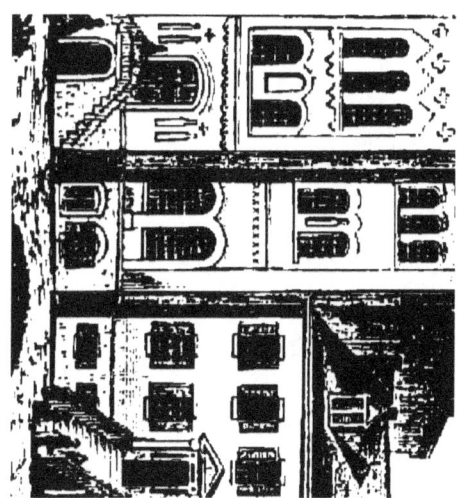

seiner Ankunft daselbst einen Beruf an eine Gemeinde in Ohio erhielt und annahm. Der Hauptleiter und Lehrer dieser so reichlich von Gott gesegneten Anstalt ist von Anfang an gewesen Herr Dr. Wilhelm Sihler, Pfarrer der ersten deutschen evangelisch-lutherischen St. Paulus-Gemeinde zu Fort Wayne. Dieser von falschen Brüdern vielgeschmähte, aber treue Knecht des HErrn ist einer Anzahl von 100 Jünglingen, die unter seiner Leitung des Seminars daselbst zum Predigt- und Schulamte vorbereitet worden sind, mit seiner praktisch - gründlichen und lutherisch gesunden Lehrweise das Werkzeug in der Hand Gottes gewesen, daß sie, je nach dem Maß ihrer verschiedenen Begabung, zu der einem Diener der Kirche höchst nötigen Lehrtüchtigkeit herangereift sind, und mit seinem heiligen, sich immer gleichbleibenden Ernst ist er Manchem eine Ursache tieferer Sünden- und Selbsterkenntniß, und mit seiner evangelisch-väterlichen Beratung der Gewissen in Anfechtungen und allerlei Trübsalen ein Tröster und geistlicher Vater in Christo JEsu geworden. — Als Professor und Hausvater wirkte neben ihm an dieser Anstalt vom ersten Anfang an in großem Segen weiland Herr Pastor A. Wolter. Von diesem teuren Manne rühmt sein Nekrolog, daß ihm "eine seltene ungeheuchelte Demut, eine ausnehmende Lauterkeit der ganzen Gesinnung, eine seltene selbstverlengnende und dienende Liebe, ein ungemeiner Eifer für die Ausrichtung seines Lehramtes und eine besondere Freundlichkeit und Lieblichkeit im Umgange" eigen gewesen sei. Er entschlief sanft und selig in seinem HErrn JEsu Christo, in Folge der Cholera, am 31. August 1849, im Alter von 31 Jahren. Sein Trost in der Todesstunde war das liebliche Verslein:

    Ein Arzt ist uns gegeben.
    Der selber ist das Leben;
    Christus, für uns gestorben,
    Hat uns das Heil erworben.

Wort, daß JEsus Christus kommen ist in die Welt, die Sünder selig zu machen, unter welchen ich der vornehmste bin." Sein Eifer im Werk des HErrn ist auch daraus zu entnehmen, daß er bei seinen Lebzeiten einen Zettel auf sein Arbeitspult geklebt hatte, auf welchem die Worte standen: „Verflucht ist, wer des HErrn Werk lässig tut!" Jer. 48,10.

Darunter stand die Frage: „Warum? Weil Gottes lieber Sohn, sein einiges Kind, mein HErr JEsus, mich mit schwerer, saurer Arbeit, durch sein teures Blut erworben und erstritten hat."

Nach dem Tode des seligen Professors Wolter wurde Herr Pastor A. Crämer als Professor an jenes Statt durch das Wahlkollegium der Synode berufen, nachdem während der Vakanzzeit der selige Herr Professor Biewend interimistisch die Professur daselbst verwaltet hatte. Professor Crämer war im Jahre 1845 mit einer Gesellschaft lutherischer Kolonisten aus Bayern nach dem Staate Michigan ausgewandert, und hatte daselbst als lutherischer Pastor der Gemeinde Frankenmuth und als eifriger Missionar unter den heidnischen Indianern gewirkt. Im Jahre 1850 trat er am praktischen Seminar zu Fort Wayne sein Amt als Professor der Theologie an, und verwaltet dasselbe auch jetzt noch, nachdem das Seminar nach St. Louis verlegt worden ist, unter großem Segen und mit aufopferndem Fleiße.

Schließlich ist in Bezug auf dies praktische Seminar noch zu erwähnen, daß es im Jahre 1847 der Synode von Missouri, Ohio u. a. St. von Herrn Pfarrer Löhe, unter Ausstellung einer Schenkungs-Urkunde, zur Leitung übergeben worden ist, und zwar zu dem unabänderlichen Endzweck, „eine zwar möglichst gründliche, aber auch möglichst schleunige Ausrüstung von Predigern und Seelsorgern für die zahllosen verlassenen unseres Stammes und Bekenntnisses zu ermöglichen." Demnach ist der Unterschied unter unseren beiden Seminarien kurz und gut dieser, daß in dem einen mehr die wissenschaftlich-theologische, in dem anderen die kirchlich-praktische Ausbildung vorwaltet; der Geist aber, der in Beiden herrscht, ist nur Liner! Eph.4, 2—6. Und das ist es vornehmlich, was in Bezug auf unsere Lehranstalten unser Herz zu Lob und Dank erhebt, daß Gottes Gnade bisher unsere teuren Herren Professoren in der allererfreulichsten und gesegnetsten Einigkeit im Geist, d. i. in der Lehre, im Glauben und Bekenntnis der rechtgläubigen evangelisch-lutherischen Kirche erhalten hat. Sie sind Ein Herz und Eine Seele, nicht nur darin, daß sie mit allen wahren Christen den HErrn JEsum von ganzem Herzen lieb haben, sondern daß sie auch mit ihrer teuren Kirche unverrückt bei Gottes Wort bleiben, wie es lautet, und in der Lehre eingewurzelt und gegründet sind. Und weil sie nun selbst glauben, darum reden sie auch, d. i. ihr Lehren ist ihnen entschiedene Herzenssache, ein Werk des Glaubens und eine Arbeit der Liebe in der Furcht Gottes. Es ist ihr eifrigstes Bestreben, nicht nur, daß ihre Schüler eine klare und gewisse Erkenntnis der himmlischen Lehre, und die höchst möglichste Fertigkeit in allen anderen nützlichen Wissenschaften durch ihren Dienst erlangen, so daß sie lehrtüchtig und lehrfertig werden; sondern daß sie auch auserzogen werden in den Worten des Glaubens und der heilsamen Lehre, und durch Gottes Gnade solche Leute aus ihnen werden, „die das Geheimnis des Glaubens in reinem Gewissen haben," deren Herz, Sinn und Gemüt, deren Leben, Wandel und Charakter von der Kraft des Wortes Gottes durchdrungen, gebildet, geheiligt und geadelt sei. Für solche Lehrer danken wir Gott, dessen Gabe sie sind, und rufen mit David aus: „Das werde geschrieben auf die Nachkommen; und das Volk, das geschaffen soll werden, wird den HErrn loben." Pf. 102, 19. Gott erhalte uns solche Theologen, d. i. Gottesgelehrte, noch lange und unseren Kindern nach uns bis zum lieben jüngsten Tage!

    Da wir nun aber einmal von unseren kirchlichen Anstalten geredet haben, so dürfen wir hier auch des Schullehrer - Seminars nicht vergessen. — Daß die Prediger innerhalb unserer Synode sich der lieben Jugend treulich angenommen und überall Gemeindeschulen gegründet haben, ist bekannt, und daß Gott ihre Arbeit reichlich gesegnet hat, ist nicht zu leugnen. Wenn man nun von einem Schullehrer sagt, wenn er sieben Jahre treulich Schule gehalten habe, so sei er ein kleiner — so gilt das gewiß auch von den Predigern unserer Synode. Daß es aber ein Not- und Übelstand ist, wenn ein Prediger nebst dem verantwortungsvollen Predigtamte auch dem Schulamte vorstehen muß, das ist von uns immer wohl erkannt worden. Denn erstlich leidet dadurch das heil. Predigtamt. Liegt es nämlich schon einem jeden Christen ob, täglich mit Gottes Wort umzugehen und dasselbe auf sein Herz und Leben anzuwenden, so ist der Pastor, wie seines allgemeinen Christenberuses wegen, so auch noch besonders seines heiligen Amtes halber verbunden, fleißig das Wort Gottes zu treiben und gründlich darin zu forschen, weil es die einzige Quelle ist, daraus alle Erkenntnis; fließt; weil es das himmlische Feuer ist, das seine Liebe zu den ihm anbefohlenen Seelen immer mehr anfacht. Und wenn er so im forschenden Lesen und Betrachten des Wortes mit ernstem Gebet und Flehen um den gnädigen Beistand des heiligen Geistes, der allein das rechte Verständnis der heiligen Schrift ausschließen kann, anhält, so wird er auch, so viel an ihm ist, der Gemeinde desto gründlicher den Reichtum des Wortes Gottes darlegen, und jede einzelne Seele mit desto mehr Weisheit und Treue belehren, beraten, strafen, ermahnen, trösten, gründen und befestigen können. Um eine solche gesegnete Führung seines Amtes ausüben zu können, ist durchaus auch notwendig, daß er nicht nur einzelne Stücke der heilsamen Lehre treibe, sondern in den Zusammenhang derselben immer mehr einzudringen suche. Wird dem Pastor nun durch das Schulehalten die nötige Zeit und Kraft für das unerläßliche Fortstudieren geraubt, so liegt die Gefahr nahe, daß er statt vorwärts, rückwärts kommen möchte, und in der Erkenntnis zuzunehmen nicht fortfahre, sondern abzunehmen anfange, was nicht allein ihn sehr drücken und beschweren muß, da er der Ausübung seines heiligen Berufes nicht alle Zeit und Kraft widmen kann; sondern gewiß auch großen Schaden und Nachteil für die Gemeinde selbst mit sich führt.

Wie nun so einerseits durch Schulehalten der Pastor zum Nachteil für sich und seine Gemeinde sein Amt nicht mit der nötigen Sorgfalt, Zeit und Kraft zu führen im Stande ist, so liegt es auf der anderen Seite eben so klar am Tage, daß er auch den Schulunterricht nur mangelhaft erteilen kann. Denn einmal vermag er nicht, die gehörige Zeit in der Woche der Schule zu widmen, da diese Forderung von der Gemeinde eben so unbillig, als von ihm selbst in den meisten Fällen unausführbar wäre. Sodann wird er auch selbst in den Tagen, da er gewöhnlich Schule hält, oft während des Unterrichts unterbrochen, indem er zu anderen Amtshandlungen gerufen wird, welchem Ruse er natürlich folgen muß. Er kann also — das ist klar — die Schule nicht so pflegen, wie ein eigens dazu angestellter Lehrer, der sich seinem Amte ganz widmen kann.

Vor diesen Uebelständen hat unsere Synode keineswegs ihre Augen verschlossen, sondern sie hat in ihren alljährlichen Sitzungen über Mittel und Wege beraten, wie dieser Not abgeholfen werden könnte. — Im Jahre 1857 brachte der Herr Allgemeine Präses bei der Synodalversammlung die Sache mit folgenden Worten wieder zur Sprache:

„Daß das Schulwesen unter uns einer Verbesserung

fähig und sehr benötigt ist, brauche ich nicht erst zu versichern. Wo eigene Schullehrer sind, da verbessern sich von Jahr zu Jahr die Schulen, und es stellt sich heraus, daß auch da der dem deutschen Volke einwohnende Sinn für die Schulen leicht wieder geweckt werden kann, indem solche Schulen dermaßen von Kindern solcher Eltern besucht werden, die nicht zur Gemeinde gehören, daß die Zahl der fremden Kinder meistens die der Gemeindekinder übersteigt, wofür namentlich die großern Städte den Beweis liefern, wo Gott sei Dan! nach und nach die Gemeinden eben durch den Schulbesuch fremder Kinder von Jahr zu Jahr fast getrieben werden, neue Schulen zu gründen, und auch immer mehr bereit sich finden lassen, die nicht unbedeutenden Kosten aufzubringen. Mögen die Gemeinden inimer mehr bedenken, welch ein wichtiges Wer! der Mission durch die Schulen unter- dem Teil unserer deutschen Landsleute, die dem Unglauben zur Beute geworden sind, ausgerichtet wird, und wie der HErr uns namentlich die lieben Kindlein an das Herz gelegt hat. Er wolle der Ehrw. Synode recht bald zu einem tüchtigen Schullehrer-Seminar verhelfen, und uns Leute zuführen, die mit Lust, Liebe und Treue sich diesem heiligen Beruf und seinen schweren Pflichten unterziehen. Zu seiner Gnade steht ja zu hoffen, daß er auch den Eltern, wie sie überhaupt im Glauben wachsen, je länger je mehr den gemeinen irdischen Sinn nimmt, der sich leider auch in dieser Hinsicht zeigt, und sie um des Gewinnstes willen abhält, die Kinder regelmäßiger und länger zur Schule zu schicken. Der HErr hat unsere Kinder hier zu Lande sicherlich zu etwas Andern: bestimmt, als bloße Holz- und Wasserträger für den Speeulationsgeist abzugeben. Wenn wir bedenken, wie sehr das bürgerliche Wesen hier im Argen liegt, da doch Gott auch sein Weltregiment ordentlich bestellt und geführt haben und das Gegenteil mit schweren Gerichten strafen will, *) und da doch anzunehmen ist,

') Diese Worte sind als eine Weissagung in einer ganz erschresenden

daß solche Leute, die von Jugend auf in Gottes Wort unterrichtet und in Gottesfurcht aufgebracht sind, auch im Weltregiment ihrem etwaigen Posten gewissenhafter vorstehen werden: so sollten wir auch um deswillen schon danach trachten, daß wir unsere Kinder Gott zurichten, daß er sie auch dazu gebrauchen könne. Leider Gottes werden in den meisten Gemeinden die Schulen noch von den Predigern gehalten, und ehe nicht die Ehrw. Synode es in Ausführung bringt, daß nicht jede, auch die kleinste Gemeinde ihren eignen Pastor erhält, vielmehr größere Diözesen etwa mit mehreren Schulen eingerichtet werden, wird es immer ein halbes Wesen bleiben, sowohl mit der Ausführung des Predigt- wie des Schulamtes. Die Sache liegt zu sehr am Tage, als daß ich die Ehrw. Synode noch mit Mehreren! aufzuhalten für nötig erachten sollte."

Noch bei derselben Synodal-Sitzung zog daher die Synode die Sache mit dein Schullehrer - Seminar in ernstliche Erwägung, denn von der Notwendigkeit desselben waren alle überzeugt; es handelte sich nur darum, wie die Sache dermalen in Ausführung zu bringen sei. In ihrem Synodalberichte spricht sich die Synode darüber also aus: „Es ist bekannt, daß unsere Lehranstalt zu Fort Wayne von Anfang an dazu bestimmt war, christlich gesinnte junge Männer, je nach ihren Anlagen und Fähigkeiten, teils zu Predigern, teils zu Schullehrern auszubilden; wie denn auch die meisten aus dieser Anstalt hervorgehenden Prediger zugleich das Schulamt mit zu übernehmen hatten. — Da mau aber auf die praktische Ausbildung dieser für das eigentliche Predigtamt billig das Hauptaugenmerk richten mußte, so konnte es nicht sehlen, daß nur verhältnismäßig

---

Weüe in den letzten vier Jahren an unserem Lande in Erfüllung gegangen, so daß wir sie nun um so nachbrücklicher haben verflehen gelernt. Gebe Gott, daß wir sie nun auch um so nachdrücklicher üben lernen, und durch die bittern Lrfahtuugen auch in tiesem Stück klüger werden — und uns belfern!

wenige junge Leute für das Schulamt ausgebildet wurden, so daß diese 5em dringenden Bedürfnisse nicht entsprachen. — Die Pastoren Lochner, Dulitz und Fleischmann in Milwaukee hatten es daher vor zwei Jahren unternommen, dort in Milwaukee ein Schullehrer-Seminar einzurichten, um dem großen Mangel an tüchtigen Schullehrern abzuhelfen. Sie waren aber durch die Erfahrung zu der Ueberzeugung gekommen, daß Milwaukee kein passender Ort für ein solches Seminar sei. Dagegen wurde nun in einem Referat von Hrn. Dr. Sihler überzeugend dargetan, daß eben Fort Wayne, unter den dermaligen Verhältnissen, der geeignetste Platz dafür fei.

Hierauf berief nun die Synode durch das Wahlkollegium Herrn Pastor Ph. Fleischmann von Milwaukee zum Professor an das neben dem Prediger-Seminar zu Fort Wayne zu errichtende Schullehrer-Seminar, an welchem auch zugleich die Professoren an dem Prediger- Seminare mit unterrichten sollten. Hr. Prof. Fleischmann trat bald darauf sein Amt an, und also ist das Schullehrer-Seminar in der erwähnten Weise ins Leben gerufen, und hat auch bis zum Jahre 1861 in der vorerwähnten Weise fortbestanden. In genanntem Jahre wurde es von dem Prediger-Seminar getrennt und in ein gemiethetes Haus verlegt; und weil auch mehr Lehrkräfte erforderlich waren, so wurde Hr. Pastor Seile als zweiter Professor berufen und angestellt. Weil aber die Synode noch immer kein eignes Gebäude für das Schullehrer-Seminar hatte, was so dringend nötig war, so beschloß sie im Jahre 1863, in Gottes Namen den Bau zu beginnen. Als Ort für das zu errichtende Gebäude wählte sie Addison, Du Page Co., Illinois. Die daselbst sich befindende evangelisch-lutherische Gemeinde hatte sich dieserhalb an die Synode gewendet und das dringende Begehren ansgesprochen, das Schullehrer-Seminar in ihre Mitte zu bekommen; auch hatte sie sich erboten, nicht nur den nötigen Grundbesitz unentgeltlich zu verschaffen, sondern auch einen

Schullehrer-Seminar in Addison.

bedeutenden Teil der Kosten für die nötigen Bauten aufzubringen. Dieses Anerbieten nahm die Synode mit herzlichen! Dank an; und weil sie auch davon überzeugt war, daß die Gemeinden nicht nur in Nord -Illinois, sondern auch in Wisconsin, das Seminar in ihre besondere Pflege nehmen würden, so beschloß sie, so bald als möglich, die geeigneten Schritte zur Errichtung eines Schullehrer-Seminargebäudes in Addison zu tun; jedoch sollte der Bau nicht eher beginnen, als bis drei Viertel des zum Bau nötigen Geldes entweder baar vorhanden, oder doch subskribiert seien. Nachdem nun das Vorhaben der Synode allen Gemeinden zur Kenntnißnahme gebracht worden war, so stellte es sich bald heraus, daß die lieben Gemeinden einen Eifer für das Werk hatten, und der Bau konnte in Angriff genommen werden. Gottes Hand hat denn auch so gnädig darüber gewaltet und den Fortgang desselben so gesegnet, daß das Gebäude am 28. Dezember des Jahres 1864 dem Dienste des dreieinigen Gottes geweiht werden konnte. Und obwohl die Gebäulichkeiten den ersten Kostenanschlag weit überstiegen haben, so ist doch nur noch eine verhältnismäßig geringe Schuld mehr zu decken; auch hat sich die Schülerzahl so vermehrt, daß fast alle Räume gefüllt sind. Dem HErrn sei für Alles Lob, Preis und Dank gesagt! — Zu bemerken ist noch, daß nachdem Hr. Prof. Fleischmann dem Rufe in ein Pfarramt gefolgt ist, an dessen Statt Hr. Pastor J. C. W. Lindemann von Cleveland, Ohio, zum Seminar-Direktor durch das Wahlkollegium von der Synode berufen worden ist, der nun schon seit beinahe einem Jahr sein Amt an demselben verwaltet. In ihm hat uns der HErr nicht nur einen tüchtigen Schulmann, sondern auch einen treuen Arbeiter finden lassen, der sein Amt aus Liebe zu dem HErrn und seiner Kirche führt. Unter seiner Redaktion wird auch seit dem 1. September dieses Jahres (1865) ein „Evangelisch-lutherisches Schulblatt" herausgegeben, welches in einem Heft von je 32 Seiten allmonatlich erscheint. Es führt als Motto die Worte Christi: „Lasset die Kindlein zu mir kommen und wehret ihnen nicht, denn solcher ist das Reich Gottes." Marc. 10,14. Der HErr wolle auch diesem Blatt in viele Häuser Eingang verschaffen, denn es ist es wert, daß es von allen Vätern und Müttern fleißig gelesen wird! — Der HErr aber sei gelobet für Alles in Ewigkeit!

Haben wir nun in dem Vorhergehenden die Gründung eines Colleges und die Geschichte unserer Anstalten überhaupt mit der ersten deutschen lutherischen Ansiedlung hier in Perry County in Zusammenhang gebracht, wobei wir uns, wir gestehen es gerne, einer Abschweisung schuldig gemacht haben: so wagen wir es, noch mehrere wichtige kirchliche Begebenheiten damit in Zusammenhang zu bringen, ungeachtet des Vorwurfs der Weitschweifigkeit, den man uns darüber machen wird.

Wir machen den Anfang unserer Erzählung mit dem im Jahre 1840 ausgebrochenen verhängnißvollen Lehrstreit zwischen den sächsischen lutherischen Predigern in Missouri und „der aus Preußen ausgewanderten lutherischen Kirche," der Buffalo Synode im Staate New York. Daß wir diesen Streit nicht gleichsam bei den Haaren in unsere Niederlassungsgeschichte herein ziehen, sondern ein gegründetes Recht haben, dessen hierbei zu erwähnen, beweisen wir vorläufig damit, weil 1. dieser Streit mit den Buffaloern von den Predigern der hiesigen Ansiedlung geführt wurde, nämlich von den Pastoren Löber, Gruber, Kehl und Walther; weil es 2. ein Kampf gegen solche Irrtümer war, in welchen die hiesigen Ansiedler nebst ihren Pastoren unter Stephan teilweise selbst gesteckt hatten, und also als gebrannte Kinder das Feuer scheuten, als aus dem Irrtum Errettete gegen den Irrtum kämpften; weil 3. Pastor Lober, erster gewesener Prediger der hiesigen Gemeinde, im ersten Anfange des Streits der Hauptkampfführer gewesen ist. So viel als Vorbemerkung.

Wir lassen hier nun den Hergang des Streits, wie ihn die Synode selbst im Jahre 1854 an die Leipziger Konferenz berichtet hat, folgen. Sie läßt sich darüber also vernehmen:

Zuerst sendeten, noch ehe die Synode von Missouri 2c. ins Leben trat, die nach Missouri im Jahre 1838 ausgewanderten sächsischen Prediger einer Anzahl Lutheraner im Staate Wisconsin, die früher von Herrn Pastor Kindermann provisorisch bedient worden waren, auf ihr Bitten einen Prediger, unter denen nicht nur keiner im Bann lag, sondern die auch Herr Pastor Kindermann erst selbst an die genannten Prediger in Missouri gewiesen hatte, als von denen sie noch einen rechtgläubigen Prediger erhalten könnten. Später zwar, als es sich herausstellte, daß die Sachsen in die, in einem von Pastor Grabau erlassenen s. g. Hirtenbriefe enthaltene Lehre, insonderheit von Ordination und Predigergewalt, nicht einstimmen konnten, war Herr Pastor Kindermann allerdings dem entgegen, daß sich jene Lutheraner durch die Genannten versorgen lassen wollten; weder jene aber, welche von der Schriftmäßigkeit der Lehre der sächsischen Pastoren überzeugt worden waren, fanden nun in der nunmehrigen Abgeneigtheit Herrn Past. Kindermanns gegen dieselben einen Grund, einen Kandidaten aus deren Mitte nicht zu berufen, noch die Sachsen, ihnen auf ihr dringendes Bitten einen solchen nicht zu empfehlen und zu senden. Dies geschah im Spätherbst 1844. — Erst vom Jahre 1847 an, wo die Synode von Missouri u. s. w. zusammentrat, sind von Zeit zu Zeit Lutheraner von uns, und zwar nun von der ganzen Synode, aufgenommen worden, welche vorher zu Gemeinden der Synode von Buffalo gehört hatten und unter denen sich auch eine Anzahl von solchen befand, über welche bereits der Bann verhängt worden war. Nie aber sind sie „sofort" aufgenommen worden. Wir haben vielmehr Alles getan, was wir nur mit gutem Gewissen tun zu können glaubten, um einen hierdurch möglicher Weise erfolgenden kaum heilbaren Riß abzuhalten. Nur Herr Pastor Grabau machte jeden Versuch zur Einigung in der Lehre und zur Verständigung über die praktischen Fälle zu nichte. Er hatte, um hier noch einmal zurückzugehen, wie oben erwähnt, einen s. g. „Hirtenbrief" geschrieben, welchen er im Jahre 1840 zu Beilegung entstandener Zerwürfnisse in seinen Gemeinden erlassen und u. A. auch an die sächsischen Prediger zur Beurteilung geschickt hatte. Diese hatten denn auch ihr Urteil über denselben ihm zugehen lassen. Da aber die sächsischen Prediger kurz zuvor durch Gottes Gnade zur Erkenntnis des falschen, halbpapistischen Luthertums gekommen waren, zu dem sie sich durch den bekannten Past. Stephan aus Dresden hatten verführen lassen, so waren sie allerdings mehr, als sonst der Fall gewesen sein würde, darüber erschrocken, in dem „Hirtenbrief" ganz dieselben gefährlichen Grundsätze wieder zu finden, die sie an den Rand geistlichen und leiblichen Verderbens geführt hatten. So brüderlich daher auch die Gesinnung war, mit welcher sie jenes Urteil über den „Hirtenbrief" abgefaßt hatten, so entschieden war jedoch das Zeugnis), was sie darin gegen die vorgefundene falsche Lehre aus Drang ihres Gewissens abgelegt hatten. Dies hatte Herrn Grabau so sehr erbittert, daß er den sächsischen Predigern eine Antikritik zugesendet hat, in welcher er, ohne z.B. seine dürr und rund aufgestellte Behauptung im Hirtenbriefe, daß erst durch das Amt die Sakramente kräftig und wirksam würden, und andere grobe Irrtümer zu widerrufen, deren Schrift- und Symbolwidrigkeit die sächsischen Pastoren ihm auf die schonendste Weise nachgewiesen hatten, diesen vielmehr nicht nur 1? Irrtümer ohne allen Nachweis angeheftet, sondern ihnen auch u. A. erklärt hatte: „Schließlich versichere ich Ihnen, daß ich Sie nicht für solche lutherische Pastoren erkennen kann, die sich noch mit Ernst zu Gottes Wort und zu den Symbolen der Kirche halten." Im Juni des Jahres 1845 hatten die

Pastoren Grabau, von Rohr, Kindermann und Krause hierauf ihre erste Synode gehalten und trotz des in ihren eigenen Gemeinden laut gewordenen und an sie gebrachten Wunsches, daß auch die Sachsen zu Beilegung des entstandenen Zwiespaltes dazu eingeladen werden möchten, diesen vielmehr schon damals gemeldet, daß sie selbige unter den obwaltenden Umständen nicht einladen könnten. Noch hatten die Sachsen jetzt gegen Past. Grabau und die mit demselben Einstimmenden nicht ein Wort veröffentlicht, sondern die Sache mit Fleiß privatim verhandelt, als Past. Grabau die Sache zuerst in die Oeffentlichkeit zog und die Sachsen in seinem ersten Synodalbrief als falsche Lehrer mit offenbarer Verkehrung der von denselben dargelegten reinen Lehre öffentlich brandmarkte. Dieselben unterließen nicht, sich schriftlich zu rechtfertigen. Da aber der gepflogene Briefwechsel zu keinem günstigen Resultate geführt hatte, luden sie, die sächsischen Pastoren, schon im Jahre 1846 Herrn Past. Graban zu einem Gespräch in Fort Wayne ein. Herr Past. Grabau kam nicht, sich mit den Umständen entschnldigend, jedoch mit dem Versprechen, spätestens im Frühjahr 1847 eine Konferenz mit den sächsischen Pastoren abzuhalten. Auch diese Zeit verfloß und Herr Past. Grabau machte keine Anstalt zu einer Zusammenkunft. Ja, obgleich schon im Januar 1847 selbst der Pastor und die Vorsteher der zur Buffalo-Synode gehörenden Gemeinde zu Kirchhayn im Staate Wisconsin den Past. Grabau im Namen der Gemeinde dringend baten, eine Synode abzuhalten, zu dem Zweck, „um die zwischen den missourischen Predigern und ihnen" (von der Grabauischen Fraktion) „obschwebenden Streitigkeiten beilegen zu können," so schlug dies dennoch Past. Graban ab und führte dadurch auch in der Kirchhayner Gemeinde eine Spaltung herbei. — In dieser Zeit wendete sich eine Anzahl Lutheraner, gewesene Glieder der Gemeinden des Past. Krause, an die sächsischen Prediger mit der Bitte um ein Gutachten wegen gewisser höchst gravierender Beschuldigungen ihres vormaligen Seelsorgers in Betreff seiner Lehre und seines Lebens. Da im April 1847 die sich bildende Synode von Missouri ihre ersten Sitzungen in Chicago am Michigansee halten sollte, so wurde die Sache bis dahin verschoben und die Herren Pastoren Grabau und Krause eingeladen, dorthin zu kommen und mit den Sachsen über die obschwebenden Streitigkeiten brüderlich zu konferieren, mit Vermeidung, was jene Lutheraner den sächsischen Predigern vorgelegt. Die Ersteren erschienen aber auch diesmal nicht, bestimmten vielmehr die ganze von ihnen geleitete Synode von Buffalo, als sich dieselbe im Juli 1848 zum zweiten Male versammelte, öffentlich zu erklären: „daß Past. Grabau auf solche Einladung und solcher Weise hinzureisen nicht befugt gewesen," angeblich nämlich weil nicht alle seine Amtsbrüder mit eingeladen worden seien, die Verhandlungen also ohne Zeugen hatten geschehen sollen, und weil endlich die s. g. „Rottenprediger" noch nicht zurückgerufen worden seien. Es war dies außer allem Zweifel nur eine leere unehrliche Ausflucht, da es erstlich sich von selbst verstand, daß, wenn die beiden anderen Prediger, von Rohr und Kindermann, mitgekommen wären, die sächsischen Prediger das nur für eine günstige Aufnahme ihrer Einladung und für ein freundliches Entgegenkommen angesehen haben würden; es mußte jenen selbst offenbar sein, daß diese nur, um nicht unbescheiden zu sein, nicht die Gegenwart aller vier Pastoren verlangt hatten. Was nun ferner die vorgeschobenen Rottenprediger betrifft, so verstand man damals den Pastor Geyer und einen gewissen Klügel darunter. Ersterer war allerdings, wie bemerkt, durch Vermittelung der sächsischen Prediger nach Wisconsin gekommen, um Lutheranern zu dienen, welche früher Herr Past. Kindermann provisorisch bedient und von denen er daher zu weiterer Bedienung eine neue Vocation verlangt hatte; allein diese Sendung war, wie gezeigt, in nichts weniger als rottirerischer Weise geschehen, sondern erst später von den Gegnern so Ilusgenommen und ausgelegt worden. Was den genannten Klügel betrifft, so war derselbe auf seine eigene Faust nach Milwaukee in Wisconsin gegangen, hatte vorher wohl zu den Sachsen sich gehalten, jedoch noch vor seinem Weggang nach Milwaukee sich von dem hiesigen Kirchenverband losgesagt, dessen Rotterei daher die Sachsen durchaus nichts anging, um so weniger, da Klügel ernstlich von den Sachsen gewarnt worden war, unter den mißvergnügten Lutheranern Milwaukees das Amt anzunehmen. Uebrigens hatte Herr Past. Grabau bei seiner Zusicherung, mit uns zu konferieren, weder die eine noch andere Bedingung gestellt, um deren Nichterfüllung willen er nun nicht wollte haben kommen können. Trotzdem nun, daß Herr Past. Grabau schon damals weder ferner auf unsere an ihn gerichteten Briese antworten, noch einer Einladung, mit uns zu konferieren, Folge leisten wollte, und er mit denen seines Teils es uns nun selbst unmöglich machte, sie über die von ihnen sich Trennenden zu hören, so haben wir doch auch von da an keine Seele, die vormals zu einer Gemeinde der Synode von Buffalo gehört hatte, in unseren Verband aufgenommen, oder ganzen solchen Gemeinschaften auf ihr Bitten Personen zur Berufung empfohlen und resp. bei denselben eingeführt, als nachdem wir durch sichere, unverwerfliche, schriftliche und mündliche Zeugnisse (von denen die ersteren zum Teile die eigenen Handschriften unserer Gegner waren) klar überzeugt worden waren, daß die sich Trennenden im vollkommensten Rechte seien, indem sie sich entweder Gewissens halber selbst getrennt hatten, weil sie sich zu der falschen Lehre ihrer vorigen Seelsorger nicht mehr bekennen und sich an deren ungerechter, hierarchischer Praxis nicht mehr beteiligen konnten und weil sie bei ihrem eigenen Kirchengerichte bereits fruchtlos dagegen eingekommen und abgewiesen worden waren, oder indem sie selbst wider Christi Ordnung und ungerechter Weise durch ihre vorigen Seelsorger in den Bann getan und von dem Genüsse der Gnadenmittel abgestoßen worden waren. Weit entfernt, daß die Synode von Missouri etwa schnell die Gelegenheit ergriffen haben sollte, ihren Gegnern durch Aufnahme der von selbigen sich Trennenden Abbruch zu tun, so hat sie nur das Bewußtsein der schweren Verantwortung, welche sie auf sich ladet, wenn sie geistlich tyrannisierten Seelen die erbetene Hülfe aus Furcht vor Menschen und vor zeitlichem Unfrieden versagen wollte, dazu vermocht, sich mit denselben zu befassen. Sie ist hierbei auf das gewissenhafteste verfahren. Sie hat wiederholt fast den größten Teil der Zeit ihrer Sitzungen darauf verwenden müssen, die Rechtmäßigkeit oder Unrechtmäßigkeit der Trennung der sich an sie Wendenden zu ersorschen. Tage, ja Wochen lang hat sie zuweilen Untersuchungen gehalten und mehrmals ist um solcher Glieder unserer Synode willen, welche hierbei nicht zugegen gewesen und entweder von den Gegnern privatim bearbeitet oder durch Past. Grabau's wahrhaft wütende Angriffe auf die Synode über deren Verfahren zweifelhaft und unruhig geworden waren, die Untersuchung der Sache mit wiederholter und genauer Vergleichung aller uns vorliegenden Acten und mit nochmaliger Abhörung aller uns zugänglichen Zeugen in den nächstjährigen Sitzungen wieder aufgenommen worden. Immer aber mußten die unruhig gemachten Brüder dann am Schlüsse bekennen, daß die Synode nicht anders habe handeln können. Wie gern hätte sich die Synode diesen ganzen Sachen entzogen und sich gegen die, welche durch Grabau's und der Seinen Härte verscheucht worden waren, abgeschlossen! Aber wie wollte sie die Seufzer und Tränen der vielen offenbar redlichen Seelen auf sich laden, die in ihrer Gewissensnot sich an sie wendeten? Wie gern hätte sie auch christlich und brüderlich die Sache mit Past. Grabau und seiner Partei besprochen; aber diese waren ja dazu schlechterdings nicht zu ver wogen, es sei denn, daß unsere Synode vorher Buße täte und alle bis daher von ihr zu Gunsten der von Past. Grabau Getrennten getanenen Schritte vorher selbst als absichtliche gottlose Nottirerei verdammte'. Nichts desto weniger hat jedoch unsere Synode immer wieder Versuche gemacht, Past. Grabau zu begütigen und zu einem brüderlichen Gespräch zu bewegen. Es geschah dies wieder im Juli 1852, als unsere Synode in Fort Wayne versammelt war. Da machte sie nämlich auf Grund einstimmigen Beschlusses durch ihren Sekretär dem Herrn Past. Grabau den Antrag: „sich durch Delegaten mündlich, sei es öffentlich oder privatim, wie er in dieser Beziehung es wolle, mit ihm zu besprechen, wobei auch die Bestimmung der Zeit und des Orts ihm überlassen sein sollte." Die Antwort war die alte. Herr Past. Grabau schlug das Gespräch wieder aus: wir sollten erst Buße tun, alle „Rottenprediger" zurückrufen und die Gebannten herausgeben und ihm überliefern. Ja, einen Monat später (den 11. Aug. 1852) schrieb Herr Past. Grabau „im Auftrage des Kirchen-Ministeriums der aus Preußen ausgewanderten lutherischen Kirche" an unseren Sekretär noch Folgendes: „Wenn die Synode von Missouri Friedensgespräche anbieten will, so mag sie es auf ordentlichem Wege an unfer Kirchen-Ministerium und zugleich in geeigneter Form gelangen lassen: so wird dasselbe die christliche Antwort auf dasselbe erteilen. Die bisherige Privat Correspondenz zwischen Past. Grabau und Herrn Past. Habel" (unseren! damaligen Sekretär) „erklärt das Kirchen-Ministerium von Seiten der mijsourischen Synode nur für ein schimpfliches Privat-Anerbieten." — So wiederholte denn unsere Synode ihren Antrag an die ganze Synode von Buffalo im folgenden Jahre. Der Erfolg aber war derselbe; nun schlug die ganze Buffalo-Synode das Colloquium aus; trotz dem, daß ihr auseinandergesetzt worden war, daß es sich ja offenbar zwischen uns nicht sowohl um diese praktischen Fälle, als um Differenz in der Lehre handle, um welcher willen wir diese Fälle anders beurteilen, als die Buffalo-Synode, daß wir daher erst in einer Besprechung über die Lehre, u. a-. vom Bann, Kirche, Kirchenordnung, Predigergewalt ie. von letztern überzeugt werden könnten, an ihr, der Buffalo-Synode, ein Unrecht begangen zu haben. Als wieder im letzten Herbst eine Gemeinde, welche sich von Pastor Winkler, jetzt Prediger der Buffalo-Synode (schon vor dem Anschluß desselben an diese Synode) um dessen gewissenbeschwerender Praxis willen getrennt hatte, einen Prediger unseres Verbandes berief, forderte diese Pastor Winkler auf: „mit ihm gemeinschaftlich unter Beisein beider Parteien die Sache zu untersuchen." Pastor Winkler aber schlug es ab. — Unsere Gegner zeigten fort und fort, daß sie das Licht scheuten, daß sie bei der ganzen Sache nur ihre eigne Ehre zu retten bedacht waren, und daß sie lieber die ganze hiesige Kirche sich verbluten lassen, als auch nm einen Schritt zum Frieden tun wollten, der nicht zugleich ein Triumph auf ihrer Seite wäre.

Zum Dritten, handelt es sieb aber auch keineswegs zwischen uns um einen einfachen „Lehrstreit", nämlich um eine einfache Differenz in der Lehre von Kirche und Amt 2c., dergleichen u. A. auch unter den Lutheranern unseres lieben Vaterlandes zu Tage getreten ist! Weit entfernt, daß wir, wie dargestellt worden, eine bloße Lehrdifferenz als kirchentrennend angesehen oder zu einem Vorwande genommen hätten, die von unseren Opponenten sich Trennenden, wohl gar mit Recht gebannte, offenbare, halsstarrige Sünder, ohne Weiteres aufzunehmen; so ist es vielmehr die Buffalo-Synode gewesen, welche auf die bestehende Lehrdifferenz dieses Gewicht gelegt und um derselben willen eine Kirchentrennung veranlaßt und erzwungen hat. — Schon vor zehn Jahren erklärte, wie oben bereits erwähnt, ehe noch an eine Sendung von s. g. „Rottenpredigern" zu denken war, Herr Past. Grabau, nachdem die sächsischen Prediger ihm ihre Ueberzeugung in Betreff der Lehre von Kirche und Amt vorgelegt hatten, in seiner Antikritik nicht etwa nur, daß er mit denselben nicht übereinstimmen könne und ihre Lehre für irrig halte, sondern u. A. Folgendes: daß sie noch „eine unlurherische Richtung" hätten (Hirtenbrief S. 51.); daß sie „aus der christlichen Freiheit eine kirchliche Ungebundenheit machten" (S. 55.); daß sie „die Gemeinde fast über Gott und sein Wort setzen, unter dem Verwande, daß Christen einen Unterschied zwischen rechter und falscher Lehre machen müßten und daß sie sündlicher Weise Luthers Schriften dazu mißbrauchen wollten" (S. 56), Alles auf Grund mutwilliger Verzerrungen von denselben aufgestellter rein evangelischer Principien. Ja, zuletzt schrieb Herr Past. Grabau in jener Antikritik: „Mein herzlichster Wunsch wäre, daß Sie zur Besinnung über Ihr Treiben kommen möchten. Schließlich versichere ich Ihnen, daß ich Sie nicht für solche lutherische Pastoren erkennen kann, die sich noch mit Ernst zu Gottes Wort und zu den Sakramenten der Kirche halten. Den Schaden, den Sie mit Ihrer Kritik („des Hirtenbriefs") anrichten, werden Sie verantworten müssen, wenn Sie nicht in rechtschaffener Buße Ihre Verirrungen abermals bekennen werden. Gott helfe uns, daß wir Ihrem falschen, unkirchlichen Geist, wenn Sie keine Buße tun, kraft unseres heiligen Amtes, öffentlich und freudig widerstehen können. Wir werden dann, wie es scheint, im öffentlichen Kampfe gegen Sie Vieles zu wiederholen haben, was wir schon gegen den unierten unkirchlichen Liberalismus in Preußen durchgefochten haben." (S. 56.) So sah, wir wiederholen es, Herr Pastor Grabau unsere Lehrdifferenz an und so schrieb er schon vor zehn Jahren unter ausdrücklicher schriftlicher beigegebener Bestätigung der mit ihm verbundenen Pastoren, bereits den 12. Juli 1844, ehe noch von uns ein sogenannter Rottenprediger ausgesandt worden war, was erst späterhin, als die falsche Lehre Herrn Pastor Grabau's offenbar geworden war, von demselben als die Grundursache aller Zerwürfnisse vezeichnet wurde! So geni wir die Lehrdifferenz als Etwas behandeln wollten, was uns nicht trennen könne, was daher auch nicht Ursache werden könnte, die von der anderen Gemeinschaft sich Trennenden aufzunehmen, so wenig wollten Herr Past. Grabau und die Seinen dieselbe so ansehen, sondern erklärten unsere Lehre für einen Abfall von Gottes Wort und dem kirchlichen Bekenntniß, forderten uns deswegen zur Buße auf und bedroheten uns mit öffentlichem Zeugnis gegen uns! Auf ein neues hierauf bezügliches rechtfertigendes Schreiben der sächsischen Prediger würdigte Past. Grabau dieselben schon keiner Antwor! mehr, bis endlich die ganze (damals aus vier Pastoren bestehende) Buffalo-Synode, nachdem sie die Sachsen in ihrem gedruckten ersten Synodalbericht nun auch öffentlich für falsche Lehrer erklärt hatte, denselben eine diktatorische Aufforderung zum Widerruf im Jahre 1845 zuschickte. Nachdem aber die Sachsen zweimal Herrn Past. Grabau und einmal Herrn Past. Krause zu einer mündlichen Besprechung und resp. Beilegung der Streitsache eingeladen hatten, nämlich im Jahre 1846 und 1847, so erschien nun der zweite Synodalbericht der BuffaloSynode vom Jahre 1848, in welchem schon auf dem Titel „Löber, Walther 2c." als „die missourischen Rottenbeschützer" genannt werden. Ja, darin heißt es nun u. A.: „Demnach urteilt gegenwärtige Synode einmütig, daß die Prediger Walther, Löber und ihre Genossen in falscher Lehre leben über das heilige Predigtamt und den Beruf dazu, über Kirche und Amt der Schlüssel, Kirchenregiment und geistliches Priestertum, und daß aus diesen falschen Lehren und Irrtümern öffentliche Sünden und Freveleien hervorgegangen sind und noch hervorgehen, von denen sie trotz aller gegebenen Aufklärungen und Ermahnungen, die seit fünf Jahren unserseits an sie ergangen sind, und trotz aller christlichen Ansprache in Sünden zxg.nommen haben und im Frevel stark geworden sind. Wir haben sie demnach für mutwillige falsche Lehrer und öffentliche thürstige Sünder zu halten und sollen sie nach Gottes Wort meiden, bis sie umkehren, Buße tun und Versöhnung mit uns ehrlich suchen." (S. 17. 18.) Hiermit tat denu die Buffalo-Synode nicht nur die bei Namen genannten sächsischen Prediger, von denen der eine damals Präsident der Missouri-Synode war, um ihrer angeblichen falschen Lehre und daraus geflossenen gottlosen Werke willen öffentlich und feierlich vor aller Welt in den Bann, sondern unter der Bezeichnung: „und ihre Genossen" die ganze Synode von Missouri; die dann auch „Ahabs-Synode," „das Chicagoer böfe Leumunds-Collegium," „Greuel-Synode" genannt wird, insonderheit wegen ihres Urteils über den damaligen Pastor Krause; der aber nicht nur selbst das ihm zur Last Gelegte, insonderheit seinen ungerechten Bann, später öffentlich eingestanden, widerrufen und uns abgebeten, sondern dem auch die Buffalo-Synode selbst später erklärt hat, daß er wirklich ein Heuchler und Tyrann gewesen sei. In dem genannten zweiten Bericht der Buffalo-Synode heißt es ferner von der Missouri-Synode: „So spricht aber Gott der HErr über diese verjüngten Stephanisten Zeph. 3, 3.: Ihre Richter sind Wölfe am Abend, die nichts lassen bis auf den Morgen überbleiben. Ihre Propheten sind leichtfertig und Verächter." (S. 35.) Ferner: „Wir meinen hierzu, daß es fehr gut ist, wenn alles Unbußfertige in dieser Einen Ahabs-Synode bleibt, damit ihre lügenhaften Kräfte und ihre tyrannische Einheit mehr offenbar werde." (!) (S. 146.) „Bürger, Ernst, Keyl 2c. sind nach 1 Pet. 4, 15. und Joh. 10, 1. keine christliche Prediger, sondern nur Rottenhäupter in Satansdienst." (S. 149.) „In diesem Babels-Tempel schallt's und brüllt's: Keinen Gehorsam in äußerlichen Kirchensachen, denn er gehört nicht zur Seligkeit! . . Der HErr schelte dich, Satan! Wir wollen solche beelzebübische Freiheit nicht!" (S. 157). — Im Juli des Jahres 1851 kam endlich das Organ der Buffalo-Synode, das „Informatorium," heraus, in welchem nun Herr Pastor Grabau und die Seinen gegen die Synode von Missouri recht eigentlich gewütet und gerast haben. Darin heißt es nicht nur: „Hiernach sind Herr Prof. Walther, und die ihm anhangen, gewiß Ketzer" (S. 2. Jahrg. S. 23), sondern es werden darin auch dem Genannten und den Gliedern der Missouri-Synode alle nur erdenklichen Schimpfnamen gegeben. Ja, als Herrn Pastor Grabau vorgehalten worden war, ob er sich denn nicht wenigstens denken könne, daß ja, was er als schändliche, mutwillige, gottlose Rottenbeschützung ansehe, aus irrendem Gewissen geschehen sein könne, da antwortete er schon im ersten Jahrgange seines ‚Znsormatorlum": „Fürwahr, so müßte man beim Teufel selbst nur solch ein irrendes Gewissen mutmaßen." (S. 38.) — Wir meinen, aus dergleichen ist zur Genüge zu sehen, was davon zu urteilen ist, daß Herr Past. Grabau in Deutschland geklagt hat, die Lehrdifferenz, die in brüderlicher Einigkeit hätte ausgeglichen werden können, sei von uns mutwillig als kirchentrennend angesehen und behandelt worden, während gerade wir Alles aufgeboten haben, die Sache brüderlich beizulegen, Herr Past. Grabau aber und die Seinen uns stets während unseres Streites als Ketzer angesehen und behandelt und uns so selbst genötigt und gezwungen haben, uns derjenigen anzunehmen, deren Gewissen dies ewige Verdammen, Lästern und Schimpfen nicht ertragen konnte und die daher den ungekümmerten Genuß der Gnadenmittel bei uns suchten, die wir, wenn Herr Past. Grabau unsere reine evangelisch-lutherische Lehre nicht gotteslästerlich verketzert und trotz der Lehrdifferenz brüderliche und kirchliche Gemeinschaft zugelassen hätte, mit Ernst zu ihren, wenn auch nach unserer Ueberzeugung schwer irrenden, Seelsorgern zurückgewiesen hätten. Wir meinen auch, daß es bei solcher gottlosen öffentlichen xxxübung des Bannes an uns schon hinreichend erwiesen ist,

Kirchenstrafe handhabt, die ein armer Sünder nur mit zitternden Händen ausüben sollte.

Damit nun aber ein Jeder erkennen könne, daß es sich in diesem Streit vom ersten Anfang an um die Lehre gehandelt hat, so wollen wir hier einige der irrigen Lehren der Buffalo Synode (oder, wie sie sich hochmütiger Weise nannte: die „Synode der aus Preußen ausgewanderten lutherischen Kirche") mit ihren eigenen Worten folgen lassen. — Die Buffalo-Synode, resp. Pastor Grabau lehrt falsch

1. Von der Wirkung der Gnadenmittel, weil er die Vollständigkeit und Wirksamkeit der Sakramente nicht allein in die Worte der Einsetzung Christi setzt und den Trost der Absolution nicht allein von dem Wort des Evangeliums abhängen läßt, sondern will, daß auch die Person des Administrierenden und Absolvierenden hierbei in Betracht gezogen werde, ob sie auch ordentlich berufen sei, ob sie auch ordiniert sei, 2c. Er schreibt: „Gott will auf Erden durch das öffentliche Kirchenamt *) mit uns handeln, uns durch dasselbe unterrichten, absolvieren, communicieren 2c. Darum muß die Kirche ein gewisses untrügliches Zeugnis haben, daß die Person im Amte eine in göttlicher Ordnung und nach göttlichem Willen beglaubigte Amtsperson sei, so daß Gott durch sie mit uns handeln wolle. . . Daher hat auch die Kirche seit

----

*) Auf die Frage: wie handelt Gott mit uns? muß es immer heißen: durch sein Wort, mag Ei es nun selbst verkündigen, wie Er im Paradiese getan hat, oder es durch Mosen ausschreiben lassen, oder durch Engel, oder durch Menschen, oder durch Bileams Eselin, oder auf andere Weise es zu hören und zu lesen geben; genug, daß wir, wie die Schwalk. Ariik. sagen, „daraus beharren sollen und müssen, daß Gott nicht will mit uns Menschen handeln, denn durch sein äußerlich Wort und Saerameni"; darum führt es zu einem Mißverstand, wenn gesagt wird Gott handle mit uns durchs Kirchenamt; und in der Weise wie es Pastor Grabau versteht, ist es ganz falsch.

den ältesten Zeiten geglaubt, daß zur rechten Verwaltung der heil. Sakramente, zur Erteilung der Absolution, nicht allein das Wort der Einsetzung an sich gehöre, sondern auch der göttliche Beruf und Befehl; und gesetzt auch, die Amts person wäre böse, so sind die Worte der Einsetzung doch kräftig wegen des Amtes, zu welchem der HErr sich noch bekennet. . . . Mithin sind wir überzeugt, daß ein von der Gemeinde willkürlich aufgeworfener Mann weder die Absolution geben, noch den Leib und das Blut Christi austeilen könne, sondern daß er eitel Brot und Wein gibt." (Siehe Hirtenbrief S. 15.) — Ans diesen Sätzen ist klar zu ersehen, daß Past. Graban die Wirksamkeit der Sakramente x. nicht allein von den Einsetzungsworten Christi, sondern auch von der ordentlichen Berufung zum Predigtamte abhängig macht. Und bedenkt man nun erst, was Past. G. alles zum ordentlichen Beruf rechnet, so kann Niemand gewiß sein, ob sein Seelsorger wirklich eine solche Person ist, die die Gnadenmittel kräftig verwalten kann; eben weil er unmöglich gewiß sein kann, ob bei der Berufung Alles ehrlich und ordentlich zugegangen ist; denn es ist nicht zu leugnen, daß es bei der Berufung bald an diesem, bald an jenem Stück fehlt, daß bald die berufende Gemeinde, bald der berufene Pastor Etwas versieht und — menschlich handelt.

Noch bezeichnender spricht sich Past. G. in seiner „Antikritik" in dieser Hinsicht aus, wo er sagt (S. 45): „So glaubet die Lutherische Kirche nicht bloß, daß das Amt eine <u>Ordnung</u> sei, die Gott zur Verkündigung seines Wertes eingesetzt, sondern, daß es auch <u>ein göttlich kräftiges Dienstmittel sei</u>, den heiligen Sinn und Verstand des Wortes und seine Gnadenfülle in unsere Herzen einzugießen und einzupflanzen. . . .<u>Es bleibt auch dabei, daß die Worte des Sakraments des Altars nur in dienender Ordnung des Amtes kräftig sind.</u>

in welcher der HErr sie will gebraucht haben. . . . Wer nun außer dieser dienenden Amtsordnung und Haushaltung stehet und aus fremder oder eigener Macht Etwas tiefer Verwaltung fürnehmen will, der ist nicht mehr als ein Schauspielmann auf der Bühne, der, wenn er Abendmahl fürnähme und hielte, doch nur ein Schanspielmaun wäre. Möchte er auch hundertmal die Consecrations-Worte über Brot und Wein sprechen, so wäre es doch nur Brot und Wein und nimmermehr Christi Leib und Blut, so wenig, als in der Winkelmesse der Qpsevvriester im Papsttum." Wer muß bei diesen Worten Past. G.'s nicht auf die Gedanken kommen, daß er eigentlich doch glaube: die Gegenwart des Leibes und Blutes Christi im Abendmahl werde erst durchs Amt und durch die Rechtmäßigkeit des Berufs z u m Amt bewirkt? So viel spricht er klar aus, daß (nach seiner Lehre) die Einsetzungsworte erst dann nur ihre Kraft beweisen, wenn sie durch den Mund eines ordentlich berufenen Predigers gehen. Das ist papistische, aber nicht lutherische Lehret)

2. Past. G. raubt den Christen das ihnen von Gott gegebene Recht, über die Lehre zu richten und zu urteilen. Er schreibt: Was aber wider und nicht wider Gottes Wort sei, das entscheidet kein einzelnes Glied der Kirche, sondern die Kirche selbst in ihren Symbolen, Kirchenordnungen und Synoden." †) (Hirtenbrief S. 14.) „Käme

----

*) Wir bitten den geneigten Leser, er wolle doch diese und alle folgenden Grabau'schen Sätze mit den oben mitgeteilten Stephanischen .Grundzügen zu einer Kirchenverfassung" vergleichen. so wird er sicherlich einsehen, daß sie einander so gleich sind, wie ein Ei dem andern, und er wird zu der überraschenden Entdeckung kommen, daß Stephan's Geist in Grabau wieder vom Tode auferstanden ist, daß also nicht die Missourier, sondern die Grabauianer die Stephanisten sind.

†) Hierbei ist nicht zu übersehen, daß hinwiederum m der Synode nach Pastor Grabau's Lehre nur die Pastoren die entscheidende Stimme haben. Die Laien dürfen allenfalls ihre Zustimmung geben und sagen: Ja. Herr Amtmann, ja! Wir stehen Euer Gnaden zu Diensten!

ein Pastor auf Irrtümer in der Lehre, wie es z. B. mit dem Past. Oertel in N. Y. der Fall war, so wird es der ganzen Gemeinde nicht verborgen bleiben, und in dem Falle soll doch die Gemeinde noch nicht das Urteil sprechen, sondern sich durch Schrift der Aeltesten zuvor an einen oder mehrere Pastoren der Kirche wenden und die Sache der Wahrheit gemäß vorstellen; diese sollen dann den angeklagten Pastor fragen, wie es sich mit der Sache verhalte, und sollen sich mündlich oder christlich mit ihm besprechen, da wird es dann wohl offenbar werden, ob er und in welchen Irrtümern solcher angeklagte Pastor sich befindet. Wir haben leider die Erfahrung gemacht, daß einzelne Gemeindeglieder gar vorwitzige Richter über ihre Seelsorger geworden sind und dadurch hin und her die Gewissen der Schwachen verwirrt haben. Vor diesem Vorwitz wollet Ihr Euch hüten und deshalb das Urteilen der Lehre denen überlassen, denen es nach dem 28. Artikel der Augsb. Confession zukommt. Eure Lehrer sind nicht Lehrer einer falschen Kirche, auch nicht Lehrer einer zeitgeistischen Richtung ; sondern Lehrer der wahren Kirche, wie genugsam bekannt ist. (?) Ihr könnt also bei ihnen eine rechtschaffene Erkenntnis der Kirchenlehre voraussetzen und zwar eine tiefere Erkenntnis, als Ihr sie haben konnt, da sie gelernt haben, nm zu glauben, zu lehren und Euch im rechten Glauben zu erhalten, Ihr aber, um zu glauben, und im rechten Glauben erhalten und geheiligt zu werden. Heb. 13,17. 18.: Gehorcheteuren Lehrern ie." (Hirtenbrief S. 19.18.)

Hieraus ist klar, daß Past. Grabau das Urteil der Christen über die Lehre durchaus nicht leiden will. Hat denn der Mann noch nie gelesen Joh. 10, 5., daß jedes Schaf Christi seines Hirten Stimme selbst von der Stimme eines Fremden unterscheiden soll? Und St. Paulus schreibt: „Als mit den Klugen rede ich, richtet ihr, was ich sage." So will also der heilige Apostel, daß ein jeder Christ auch seine als eines unmittelbar vom heil. Geiste erleuchteten Mannes Lehre prüfen solle; wie viel mehr dann eines jeden Predigers Lehre, der lange noch kein Apostel ist! Past. G. aber spricht den Christen das Recht, über Lehre zu richten, ab, sie sollen nur die Pastoren hören und fragen, gleich als wenn die nicht irren könnten. Daher ist ja das Unheil in den deutschen Landeskirchen zum großen Teil gekommen, daß man den Christen alle Rechte, auch das Recht, über die Lehre zu richten, genommen hat; darum haben sie die greulichsten Wölfe dulden müssen. Dagegen wird wohl Niemand Etwas sagen, daß eine Gemeinde, die mit einem falschen Lehrer behängt ist, ehe sie denselben seines Amts entsetzt, bei anderen Predigern, oder bei einer Synode ein Gutachten einholt; aber soll sie die Sache nun gänzlich deren Entscheidung überlassen? Das sei ferne! Angenommen, die Prediger, die sie um ihr Urteil befragt, stecken in derselben falschen Lehre, in der ihr Pastor gefangen ist; werden nun jene diesen wohl als einen falschen Lehrer verurteilen? Keinesweges! sie werden ihn vielmehr in Schutz nehmen und seinen Irrtum verteidigen. Was soll nun die Gemeinde tun? Nach Grabau's Lehre müßte sie sodann den falschen Propheten behalten und ihn dazu um Vergebung bitten dafür, daß sie ihn einer falschen Lehre beschuldigt habe. Es ist daher nicht zu ermessen, wie tief wirkend dieser Irrtum ist. Uns kömmt auch kein Irrtum so verabscheuungswürdig vor, als dieser, da man den Christen das Recht, über die Lehre zu richten, entwinden will. Wo dieser Irrtum erst eingeführt ist, da ist <u>keinem</u> Irrtum mehr zu steuern, da ist allen Irrtümern und Ketzereien Thor und Thür geöffnet. Ein unbestreitbarer Beleg hierfür sind die Gemeinden in den deutschen Landeskirchen.

3. Innig zusammenhängend mit dem vorhergehenden Irrtum ist der dritte <u>vom Amt der Schlüssel</u>. Er leugnet, daß die <u>Gemeinde</u> die Inhaberin und Besitzerin

der Schlüsselgewalt sei. Darum verwirft er den Satz als irrig: „Der Gemeinde gehört die Entscheidung in Gewissensfällen, wenn die Anwendung des Wortes Gottes auf gewisse Fälle zweifelhaft ist. Der Gemeinde gehört auch in streitigen Fällen die Entscheidung über den Gebrauch des Löse- und Bindeschlüssels." Er schreibt: „In diesem Hause Gottes nun gehen die Schlüssel Christi vermittelst des Evangelii und Predigtamts, nicht daß sie da (aus diesem Hause) ihren Ursprung hätten, sondern daß da die geordnete geistliche Stätte ist, da sie ihre Kraft zum Trost und Heil der Seelen erzeigen und im Gebrauche stehen. Und in diesem Verstande sagen die Schmalkaldischen Artikel, daß die Schlüssel der ganzen Kirche gegeben seien, nicht daß jedes Kirchglied eine Quelle der Kirchengewalt sei, sondern daß die ganze Kirche JEsu auf Erden die Stätte ist, da die Schlüssel Christi gehen, stehen, wohnen und haften ... sie heißen eine Kraft und Gewalt der Kirche, weil sie anderswo sich nicht finden und anderswo sich nicht sehen lassen, als in und an der Kirche JEsu, die in seinem Namen versammelt ist." (Informatorium I. 22.) Dies eine Citat aus den vielen möge genügen, die falsche Lehre Past. G's. von der Schlüsselgewalt zu beweisen. Man sieht, wie er sich windet und dreht, um die eigentliche Meinung der Schrift in dieser Lehre zu verdunkeln und zu verbergen. Wohl sagt er, diese Gewalt sei der ganzen Kirche gegeben; was er aber damit meint, spricht er an einem anderen Orte klar aus, wo er sagt: „Christus gibt das höchste und letzte Gericht der Kirchen, da er spricht, sag's der Kirche. Daraus folgt nun, daß in solchen Sprüchen nicht allein Petrus, sondern der ganze Haufe der Apostel gemeint wird." Da tritt nun der Schalk wieder offen hervor, und erklärt rundweg, daß die ganze Kirche nur die Apostel und ihre Nachfolger im Amt — die Pfarrherren

—

seien. Die eigentliche Gemeinde aber hat die Schlüssel erst mittelbar, durch's Predigtamt, also erst aus zweiter Hand, und zwar noch nicht so, daß sie sich nun auch dieser Gewalt bedienen und sie ausüben dürfte, nein; sie darf sie nur an sich ausüben lassen. Und diese seine frevelnde Lehre sucht er noch mit den Worten aus den Schmalkaldischen Artikeln zu stützen, da doch dieselben das gerade Gegenteil behaupten. Wer kann wohl ein richtigerer Ausleger der Schmalk. Artikel sein, als der Autor, Luther, selbst? Nun schlage doch Einer den Luther auf, und lese, so wird er finden, daß er überall und immerdar diese Lehre führt und treibt, daß die Gemeinde die Inhaberin und Besitzerin aller Güter, Gaben, Aemter, Rechte, Gewalten, Privilegien und Freiheiten ist, die Christus erworben hat, daß sie dieselben nicht erst mittelbar, etwa durch den Pfarrherrn, sondern unmittelbar von Christo empfangen hat, und daß sie in Ausübung dieser Rechte und Gewalten nicht etwa durch den Prediger bevormundet ist, sondern sie selbst zur Ehre Gottes und zum Heil der Seelen ausüben soll.

4. Pastor Grabau lehrt falsch vom geistlichen Priestertum aller Christen. — Als die Prediger in Missouri im Jahre 1843 Hrn. Pastor Grabau das von ihm gewünschte Gutachten in Betreff seines „Hirtenbriefs" gaben, sagten sie u. A. in demselben, daß im Hirtenbrief „dem Predigtamt mehr, als ihm zukommt, zugefelirieben und somit das geistliche Priestertum der Gemeinde hintenan gesetzt" werde. Das war gewiß keine ungerechte oder aus der Luft gegriffene Aussetzung, die sie an dem Hirtenbrief machten; man lese ihn nur, so wird man beides klar bestätigt finden. Daraufhin ließ sich nun Past. Grabau in seiner Antikritik auch über das geistliche Priestertum in folgender Weise vernehmen: „Vom geistlichen Priestertum lehrt die heilige Schrift, daß es bei allen Gläubigen, Männern und Weibern, Alten und

Kindern, darin bestehet, daß sie als rechtgläubige Christen für anderen Menschen die Herrlichen, die Auserwählten Gottes, Heiligen und Geliebten und Erstlinge seiner Kreaturen sind, und daß sie täglich opfern geistliche Opfer, die Gott angenehm sind durch JEsum Christum, und durch Christi Blut erlöset, freien und freudigen Zutritt zum Gnadenthron Gottes haben . . . Das geistliche Priestertum ist einer Person ihr gläubiges <u>Verhältnis zu dem versöhnten Gott Das Verkündigen der Tugenden des, der uns berufen hat von der Finsternis zu seinem wunderbaren Lichte</u> (1 Pet. 2, 5. 9.), ist zu verstehen von den <u>geistlichen Opfern vor Gott,</u> die alle Gläubigen mit Herz und Mund und Leben bringen, weil sie nicht mehr in Finsternis nach dem Fleisch wandeln."

Aus dieser Definition, die Pastor Grabau in dem Vorstehenden vom geistlichen Priestertum gibt, sieht man schon, wie vorsichtig er zu Werke geht, daß er, weil er nun einmal Etwas davon sagen will, ja nicht zu viel sage. Die geistlichen Priester haben es kurz und gut nur mit Gott zu tun. Daß ein geistlicher Priester auch eine heilige Verpflichtung gegen seinen Nächsten habe, davon weiß Past. G. Nichts. Er fürchtet offenbar, es möchte ihm einmal ein solcher geistlicher Priester auf den Hals kommen, und den Herrn Pastor über dieses oder jenes zur Rede setzen, was ja in seinen Augen eine Entwürdigung des heil. Predigtamts und ein Mißbrauch des geistlichen Priestertums wäre; darum verdreht er gottloser Weise den klaren Spruch Petri, nach welchem die geistlichen Priester die Tugenden des verkündigen sollen, der sie berufen hat, und sagt, das ist nur von den geistlichen Opfern vor Gott zu verstehen. Man höre doch, was Luther zu dieser Stelle sagt: „Das gehört einem Priester zu, daß er Gottes Bote ist und von Gott Befehl hat, daß er sein Wort verkündige. Die Tugenden, spricht

St. Peter, das ist das Wunderwerk, das euch Gott getan hat; auf daß er euch von der Finsternis zum Licht brächte, sollt ihr predigen, welches das höchste Priesteramt ist; und also soll euer Predigen getan sein, daß ein Bruder dem anderen die kräftige That Gottes verkündige, wie wir von Sund', Höll' und Tod und allem Unglück durch ihn sind erlöst worden und zum ewigen Leben berufen; also sollt ihr andere Leute auch unterrichten, wie sie auch zu solchem Lichte kommen mögen. Denn dahin soll es alles gerichtet sein, daß ihr erkennet, was euch Gott getan habe und euch danach lasset das fürnehmste Werk sein, daß ihr solches öffentlich verkündigt und Jedermann ruft zu dem Licht, dazu ihr berufen seid. Wo ihr Leute sehet, die das nicht wissen, dieselbigen sollt ihr unterweisen und auch lehren, wie ihr gelernet habt, nämlich wie man durch die Tugend und Kraft Gottes muß selig werden und von Finsternis zum Licht kommen." Da hören wir, wie ernstlich Luther die Christen zur Ausübung des geistlichen Priestertums vermahnt. Und welcher rechtschaffene Seelenhirte sollte sich nicht freuen, wenn ein Eldad und Medad im Lager weissagen, und sollte nicht mit Mose ausrufen: „Wollte Gott, daß alles Volk des HErrn weissagte und der HErr seinen Geist über sie gäbe!" Grabau aber spottet des geistlichen Priestertums der Christen, wenn er z. B. schreibt: „Wollten nun die lutherischen Gemeindeglieder sich einbilden, in ihrer eigenen persönlichen Salbung und geistlichen Gnadenstand, d. i. im geistlichen Priestertum, das Amt der Schlüssel zu besitzen, so wäre es derselbe Enthusiasmus, der in dem römischen Papst steckt, welcher behauptet: daß im Schrein seines Herzens wegen heiligster Salbung seiner Person das Amt und die Kraft der Schlüssel von Christo niedergelegt sei." (Informatorium I. 37.) Ist es nicht geradezu gotteslästerlich, daß Grabau hiermit die stinkige Papstsalbung der Salbung der wahrhaft Gläubigen mit dem heil. Geiste gleichstellt? Der HErr schelte dich, du Lästermaul! Was aber der Papst von seiner Person sagt, daß er allein die Gewalt der Schlüssel im Schrein seines Herzens habe, das lehrt Grabau von sich und seinen Bischöfen; was er also an dem Papst verdammt, das lobt er an sich selbst. Da sieht man, mit welcher erschrecklichen Blindheit dieser Mensch geschlagen ist (1 Timoth. 6,3.4.).

5. Grabau lehrt falsch von der Gewalt der Prediger. Er schreibt: „Er (der Pastor) sagt sich der Gemeinte mit seiner Treue in Lehr und Wandel zn, und die Gemeinde verbindet sich ihm mit ihrer Treue und Gehorsam in allen Dingen, die nicht wider Gottes Wort sind." (Hirtenb. S. 14.) Von uns Missouriern schreibt er: „Sie leugnen irrig, daß die Gemeinde ihrem Seelsorger Gehorsam schuldig sei in allen Dingen, die Gottes Wort nicht zuwider sind; denn schuldig bleibt sie ihn, nach Hebr. 13, 17., ob sie aber in jedem einzelnen Falle ihn leisten und ausführen kann, z.B. einen nötigen Schulban, ist eine andere Sache. Die gehorsame Ausführung einer Sache kann wohl nach Umständen oft aufgeschoben werden müssen, deshalb ist der Gehorsam selbst noch nicht aufgehoben." (Anhang S. 55.)

Aus diesen Sätzen ist es klar, daß Grabau ein gottloser Gewissenstyrann ist! Wir glauben kaum, daß der unglückselige Stephan weiter gegangen ist, kaum, daß der schändliche Papst weiter geht und die Gewissen so bindet, wie Grabau tut. Daß eine Gemeinde ihrem Prediger Gehorsam schuldig ist, wenn er ein klares Gottes-Wort für sich hat, das bezweiselt kein rechtschaffener Christ; daß sie ihm aber Gehorsam schuldig sei in allen Dingen, die nicht wider Gottes Wort sind, das ist eine teuflische Lüge. Es ist nicht wider Gottes Wort, daß die Grabauische Gemeinde zu

Palast von Cedernholz baue; sie kann zwar diese Bauten nicht ausführen, aber schuldig (d. i. im Gewissen dazu verbunden) ist sie es doch nach Grabauischer Lehre. Was mag doch dieser Mann wohl von der christlichen Freiheit und von der Rechtfertigung lehren? Es ist unmöglich, daß bei einer solchen falschen Lehre von der Gewalt der Prediger der Artikel von der Rechtfertigung rein erhalten werden kann. Und welche Gewissensnot muß diese Lehre mit sich führen! Es ist kaum noch zu denken, daß ein solcher Mensch selbst noch einen Funken von einem Gewissen haben könne, der Andern solche unerträgliche Lasten aufs Gewissen bindet. — Gott sei Lob und Dank, daß wir aus Gottes Wort wissen, daß die Christen nicht nur vom Fluch und Zwang des Gesetzes, desgleichen von den levitischen Ceremonien in ihrem Gewissen entledigt sind, sondern daß sie auch vielmehr entbunden sind von allen Kirchenverfassungen und Ordnungen, seien es die einer Landes- oder Freikirche, desgleichen von allen Menschen-Geboten, es seien die eines Kaisers oder Königs, eines Papstes oder Pfärrleins, eines Petrus oder Paulus, eines Heiligen oder eines Engels; keine Creatur kann ihnen Etwas gebieten, das sie um des Gewissens willen zu tun verbunden wären, was Gott nicht selbst in seinem Wort geboten hat. Wenn nun aber Grabau auch da noch gebieten will, wo gar das Können fehlt, so macht er sich selbst zum Gott; denn nur Gott kann uns gefallenen Menschen mit vollem Recht gebieten, was wir zu leisten nicht mehr vermögen, und wir sind ihm dennoch den Gehorsam schuldig. Was aber Menschen-Gebote betrifft, so hat da, wo das Können gar fehlt, auch der Kaiser sein Recht verloren — vielmehr ein Past. Grabau.

6. Grabau lehrt falsch von der Ordination der Prediger. Er schreibt: „Sie (die vorhandenen Prediger)

ordinieren ihn," wie der HErr Christus selbst seine Jünger ordiniert hat. . . . Nachdem die Ordination nach göttlicher Ordnung so geschehen :e. (Hirtenbrief T. 14), „was ist nun insonderheit die Ordination? Nicht eine bloße apostolische General-Ceremonie, die man bloß beibehält, um in der äußerlichen Form mit der alten Kirche eins zu sein; sondern eine solche priesterliche Handlung der Kirche, da sie nach der Apostel Befehl erwählte Personen durch vorhandene Kirchendiener zur Ausübung des Amtes befehligt, bestätigt und segnet, wobei sie glaubet, daß Gott selber dadurch befehligt, bestätigt und segnet. ... Die Ordination ist kein Adiaphoron, indem sie ein wesentliches Stück des *rite vocatum esse* ist. . . . Sie gehort zu der gebotenen göttlichen Ordnung und hat göttlichen und apostolischen Befehl." (Antikritik S. 41).

Hieraus ist zu ersehen, daß Past. G. nicht etwa nur die Ordination hoch erhebt, sondern sie als eine von Gott gebotene Handlung darstellt, die nicht unterlassen werden dürfe. Ja, fast legt er auf sie mehr Gewicht, als auf die Vokation oder Berufung von Seiten einer Ortsgemeinde. Denn in seinem Briefe an Hrn. Past. Brohm (S. 58) sagt er: „Es könnte aber, bei schon ermittelter Tüchtigkeit, ebensowohl eine schleunige Ordination geschehen, ohne Erwählung der bedrängten Ortsgemeinde, und ihr so geholfen werden." Daß das ganz widersinnig ist, liegt klar auf der Hand. Ordentlicher Weise läßt sich gar kein Fall denken, daß ein Kandidat für eine Gemeinde ordiniert werden könnte, ohne daß er zuvor einen wenn auch noch so mangelhaften Beruf hat. Auf solche Ungereimtheiten kommt aber ein Mensch, wenn er Wesentliches und Unwesentliches, Göttliches und Menschliches nicht genau

scheidet, sondern mit einander verwechselt, wie Past, Grabau tut.*)
Indem wir nun andere falsche Lehren Past. Grabau's, als z. B. von der Berufung zum Predigtamt, von dem rechten Verhältnis des Predigtamts zur Gemeinde, von den Mitteldingen, vom Bann ze. übergehen, erwähnen wir nur noch

7. seine falsche Lehre <u>von der Kirche</u>. Im ersten Anfange des Streits der Missourischen Prediger mit Past. Grabau wurde die Lehre von der Kirche zwar noch nicht besonders erwähnt; daß sie aber endlich, zu Folge der falschen Lehren Past. G's. vom Predigtamt und vom geistlichen Priestertum, der hauptstreitpunkt werden mußte, war klar vorauszusehen. In seinem „Hirtenbrief" ließ Past, G. nur gleichsam so im Vorbeigehen solche Ausdrücke fallen, die schon auf seine falsche Lehre von der Kirche hindeuteten, als wenn er z. B. seine Gemeinden anredend, sagte: „ Wollet Ihr <u>die wahre Kirche</u> sein, so" 2c.; und: „Eure Lehrer sind Lehrer der <u>wahren Kirche</u>" 2c. Die in diesen Worten angedeutete Meinung hat er später oft und klar genug ausgesprochen, daß nämlich die <u>sichtbare lutherische</u> Kirche die Kirche sei, außer welcher kein Heil sei. Er schreibt: „<u>Daß außer der lutherischen Kirche Niemand selig werden kann, ist nur zu gewiß</u>." Weil er aber doch nicht leugnen kann, daß es auch noch <u>außerhalb</u> der sichtbaren lutherischen

---

*) Die Ordination ist allerdings als eine von den ältesten Zeiten her rezipierte (angenommene) löbliche und heilsame Generalzeremonie beizubehalten, aber nicht als ein ausdrückliches göttliches Gebot z sondern, wie die Sonntagsfeier, um der Einigkeit und guter Ordnung willen zur öffentlichen und feierlichen Bestätigung des geschehenen Berufs. Dabei lasse man es doch bewenden. Sollte man etwa um derer willen, die sie verachten, sagen und lehren, sie verachteten ein göttliches Gebot? Das sei ferne! D,'s wäre eben so thöricht, als wenn die Schwärmer ans der Sonntagsfeier ein göttliches Gebot machen, um auf diese Weise die Leute in die Kirche zu bringen. Nein; da bleibt man einfach bei den Worten Christi: „Wer von Gott ist, der höret Gottes Wort. Darum höret ihr nicht; denn ihr seid nicht von Gott."

Kirche Gläubige gibt, die selig werden, und er also mit seiner Lehre in nicht geringe Verlegenheit kommt, so sucht er sich, gerade wie die Papisten, aus dieser fatalen Lage auf folgende Weise herauszureißen: „Diese alle," schreibt er, (welche außer der sichtbaren lutherischen Kirche, als wahre Gläubige leben) „wo man sie sindet, gehören zu der Einen sichtbaren Kirche und Gemeine Gottes auf Erden: fäßen sie auch mitten unter Papstlern, Calvinisten, Türken, Heiden 2c. Sie sind Lutheraner." Weiter: „Wie nun der Glaube an die reine Lehre und Sakrament, so ist Gottes Reich an die wahre sichtbare Kirche verbunden. Und aller wahrer lebendiger Glaube, der durchs Wort in den Herzen der Menschen auf Erden ist, gehört in die sichtbare lutherische Kirche; so wie alle reine Lehre, die irgendwo auf Erden erschallt, auch darein gehört. Gehört aber Wort und Glaube drein, so gehört die selig werdende Seele auch drein, und ist an sie verbunden, und wird in ihr zur ewigen Herrlichkeit zubereitet. Alles, was berufen ist und dem Worte Gottes glaubt und göttlich lebt, zählet Gott in die sichtbare lutherische Kirche hinein 2c." — Hier urteile nun ein Jeder selbst, ob nicht Past. G. gerade in derselben Weise den Beweis führt, daß die sichtbare lutherische Kirche die allein seligmachende Kirche sei, wie die Römischen beweisen, daß ihre Papstkirche die alleinseligmachende Kirche sei. Warum will aber der arme Mann nicht der Wahrheit Raum geben, und sagen, daß die sichtbare lutherische Kirche zwar die allein rechtgläubige, aber nicht die allein seligmachende ist? daß die seligmachende Kirche allein die unsichtbare ist, davon wir im Glauben bekennen: Ich glaube — Eine heilige christliche Kirche, die Gemeinde der Heiligen? Aber wem nicht zu raten ist, dem ist auch nicht zu helfen; und wer keine Lehre annehmen will, der wird nimmer klug. So geht es auch dem Past. G. Wie oft ist ihm schon seit vielen Jahren nicht nur die Falschheit, sondern auch die Ungereimtheit seiner Lehre nachgewiesen worden? Aber Alles vergeblich. Er ist ein unverbesserlicher Irrgeist.

Jahre lang hat der „Lutheraner" von St. Louis die Wahrheit gegen diese Irrtümer des Past. Grabau gründlich und siegreich verteidigt, bis endlich die Synode im Jahre 1857 beschloß, den Streit mit Past. G., als einem unbußfertigen und verhärteten Irrlehrer, abzubrechen und ihn fahren zu lassen.*)

Wir wollen, indem auch wir von diesem Gegenstände abbrechen, nur noch bemerken, daß dieser Streit hier und in Deutschland verschiedene Beurteilung gefunden hat. Anfangs standen wohl nur sehr Wenige mit ihrem Urteil auf Seiten der Missouri-Synode. Manche, besonders hier zu Lande, denen die Reinerhaltung des köstlichsten Kleinods der Lehre nicht sehr am Herzen lag, hielten es nur für einen unleidlichen Wortstreit, der weiter nichts zu bedeuten habe, als daß die Förderung des Reiches Gottes dadurch nur gehindert werde. Das hat sich aber, Gott sei Dank! anders herausgestellt. Die Wahrheit hat sich immer mehr Bahn gebrochen und Herzen gewonnen, die ihr zugefallen sind, und dazu hat auch dieser wichtige Lehrstreit dienen müssen. Auch in Deutschland haben Manche über denselben anders urteilen gelernt. In den ersten Jahren dieses Streits hörte man von drüben her manche Stimme, auch aus der preußisch-lutherischen Kirche, die sich dahin vernehmen ließ, daß Lutheraner, trotz ihrer verschiedenen Lehrmeinungen, unter einander Frieden halten, und in brüderlicher Eintracht lebensollten. Diese werden jetzt hoffentlich geheilt und zu einer

---

*) Seit der Zeit, daß die Synode diesen Beschluß faßte, hat der „Lutheraner" nur seiten mehr auf die Buffalo-Synode Rücksicht genommen; dagegen aber hat das von Herrn Past. Lochner eine Zeitlang herausgegebene „Nothwehr-Blatt" die Greuel der Buffalo-Synode um so offener aufgedeckt, auf welches wir hiermit verwiesen haben wollen.

anderen Ueberzeugung gekommen sein, nachdem auch in der freußisch-lutherischen Kirche das lange verdeckt gehaltene Totengrab plötzlich eingefallen ist und nun einen um so übelern Gestank um sich her verbreitet. Das ist der Fluch des falschen, faulen Friedens! Andere, die zwar die falsche Lehre der BuffaloSynode erkannten, ließen sich doch lange durch die freche Lüge Grabau's, als habe unsere Synode ihnen in's Amt gegriffen, rechtmäßig von ihnen Gebannte aufgenommen u. f. w,, gegen uns einnehmen, die aber auch mit der Zeit erkannt haben, daß Grabau zwar ein Held im Verleumden aber nicht im Beweisen ist; denn wiewohl er oft aufgefordert ist, den Beweis zu liefern, so ist er ihn bis daher doch schuldig geblieben. — Schließlich wolle sich ein Jeder dieses merken: Unser Streit mit der Synode von Buffalo hat seinen Grund in nichts Anderm, als in der falschen Lehre derselben, und unsere Synode hat der Buffalo-Synode gegenüber nur den unantastbaren Grundsatz aufgestellt und befolgt, daß Glieder unsers Ministeriums solche gewesene Glieder von Gemeinden der Buffalo-Synode aufnehmen und mit Wort und Sakrament bedienen könnten und sollten, **welche** 1. sich von jener Synode um deren falscher **Lehre** willen getrennt haben und sich nicht in einem **verdienten** Bann befinden; und 2. die **ungerecht** gebannt worden sind, und die daher bei uns Zuflucht suchen, sich zu unserer Lehre bekennen, und mit uns im Glauben einig sind. —

Wir haben in unserer Erzählung schon hin und wieder des „Lutheraners," eines kirchlichen Lehr- und Wehrblattes, Erwähnung getan; und in der That hängt die Entstehung dieses in der Lehre kernigen, im Glauben gesunden, im Bekenntnis entschiedenen, in Bestrafung aller falschen

Lehren und alles unchristlichen Lebens furchtlosen, und in Ausbreitung des Reiches Gottes sehr eifrigen und tätigen Blattes mit der Niederlassung der sächsischen Lutheraner innig zusammen. Waren es doch eben die sächsischen Prediger mit ihren damals noch sehr kleinen und ärmlichen Gemeinden, die dieses Blatt in's Leben riefen! Darum müsse ihm denn auch hier mit wenigen Worten ein Denkmal gesetzt werden.

In einer schriftlichen „Vorlage zur Herausgabe einer lutherischen Kirchenzeitung" sprach sich Herr Prof. Walther an einige Amtsbrüder über den Zweck, Norm und Charakter einer solchen Zeitschrift also aus:

Der Zweck dieser Zeitung soll sein:

1. mit der Lehre, den Schätzen und der Geschichte der lutherischen Kirche bekannt zu machen;

2. zu beweisen, daß sie die wahre Kirche Christi sei, keine Seete;

3. Liebe zur lutherischen Kirche zu erwecken;

4. vor falscher Lehre zu warnen, sie zu entdecken und zu widerlegen; diejenigen zu entlarven, welche sich (fälschlich) des lutherischen Namens bedienen, Unglauben, Irrglauben und Schwärmerei zu verbreiten; Angriffe auf lutherische Lehre zurückzuschlagen; Vorurteile gegen unsere Kirche zu benehmen;

5. die getrennten Glieder der lutherischen Kirche zu vereinigen, die Abgefallenen zurückzurufen und zu beweisen, daß unsere Kirche nicht ausgestorben sei, ja nicht aussterben könne;

6. den lutherischen Predigern ein Hülfsmittel in die Hände zu geben, gewisse Dinge in ihren Gemeinden zur Klarheit zu bringen, die nur auf solchem Wege denselben gründlich dargestellt und eindringlich gemacht werden können;

7. dem Separatismus entgegenzuarbeiten; die Zweifelnden und über den Verfall der Kirche Betrübten zu trösten und zu starken und ihnen zu zeigen, daß sie nicht nötig haben, sich den scheinbar in großem Segen blühenden Sekten in die Arme zu werfen;

8. todte Orthodoxie, alles fündliche Verderben, das hereinbrechen will, insonderheit Geiz, Weltsönnigkeit, Mißbrauch der Freiheit 2c. zu strafen;

9. Nachricht zu geben über den gegenwärtigen Zustand der lutherischen Kirche.

Die Norm:

Jeder Aufsatz muß die Probe der heiligen Schrift nach der Auslegung der Symbole der evangelisch - lutherischen Kirche bestehen, und selbst solche Ansichten, die damit nicht in direktem Widerspruch stehen, aber neu sind und leicht Streitigkeiten und Irrungen unter Lutheranern erwecken können, sollen in userm Blatte nicht entwickelt werden.

Charakter dieses Blattes: Jeder Aufsatz soll so viel möglich

1. populär sein; nicht gelehrten Kram enthalten;

2. erbaulich; er soll kein Wortgezänk und keine offensive Persönlichkeiten enthalten;

3. von allgemeinem Interesse für jeden Lieb. haber der luth. Wahrheit;

4. freimütig und entschieden; er soll keine falsche Nachgiebigkeit zeigen, der Liebe und dem Frieden nie die geringste Wahrheit opfern;

5. er soll sich nicht mit politischen oder sonst nicht in das Gebiet der lutherischen Kirche einschlagenden Materien befassen; davon sind ausgenommen etwaige Avertissements, die zum Nutzen der Lutheraner eingerückt werden dürften;

und lehren, als donnern und blitzen; es soll festgehalten werden, daß die unsichtbare Kirche allenthalben ist;

7. bei allen Angriffen auf Irrgläubige unbestreitbaren Grund haben für die Wahrheit der Beschuldigungen; nie dürfen die Feinde mit Recht sagen können: das lehren wir nicht, wogegen ihr kämpft.

Wie alle Werke Gottes einen scheinbar geringen Anfang nehmen, so ist auch der „Lutheraner" unter sehr kümmerlichen Verhältnissen entstanden, und gar Manche mögen ihm nur ein kurzes Dasein prophezeit haben; und in der That war es auch die Meinung der Herausgeber, daß er nur für eine Zeitlang seine Dienste tun und das Reich Gottes bauen helfen sollte; der HErr aber hat seinen Lauf befördert, und ihm immer mehr Bahn gemacht trotz allen Anfällen der Feinde, die ihm längst den Untergang gewünscht haben. Damals gehörte wahrlich ein Glaubensmut dazu, die Herausgabe eines solchen Blattes zu unternehmen, dessen Inhalt nicht etwa eine Zusammenwürfelung von „Allerlei für allerlei Leser" auf unionistische Weise, sondern ein Diener der lutherischen Kirche, der Kirche von reinem Wort und Sakrament sein sollte. Die Zahl der treuen Lutheraner war zu der Zeit nur sehr klein; nur Wenige kannten ihre Mutter, die lutherische Kirche, und ihre Lehre, und noch Wenigere hatten sie und ihre Lehre lieb. Die lutherische Kirche glich einem Felde voller Totengebeine, unter welchen zwar der HErr wieder weissagen ließ, so daß es sich hin und wieder regte, und die Totengebeine zusammenkamen, und Adern und Fleisch darauf wuchsen (Hes. 37.), aber es war noch kein Odem in ihnen. Unter solchen kirchlichen Verhältnissen konnte ein Blatt, wie der „Lutheraner," nur wenig Abnehmer erwarten, und hätten die Herausgeber erst fragen wollen, ob es sich auch „bezahle," so hätten sie nur damit zu Hause bleiben können., Sie sahen aber nur ans die geistliche Not, die ein in der Lehre gesundes kirchliches Blatt erheischte, und waren entschlossen, zur Unterhaltung des Blattes auch ein Uebriges zu tun. Nächst Gott gebührt dem Herrn Redacteur (Prof. Walther) und der lieben luth. Gemeinde in St. Louis der Dank für das Fortbestehen des „Lutheraners" in den ersten Jahren, ohne deren kräftige Unterstützung er seinen Lauf nicht hätte fortsetzen können.

Wie es nun auf der einen Seite seine Existenzmittel waren, mit denen er zu kämpfen hatte, damit er nicht umkäme auf dem Wege, so waren es auf der anderen Seite die vielen Feinde, die ihm den Weg vertraten, teils offenbar Ungläubige, wie z. B. der schon längst zu Grabe getragene „Antipfaff"; teils Halb- und Irrgläubige, wie das ganze Heer der Sekten, und bevorab die Methodisten; teils endlich die falschen Brüder, als z. B. die General-Synode und dergleichen. Aber woher kam das, daß der „Lutheraner" sich so viel Feinde machte? Einfach daher, weil er die Posaune des göttlichen Wortes in einem deutlichen Ton blies, daß sich Jedermann zum Streit rüsten konnte. Weil er kein Diener der Allerweltskirche sein, und nicht mit an dem neu-babylonischen Turm bauen wollte, darum schrie man: „Hinweg mit ihm! Kreuzige, kreuzige ihn!" Es ging ihm nach den Worten Davids: „Wenn ich rede, so sahen sie Krieg an." Wohl selten ist ein kirchliches Blatt von allen Sekten so sehr angefeindet worden, wie es der „Lutheraner" von allem Anfang an geworden ist; denn diese Leute können Alles noch wohl dulden, nur nicht die lutherische Kirche und ihre reine Lehre. Sie ist ihnen ein Dorn im Auge, und ein Stachel im Herzen, weil sie, die luth Kirche, mit dem Zeugnis der Wahrheit die Irrtümer der Sekten aufdeckt, ihrem mit etwas Pietismus überzuckerten Nationalismus die Larve abstreist, und sie in der Schande ihrer Blöße darstellt, damit jeder Unerfahrene sich vor ihnen hüten könne. Darum haben sie fortwährend Gift und Galle wider die luth. Kirche ausgespieen, und sie für ein Babel, und ihre treuen Prediger für die ungläubigsten Menschen, für Bauchdiener, Wölfe 2c. ansgeschrieen, und haben in früheren Zeiten viele Unerfahrene mit ihrem Geschrei verführt; doch haben sie es in die Länge nicht getrieben, denn ihre Bosheit ist offenbar worden Jedermann, und ihre große Ernte hat ein Ende. Dazu hat auch der „Lutheraner" sein gut Teil beigetragen, und das ist vom ersten Anfang an sein Hauptzweck mit gewesen, als ein treuer Missionar die zerstreuten Lutheraner zu sammeln, sie mit den Schätzen ihrer Kirche bekannt zu machen und sie vor den Verführungen der Sekten zu warnen. Als er am 1. September 1844 zum ersten Mal, mit seinem Motto: „Gottes Wort und Luthers Lehr' vergehet nun und nimmermehr" an der Stirn, vor die Öffentlichkeit trat, ließ er sich in folgender Weise vernehmen: „Die deutschen Lutheraner sind hier in nicht geringer Versuchung, den Glauben ihrer Väter zu verlassen; entweder nach Kirche, Gottesdienst u. dergl. gar nichts zu fragen, oder in anderen hier bestehenden Gemeinschaften Befriedigung ihrer religiösen Bedürfnisse zu suchen. Unsere teuren Glaubensbrüder in diesem Teile unseres neuen Vaterlandes bedürfen darum allerdings der Ermunterung, ihrem Glauben treu zu bleiben; sie bedürfen der Warnung vor den Gefahren des Abfalls, deren so viele ihnen hier drohen; sie bedürfen Waffen, sich gegen diejenigen zu verteidigen, die es ihnen streitig machen, daß der Glaube der rechte sei, d:n sie von Jugend auf aus ihrem Katechismus gelernt haben; sie bedürfen den Trost, daß die Kirche, zu der sie sich bekennen, noch nicht verschwunden sei, daß sie daher keineswegs Ursache haben, bei irgend einer anderen Gemeinschaft Zuflucht zu suchen.

„Dieses gewiß von Vielen empfundene Bedürfnis und die Ueberzeugung, daß es unsere Pflicht sei, unsern hiesigen Mitbürgern darüber Rechenschaft abzulegen, was in unserer Kirche geglaubt und gelehrt, und nach welchen Grundsätzen daher von uns gehandelt werde: dies hat den Unterzeichneten in Verbindung mit mehreren seiner Amts- und Glaubensbrüder in Missouri und Illinois veranlaßt, ein Blatt unter obigem Titel — „der Lutheraner" — herauszugeben. Dasselbe soll nämlich dazu dienen: 1. mit der <u>Lehre</u>, den <u>Schätzen</u> und der <u>Geschichte</u> der luth. Kirche bekannt zu machen; 2. den <u>Beweis</u> zu liefern, <u>daß diese Kirche nicht in der Reihe der christlichen Seiten stehe, und nicht eine neue, sondern die alte wahre Kirche JEsu Christi auf Erden sei</u>, daß sie daher noch keineswegs ansgestorben sei, ja, nicht aussterben könne, nach Christi Verheißung: „Siehe ich bin bei euch alle Tage bis an der Welt Ende." Unser Blatt soll ferner 3. dazu dienen, zu zeigen, <u>wie ein Mensch als ein wahren Lutheraner recht glauben, christlich leben, geduldig leiden und selig sterben könne</u>; und endlich 4. die im Schwange gehenden falschen, verführerischen Lehren zu entdecken, zu widerlegen und davor zu warnen; und insonderheit diejenigen zu entlarven, die sich fälschlich lutherisch nennen, unter diesem Namen Irrglauben, Unglauben und Schwärmerei verbreiten und daher die übelsten Vorurteile gegen unsere Kirche in den Gliedern anderer Parteien erwecken." Wie treu der „Lutheraner" dieser seiner Aufgabe seit seinem 21 jährigen Bestehen geblieben ist, das liegt klar am Tage. Zwar ist von allen Seiten und auf mancherlei Weise der Versuch, ihm das Ziel zu verrücken, gemacht worden, aber ohne Erfolg; denn noch heute geht er, seine Aufgabe treulich erfüllend, seines Weges gerade fort; er lehrt und wehrt, er pflanzt und begießt, bringt Geschichte und Gedichte, teilt mit der Kirche ihr Wohl und Weh, deckt ihre Schäden ohne Scheu auf, hilft ihre Wunden verbinden und heilen; sucht die Irrenden und Verführten wieder zurecht zu bringen, die Schwachen zu starken, und die Wankenden zu befestigen; er hilft das Werk der äußern und innern Mission auf die rechte Weise befördern, vermahnt zum Fleiß in guten Werken und hilft das Reich Gottes bauen und ausbreiten und des Satans Reich zerstören. Wie groß aber der Segen gewesen ist, den Gott auf die Arbeit des „Lutheraner" gelegt hat, das wird erst die Ewigkeit recht klar machen. Wir könnten manche liebliche Erfahrungen davon mitteilen, schweigen aber davon. Wir wollen nicht den großprahlerischen Schwärmern gleichen, die jede — wenn auch noch so unlautere — Erfahrung, wie die Henne das Ei, ansgackern und sich damit groß tun; wir sind vielmehr der Ueberzeugung, daß solche Erfahrungen mehr zur stillen, verborgenen Freude des Herzens, und zum Lobe Gottes im Kämmerlein dienen, als zum öffentlichen Ausposaunen, womit man leicht den eigentlichen Segen solcher Erfahrungen verschüttet und sich die Freude darüber verdirbt. Das wollen wir aber sagen, daß er Vielen zur rechten Erkenntnis in der alleinseligmachenden Lehre gedient, sie aus groben und seinen Irrtümern und Schwärmereien herausgerissen oder sie davor bewahrt hat; daß er Vielen eine Rüstkammer gewesen ist, daraus sie sich Waffen zum Kampf wider die mancherlei Feinde der Wahrheit geholt haben; daß er Vielen ein treuer Seelsorger, d. i. ein Vermahner zur Beständigkeit im Glauben, zur Geduld im Leiden, zum Wandel in der Furcht Gottes, zum Fleiß in guten Werken u. s. w. gewesen ist. — Seit elf Jahren geht nun auch die „Lehre und Wehre," ein „theologisches und kirchlich-zeitgeschichtliches Monatsblatt," dem „Lutheraner" als eine treue Schwester derselben Mutter (der luth. Kirche) würdig zur Seite; beide aber wolle Gott auch fernerhin segnen und benedeien, daß sie einen Sieg nach dem anderen erlangen, und viel Frucht schassen, die da bleibe in das ewige Leben.

Wir haben bisher in unserer Erzählung schon hin und

wieder unserer Synode Erwähnung getan, die unter dem Namen „die deutsche evangelisch-lutherische Synode von Missouri, Ohio u. a. Staaten" bekannt ist; so soll denn auch von ihr, von ihrer Entstehung, von ihrem Entwickelungsgang, von ihrer Arbeit des Glaubens und von ihrem Werk der Liebe an diesen. Ort ein wahrheitsgetreues Bild entworfen werden. — Was nun die Entstehung der Synode betrifft, so hat der „Lutheraner" auch dazu sein Teil beigetragen, ja, er ist als der eigentliche Urheber, als der Zusammenrufer der einzelnen Glieder zu einer Synode anzusehen. Ueberall, wo er mit seinem Zeugnis von der alten ewigen göttlichen Wahrheit hinkam, zog er gleichgesinnte Gemüter an sich, vereinigte also Diejenigen mit einander, die auf Einem Glaubensgrunde standen, obgleich sie persönlich einander unbekannt waren. Das war auch von vorn herein mit eine Hauptabsicht der Herausgeber des „Lutheraner," die zerstreuten lutherischen Christen innerlich zu der Einigkeit im Geist zu vereinigen, um sie sodann auch zu gemeinsamen kirchlichen Zwecken und Unternehmungen äußerlich einander näher zusammenzuführen. Die sächsischen Lutheraner waren weit davon entfernt eine für sich klösterlich abgeschlossene Gemeinschaft zu bleiben, sondern vielmehr suchten sie mit Allen in innigste Gemeinschaft zu treten, die sich mit ihnen ohne Vorbehalt zu der Lehre der Reformation bekannten. Dazu mußte denn, wie gesagt, der „Lutheraner" das Werkzeug sein. — Es wohnten nämlich in den Staaten Ohio, Indiana und Illinois vornehmlich hin und wieder Lutheraner, Prediger und Laien, die es mit der lutherischen Kirche und deren reiner Lehre treulich meinten, die aber bisher noch sehr wenig von einander gewußt hatten. Diese traten nun durch den „Lutheraner" mit den aus Sachsen ausgewanderten, im Staate Missouri wohnenden Lutheranern in nähere Gemeinschaft und Bekanntschaft. Einige aus ihnen traten im Jahre 1845 in Cleveland, Ohio, und im folgenden Jahre in Fort Wayne, Indiana, zu einer

Konferenz zusammen. Diese Konferenzen hatten den Zweck, sich zunächst mit einander in der Einigkeit im Geist zu begründen und zu stärken, und sodann die Beratung und Aufstellung „einer durch das Wort Gottes und das reine Bekenntnis der evangelisch-lutherischen Kirche gegründeten Synodalverfassung vorzunehmen." Hierauf traten im Jahre 1847 eine Anzahl von 15 Predigern und 10 Gemeinden zu einer Synode zusammen, die ihre ersten Sitzungen vom 24. April bis zum 6. Mai genannten Jahres in Chicago abhielt. Aus ihrer Verfassung wollen wir hier einige Punkte hersetzen, um den Geist dieser Synode kennen zu lernen. „Denn was für einen Geist ein Prophet (und wir setzen hinzu: eine Synode) hat, danach ist auch seine Lehre beschaffen. Aber den Geist können wir nicht sehen. Wie werden wir also urteilen? Nach dem was der Prophet (oder die Synode) hervordringt und redet st. i. lehrt und bekennt); danach muß man urteilen, wie der Schatz seines Herzens beschaffen fei." — Zunächst führt die Synode „Gründe für die Bildung eines Synodal-Verbandes" an. Da heißt es:

§ 1. Das Vorbild der apostolischen Kirche. (Apg.15,1-31.)

§ 2. Erhaltung und Förderung der Einheit des reinen Bekenntnisses (Eph. 4, 3—6. 1 Cor. 1, 10.) und gemeinsame Abwehr des separatistischen und sektirerischen Unwesens. (Rom. 16, 17.)

§ 3. Schützung und Wahrung der Rechte und Pflichten der Pastoren und Gemeinden.

§ 4. Herbeiführung der größtmöglichen Gleichförmigkeit im Kirchenregiment.

§ 5. Der Wille des HErrn, daß sich die mancherlei Gaben zu gemeinsamem Nutz erzeigen sollen. (1 Cor. 12, 4—31)

§ 6. Vereinte Ausbreitung des Reiches Gottes und Ermöglichung und Förderung besonderer kirchlicher Zwecke. (Seminar, Agende, Gesangbuch, Concordienbuch, Schulbücher,

Bibelverbreitung, Missionsarbeiten innerhalb und außerhalb der Kirche u. s. w.)

Kap. II. Bedingungen, unter welchen der Anschluß an die Synode stattfinden und die Gemeinschaft mit derselben fortdauern kann.

§ 1. Das Bekenntnis zu der heil. Schrift Alten und Neuen Testaments, als dem geschriebenen Worte Gottes und der einzigen Regel und Richtschnur des Glaubens und des Lebens.

§ 2. Annahme der sämtlichen symbolischen Bücher der evangelisch-lutherischen Kirche (als da sind: die drei ökumenischen Symbola, die ungeänderte Augsburgische Confession, deren Apologie, die Schmalkaldischen Artikel, der große und kleine Katechismus Lutheri und die Concordienformel) als der reinen und ungefälschten Erklärung und Darlegung des göttlichen Wortes.

§ 3. Lossagung von aller Kirchen- und Glaubensmengerei, als da ist: das Bedienm gemischter Gemeinden, als solcher, von Seiten der Diener der Kirche; Teilnahme an dem Gottesdienst und Sakramentshandlungen falschgläubiger und gemischter Gemeinden; Teilnahme an allem falschgläubigen Traetaten. und Missionswesen u. s. w.

§4. Alleiniger Gebrauch reiner Kirchen- und Schulbücher (Agenden, Gesangbücher, Katechismen, Lesebücher u. s. w.). Wenn es in Gemeinden nicht tunlich ist, vorhandene irrgläubige Gesangbücher u. dergl. ohne Weiteres mit rechtgläubigen zu vertauschen, so kann der Prediger einer solchen Gemeinde nur unter der Bedingung Glied der Synode werden, wenn er das irrgläubige Gesangbuch :e. mit öffentlichem Protest gebrauchen und allen Ernstes auf Einführung eines rechtgläubigen hinwirken zu wollen verspricht.

§ 5. Ordentlicher (nicht zeitweiliger) Beruf der Prediger und ordentliche Wahl der Deputierten durch die Gemeinden, so wie Unbescholtenheit des Wandels der Prediger und der Deputierten.

§ 6. Versorgung der Kinder der Gemeinden mit christlichem Schulunterricht.

(Kap. IV.) §9. Die Synode ist in Betreff der Selbstregierung der einzelnen Gemeinden nur ein beratender Korper. Es hat daher kein Beschluss der ersteren, wenn selbiger der einzelnen Gemeinde Etwas auferlegt, als Synodalbeschluss, für letztere bindende Kraft. — Verbindlichkeit kann ein solcher Synodalbeschluss erst dann haben, wenn ihn die einzelne Gemeinde durch einen förmlichen Gemeindebeschluss freiwillig angenommen und selbst bestätigt hat. — Findet eine Gemeinde den Beschluss nicht dem Worte Gottes gemäß oder für ihre Verhältnisse ungeeignet, so hat sie das Recht, den Beschluss unberücksichtigt zu lassen und resp. zu verwerfen.

Unter Kap. V. heißt es:

§ 8. Die Synode hat die Pflicht, in ihren alljährlichen Sitzungen gemeinsam zu untersuchen und zu besprechen, welche Artikel der Kirchenlehre hauptsächlich in Wort und Schrift zu treiben, gegen welche Irrlehren und Gebrechen im Leben insonderheit der Kampf zu richten und wie in solcher Lehre und Wehre zu verfahren sei. Demgemäß hat die Synode die bisherigen Leistungen des Herausgebers ihrer Zeitschriften zu beurteilen und demselben Instruktionen für seine fernere Thätigkeit zu geben. Desgleichen hat die Synode sich über die Bedürfnisse unserer kirchlich verwahrlosten Glaubensgenossen zu besprechen und zu Abhülfe derselben solche tüchtige Männer mit Rat und Tat zu unterstützen, welche es aus freier christlicher Liebe unternehmen, die verlassenen Lutheraner aufzusuchen, um unter ihnen die Gründung ordentlicher Gemeinden vorzubereiten. Solche Besucher sind zur Ausrichtung ihres Geschäfts auszubilden, vor ihrem Ausgang zu prüfen, mit einer Instruktion zu versehen und mit feierlichem Gebet und

Segenswunsch zu entlassen. Der Besuchende, hat ein Tagebuch zu führen und dem Präses auszügliche Berichte einzusenden, welche dieser der Synode in seinem Jahresbericht vorzulegen hat.

Auch hält sich die Synode für verpflichtet, so viel sie vermag, zur Bekehrung der Heiden mitzuwirken; doch nimmt sie auf keinerlei Weise Teil an dem jetzt herrschenden religionsmengerischen Treiben des Missionswesens.

§ 9. Die Synode hat die Pflicht, Anstalten zur Heranbildung künftiger Prediger und Schullehrer zum Dienste der Kirche zu errichten, zu erhalten und zu beaufsichtigen ie.

§ 15. Die Synode in ihrer Gesammtheit hat die Aufsicht darüber, wie die Seelsorge der zu ihr gehörenden einzelnen Prediger gehandhabt wird. Sie hat daher das Recht, darüber Nachfrage zu tun, und das Berichtete zu beurteilen. Insonderheit liegt ihr ob, nachzusehen, ob sich ihre Prediger zur Anwendung der hier herrschend gewordenen sogenannten „Neuen Maßregeln" haben verleiten lassen, oder ob sie die Seelsorge nach der gesunden schriftgemäßen Weise der rechtgläubigen Kirche treiben.

Es liegt der Synode auch ob, die Prediger zu fragen, wie es in ihren Gemeinden stehe hinsichtlich des Bibellesexs, des Hausgottesdienstes, der Kinderzucht, der Beichtanmeldungen, des Kirchengehens, des Abendmahlsgenusses, der Auswahl und des Gebrauchs religiöser Schriften und ob etwa separatistische Richtungen und Conventikelwesen sich in den Gemeinden finden, und welches überhaupt der kirchlich-sittliche Zustand derselben sei.

8 18. Die Synode macht es ihren Predigern zur Gewissenspflicht, die Katechumenen nach ihrer Cousirmation nicht aus den Augen zu verlieren, sich ihrer besonders väterlich anzunehmen, und daher unter Anderm, wo irgend möglich, öffentliche sonntägliche Examina über den Katechismus mit ihnen anzustellen.

Schon im Jahre 1852 sah sich die Synode genötigt, die Teilung der Synode in verschiedene Distrikte als einen Gegenstand der Verhandlung in Beratung vorzunehmen. Es war nicht sowohl die Größe der Synode überhaupt, als vielmehr die Weitläuftigkeit derselben, die eine Teilung erheischte. Die jährlichen Zusammenkünfte erforderten von den einzelnen Gliedern wegen der Entfernung vom Versammlungsort nicht nur viel Zeit und Mühe, sondern auch einen nicht geringen Kostenaufwand, der von manchen Predigern und Gemeinden nicht wohl bestritten werden konnte. Dies war Ein Grund für die Teilung der Synode. — Ein anderer Grund war der, daß man sich einen in mancher Beziehung größeren Segen davon versprach. Denn weil, wenn die Synode in Distrikte geteilt sei, der Ort der Versammlungen einem Jeden näher gerückt werde, so könnten auch diejenigen denselben erreichen, die ihn bisher wegen der nötigen Geldmittel nur selten hätten erreichen können, und also die Synodalversammlungen mehr besucht werden; das sei ein nicht geringer Segen, der dadurch erzielt werde. Sodann könnten auch alle Synodalen, besonders die Jüngeren, sich mehr an den Verhandlungen selbst beteiligen, und regeren persönlichen Anteil daran nehmen, weil in einzelnen Districts Versammlungen die Zahl der Synodalen nicht so groß sei. Auch könnten ferner in den Districts-Versammlungen die äußeren und inneren Zustände der Gemeinden mehr und besser besprochen und geeignete Rachschläge erteilt werden, wie diese und jene Uebelstände abzustellen seien u. s. w.

Wiewohl nun die Synode, wie gesagt ist, sich einen nicht geringen Segen von ihrer Teilung in mehrere kleinere Distrikte versprach, so ist sie doch auch über die Gefahren, die für sie daraus erwachsen könnten, nicht leichtfertig hinweggegangen; sie hat dieselben gründlich erwogen. Besonders hat sie vorher reiflich erwogen, welche Mittel und Wege nach mensch licher Vorsichtigkeit zu wählen seien, daß die Einigkeit im Geist, d. i. in der Lehre, im Glauben und in der Liebe, bei der räumlichen Trennung der Synode erhalten werde. Dem diese Einigkeit im Geist war ihr über Alles teuer, ihr wollte sie ja gern auch das Liebste zum Opfer bringen, und um sie zu erhalten, auch alle äußeren Vorteile fahren lassen, wie gern sie dieselben auch genossen habe.

Diese ernstliche Besorgnis um die Erhaltung der Einigkeit im Geist ließ es denn auch im Jahre 1852 noch nicht zur Teilung kommen, sondern verursachte, daß sie bis zum folgenden Jahr verschoben wurde; doch wurden die geeigneten Vorkehrungen dazu getroffen, und ein Committee ernannt, das mit der Synodalconstitution die nötigen Veränderungen vornehme und die geeigneten Zusätze mache, wie es die neuen Verhältnisse erheischten. Als nun im Jahre 1853 bei der Synodalversammlung in Cleveland alle Synodalen für die Teilung der Synode waren, und die zu diesem Zweck überarbeitete Constitution angenommen worden war, so wurde nun die Teilung der Synode in vier Distrikte durch einstimmigen Beschluss vollzogen; jedoch mit dem Zusatz, daß jedes dritte Jahr alle vier Distrikte zu einer allgemeinen Synode zusammentreten sollten.

Im folgenden Jahre (1854) trat nun die Synode noch einmal zu einer allgemeinen Synodalversammlung zusammen. Bei dieser Versammlung handelte es sich vornehmlich um die Wahl eines allgemeinen Präses. Die Synode war zu der Ueberzeugung gekommen, daß es von großer Wichtigkeit sei, daß sie einen allgemeinen Präses wähle, der gleichsam das Zentrum und der Repräsentant der ganzen Synode sei, der den Versammlungen der Districtssynoden und Pastoralkonferenzen beiwohne, alle Gemeinden in einem gewissen Zeiträume besuche u. s. w. Und weil nun alle von der Wichtigkeit eines solchen aufzurichtenden Amtes überzeugt waren, so wurde ferner gezeigt, welche nötigen Eigenschaften ein für solches Amt zu wählender Mann haben müsse. Er müsse vor allen Dingen die Lehre, welche die Synode eben jetzt den Feindell gegenüber als die ihrige vertrete, zu der seinigen gemacht haben: sodann müsse er die Gabe besitzen, der Wahrheit bei den Gemeinden leicht Eingang zu verschaffen; ferner auch die Gabe zu referieren, weil er über die Verhandlungen der verschiedenen Districtssynoden und Pastoralconferenzen berichten müsse; und endlich, daß auch seine Körperconstitution der Art sei, ein längeres Reisen ertragen zu können u. s. w. Darum — so hieß es — habe die Synode vor allen Dingen Gott zu bitten, daß Er die Herzen und Stimmen also lenke, daß der rechte und passendste Mann zu diesem Amte erwählt werde; wie sie dann aber auch das Werk in der rechten Weise zu betreiben, sowohl auf die Gaben als auf die Umstände zu sehen, und eben darin auf den Fingerzeig Gottes zu achten habe. — Hierauf wurde nun eine Vorwahl vorgenommen, und aus derselben die drei Kandidaten herausgezogen, die die meisten Stimmen erhalten hatten; sodann wurde in einer Beratung die Vorzüglichkeit des Einen oder Andern erwogen, und endlich zur Schlußwahl geschritten. Das Ergebnis war, daß der zeitherige Präses, Herr Past. F. Wyneken, zum allgemeinen Präses gewählt ward.

Im Herbst 1864 Hat Herr Präses Wyneken sein Amt niedergelegt, nachdem er dasselbe zehn Jahre lang niit vieler, vieler Mühe und Beschwerde geführt hatte. Gern, sehr gern hätte es die Synode gesehen, daß er sein Amt noch länger fortgeführt hätte, es war ihm aber nicht wohl möglich. An seine Statt wurde nun Herr Professor Walther von St. Louis zum allgemeinen Präses gewählt. Weil aber die Synode zu der Ueberzeugung gekommen war, daß es für einen Mann schlechterdings unmöglich sei, alle Gemeinden fernerhin zu besuchen, so traf sie die Bestimmung, daß von nun an der allgemeine Präses nur mehr die Districtssynoden besuchen, alljährliche Zusammenkünfte mit den Districts-Präsides halten und die ganze Synode überwachen soll. Dagegen sollen die Districts-Präsides um so mehr Visitationen halten, und ihnen zu dem Ende, wo es nötig ist, Vikare beigegeben werden, die sie während ihrer Abwesenheit im Predigt- und Seelsorgeramte vertreten.

Es sind nun bereits 18 Jahre darüber verflossen, als die Synode ins Leben trat, und damals war die Zahl der Mitglieder nur noch sehr klein; wie hat doch seit der Zeit Gottes unverdiente Gnade über dieser Synode gewaltet! Die Zahl ihrer Prediger ist seitdem auf 250 herangewachsen, und die Zahl der Lehrer an den Gemeindeschulen ist auch nicht gering. Dieses Wachstum aus so geringem Anfang ist allein der mächtigen Gnade Gottes zuzuschreiben, und das nm so mehr, als das Zeugnis dieser Synode von der allein seligmachenden Lehre des göttlichen Wortes, gemäß dem Bekenntnis der lutherischen Kirche, fast allenthalben Widerspruch erweckte. Papisten, Schwärmer, falsche Lutheraner, und wie sie alle heißen mögen, ärgerten sich über ihr entschiedenes Zeugnis in der Lehre, oder über ihre entschiedene Praxis; und so waren sie darin alle einig, daß sie der Synode von Missouri feindselig entgegentraten, ihr ein böses Geschrei zu erwecken und sie im Lande stinkend zu machen suchten. Trotzdem aber war der HErr mit ihr und vermehrte sie nach Außen und stärkte und befestigte ihre Einigkeit im Geist nach Innen; deß freuen wir uns, wiewohl mit Zittern; deß rühmen wir uns, aber mit Furcht; geben dem HErrn allein die Ehre, und sagen: Nicht uns, HErr, nicht uns, sondern deinem Namen gib Ehre. Von Gottes Gnade sind wir, was wir sind, und seine Gnade an uns ist nicht vergeblich gewesen.

Was diese Synode zur Ausbreitung des Reiches Gottes, zur Ausbildung von treuen Predigern und Schullehrern, zur

Verbreitung guter, acht lutherischer Bücher u. s. w. getan hat, das ist vielfach bekannt, und sie hat sich damit zwar nicht die Liebe, aber doch die Achtung auch ihrer Ärgsten Feinde erworben. Ihre meist sehr kleinen und armen Gemeinden haben große Opfer gebracht, ja, oft über Vermögen getan; und das, nicht getrieben mit dem Stecken des Treibers, sondern freiwillig, mit Lust und Freuden; nicht um Lohn dafür zu empfahen, sondern aus schuldiger Dankbarkeit für empfangene Wohltaten. Nichtsdestoweniger haben auch ihre Prediger sich nicht gescheut, irgend ein Opfer zu bringen, sind unter vielen Mühen und -Arbeiten, mit Aufopferung ihrer Gesundheit und aller Kräfte, dm Verwahrlosten nachgegangen in die entlegensten Gegenden, in die dicksten Urwälders sind gerne mit den Armen arm geworden, haben mit den Hungerigen gehungert, die Entbehrung auch des Allernotdürftigsten mit Geduld getragen, haben in den allerelendesten Hütten gewohnt, die allergeringste Kost gegessen u. s. w.; und dennoch sind sie nicht müde geworden im Werk d-es HErru, haben nicht abgelassen mit Lehren, mit Ermahnen, mit Strafen, mit Trösten, und du vielfach erfahrenen Unbilden und Undankbarkeiten haben sie davon nicht abschrecken können. Mit großem Fleiß haben sie überall christliche Gemeindeschulen gebildet, sind selbst Schullehrer geworden, um die liebe Jugend für Gottes Reich heranzubilden, und sie dem HErrn JEsu zuzuführen; denn weder das hiesige leichtfertige und ganz oberflächliche Staats-Schulwesen, was sich überdies gar nicht mit Religion befaßt, noch das innerlich faule sogenannte christliche Sonntags-Schulwesen konnte ihnen zusagen und befriedigend sein; darum mußten sie selbst Hand ans Werk legen, und der HErr hat ihre Arbeit mit großem Segen gekrönt, wie es denn am Tage ist. Dem HErrn zu Ehren können wir rühmen, daß das christlich-kirchliche Gemeinde-Schulwesen unter uns fest gegründet, und im stetigen Wachsen und Zunehmen begriffen ist; ja, selbst andere

Denominationen, die sich früher so viel als gar nicht um die christliche Erziehung der Jugend in Gemeindeschulen bekümmerten, sondern noch dazu darüber spotteten, haben an dem Erempel unserer Synode gelernt, daß eine kirchliche Gemeinschaft nur dann auf nachhaltigen Erfolg rechnen kann, wenn sie die Jugend in Gemeindeschulen für ihre sie kennzeichnenden Lehren und Formen heranzieht.

Daß die lutherische Kirche Deutschlands Vieles für ihre Brüder hier zu Lande, und besonders für unsere Synode, getan hat, das wollen wir nicht verkennen, viel weniger leugnen. In den ersten Jahren hat Herr Pfarrer Löhe und die mit ihm verbundenen christlichen Freunde darin viel für unsere Synode getan, daß sie eine große Anzahl von christlichen kirchlichgesinnten jungen Leuten herüber gesandt haben, die hier erst völlig für den Dienst der Kirche ausgebildet wurden; und was hätte die Synode wohl mehr gewünscht, als daß das Verhältnis des Herrn Pf. Löhe zu ihr immer das rechte geblieben wäre! Dieser Wunsch ist ihr aber nicht erfüllt worden, sondern nach Verlauf von einigen Jahren eines gesegneten Zusammenwirkens ist leider! das Band der Einigkeit in der Lehre unter ihnen zerrissen, welches dann auch eine äußere Trennung zur Folge hatte, Wie ernstlich unsere Synode beflissen gewesen ist, den später erfolgten gänzlichen Riß zu heilen und abzuwehren, ist auch daraus zu ersehen, daß sie im Jahre 1851 eine Delegation, bestehend aus dem damaligen Präses der Synode, Herrn Past. Wyneken, und Herrn Prof. Walther, nach Deutschland sandte, „um" — wie es im Synodalbeschluss heißt — „auf diese Weise ein ersehntes Einverständnis mit den dortigen Lutheranern, mit denen wir bisher in genauer Verbindung standen, in Betreff der obschwebenden Lehrdifferenzen unter Gottes Segen herbeizuführen." Gott gab auch seinen Segen dazu, so daß damals der Riß geheilt und die Einigkeit wieder hergestellt wurde. — Jedoch nicht lange währte es, so wurde es immer klarer, daß Herr Pfarrer Löhe nicht mehr in allen Stücken mit der lutherischen Kirche in ihren Symbolen glaube, lehre und bekenne, wie das schon früher seine drei Bücher von der Kirche verraten hatten; und immer offener sprach er sich dahin aus, daß manches in den Symbolen Enthaltene einer Berichtigung, anderes der Entwickelung bedürfe, daß etliche Lehren offene Fragen und noch nicht kirchlich fixiert seien u. s. w. Dazu kam noch, daß Herr Pfarrer Löhe in Bezug auf die kirchlichen Verhältnisse in Amerika seine eignen Pläne verfolgte, die die Synode nicht gut heißen konnte, weil sie mit den hiesigen Verhältnissen besser vertraut war, als es Herr Pfarrer Löhe sein konnte; und so geschah es denn, daß er sich von uns zurückzog, seine eignen Wege ging, und durch seine Sendlinge eine eigene Synode gründete, die zuletzt den Staat Iowa zu ihrem Wirkungskreis erwählt hat. — Nachdem aber Herr Pfr. Löhe seine Verbindung mit uns aufgegeben, daß er uns keine Zöglinge mehr zugesendet hat, so hat Gott, der seine Kirche auch in diesem fernen Abendlande bauen will, ohne unser Zutun, ohne daß wir auch nur daran gedacht hätten, uns dafür einen reichlichen Ersatz gegeben, indem er das Herz des teuren Herrn Pfr. Brunn in Steeden, im Nassauischen, erweckt hat, sich der kirchlichen Not seiner Glaubensbrüder in Amerika anzunehmen, und begabte kirchlich gesinnte christliche Jünglinge mit einer guten Vorbildung herüberzusenden, die in unserem praktischen Seminar weiter ausgebildet werden. Dies Werk hat er nun schon seit bereits vier Jahren mit großem Erfolg getrieben, und ist darin nicht müde geworden, wofür wir ihm nächst Gott herzlich dankbar sind, und bitten den HErrn der Kirche, er wolle auch fernerhin dies Werk fegnen und fordern zu seines Namens Ehre, und zum Heil vieler Seelen.

Was nun endlich das Größeste ist, was Gott an unserer Synode getan hat, ist, daß er ihr den teuren Schatz der reinen Lehre in den Schooß gegeben, sie immer mehr zur Erkenntnis derselben gebracht, und sie bisher dabei erhalten hat. Unter reiner Lehre aber, deren wir uns rühmen, verstehen wir nichts Anderes als die Lehre der Reformation, wie sie in den Bekenntnisschriften der evang.-luth. Kirche enthalten, und in den Privatschriften der vornehmsten Lehrer dieser Kirche — denn Bekenntnis; gemäß — weiter entwickelt ist. Das ist es auch, worüber wir uns vornehmlich freuen und fröhlich sind, und dessen wir uns rühmen; denn nicht etwa auf die große Zahl unserer Prediger und Gemeinden pochen wir, denn dann hielten wir Fleisch für unseren Arm, und unser Ruhm müßte zu nichte werden, sondern auf den Schatz der reinen Lehre, den uns Gott aus unverdienter Gnade hat erkennen lassen. So lange wir diesen Schatz rein und lauter bewahren, so lange wird und kann es uns nicht fehlen: der HErr wird sich zu seiner Wahrheit bekennen, und ihr den Sieg verleihen, daß ihr immer mehr Herzen zufallen. Werden wir aber das Kleinod der reinen Lehre nicht mehr groß achten, im Lehren und Wehren gleichgültig werden, so wird es auch uns ergehen, wie es der luth. Kirche Deutschlands seit Mitte des 18. Jahrhunderts, und wie es der sogenannten lutherischen General-Synode in diesem Lande seit vielen Jahren ergangen ist, die zwar den lutherischen Namen noch beibehalten haben, aber in der Lehre durch und durch rationalistisch, und in der Praxis uniert geworden sind. Der Teufel feiert nicht, sondern sucht auch uns zu sichten wie den Weizen, und er hat unserer Synode schon acht Jahre zurück ein Meisterstück seiner Kunst gezeigt, indem er sie in die chiliastische Schwärmerei zu stürzen suchte und sie in die traurige Notwendigkeit versetzte, einem unverbesserlichen Irrgeist ihre Gemeinschaft aufzusagen und ihn von ihr hinaus zu tun. Gott wolle uns in Gnaden für die Zukunft solcher schmerzlichen Pflicht überheben, und dem Satan wehren, daß er Niemandem unter uns durch falsche Lehre das Ziel verrücke. Auch wolle uns Gott die teuren Väter, die Gründer unseren

Synode, die durch viele Anfechtungen bewährt worden sind, noch lange am Leben erhalten, wenn es ihm gefällig ist. Denn so wahr es ist, daß die Kirche nicht auf Menschen gebaut ist, die alle irren und dahinfallen können, wenn ihnen Satan ein Nein stellt: so gewiß ist es aber doch auch, daß er seine Kirche durch Menschen baut, d. i. Menschen mit seinem Geist und mit seinen Gaben ausrüstet, daß sie tüchtig werden, die verfallenen Mauern Zions wieder aufzubauen, und ihre Lücken auszufüllen. Wenn nun Gott zu einer Zeit seiner Kirche besondere Gaben gegeben hat, so sollen wir dieselben nicht nur mit herzlicher Dankbarkeit erkennen, sondern den HErrn auch flehentlich bitten, daß er sie seiner Kirche noch lange erhalten wolle. Solch Gebet, so es im Glauben geschieht, will der HErr erhören, und uns nicht lassen eine Fehlbitte tun; denn er hat uns eine teuere Verheißung gegeben, und gesagt: Alles, was ihr bittet in eurem Gebet, so ihr es glaubet, so werdet ihr es empfahen.

Nachdem wir nun einige kirchengeschichtliche Begebenheiten, die mit der Geschichte der sächsischen Lutheraner und ihrer Niederlassung in diesem Lande im Zusammenhange stehen, erzählt haben, so kehren wir jetzt wieder nach Perry County zurück, und hören, wie sich daselbst das Kirchen- und Gemeinwesen nebst der Cultur des Bodens immer mehr entwickelt hat. Wir werden dabei nur auf die Parochie Altenburg Rücksicht nehmen, welche die oben genannten Plätze:, Wittenberg, Seelitz, Dresden und gegenwärtig auch Frohna mit umfaßt. — Was nun erstlich das Kirchen- und Gemeinwesen betrifft, so nahm dasselbe, als nach Stevhan's Offenbarwerdung der Lehrstreit (davon oben gesagt ist) glücklich durchgekämpft war, immer mehr eine geordnetere Gestalt an und schritt immer ruhiger vorwärts. Die hin und wieder offenbar werdenden unlauteren Elemente schieden aus und sonderten sich ab, und den Aufrichtigen ließ es Gott gelingen, daß sie immer mehr ein mehr irre machen ließen. Mit nie müde werdendem Eifer hielt der teure Pastor Löber an mit Belehren, Ermahnen, Warnen und Trösten, wie es eben not war, um die tiefen Wunden zu verbinden und die argen Risse zu heilen, wo er nur wußte und konnte. Es erforderte ja wohl einen weisen Führer, das schon leck gewordene Schifflein der Gemeinde durch diesen Strudel hindurch zu führen, und es im sicheren Hafen des göttlichen Wortes zur Ruhe zu bringen! Das ließ Gott dem seligen Pastor Löber gelingen, so daß er mit seiner Gemeinde aus dem 46. Psalm rühmen konnte: „Gott ist unsere Zuversicht und Stärke, eine Hülfe in den großen Nöten, die uns getroffen haben. Darum fürchten wir uns nicht, wenn gleich die Welt unterginge, und die Berge mitten ins Meer fänken; wenn gleich das Meer wütete und wallete, und von seinem Ungestüm die Berge einfielen; dennoch soll die Stadt Gottes sein lustig bleiben mit ihren Brünnlein, da die heiligen Wohnungen des Höchsten sind. Gott ist bei ihr drinnen, darum wird sie wohl bleiben; Gott hilft ihr frühe."

Auch die äußeren Verhältnisse der einzelnen Gemeindeglieder gestalteten sich immer besser. Aus der großen Armut und Dürftigkeit, in welche fast alle geraten waren, arbeiteten sie sich unter Gottes Segen immer mehr heraus; die klimatischen Fieber, wiewohl noch immer wiederkehrend, bewiesen sich in der Folge nicht mehr so gefährlich und forderten nicht mehr so viele Opfer, als es anfänglich der Fall gewesen war. So faßten denn auch die Leute einen fröhlicheren Muth, und je mehr sie ein solcher fröhlicher Muth beseelte, und sie der wunderbaren Wege Gottes gedachten, die er sie geführet hatte: um so entschlossener wurden sie auch, die äußeren drückenden kirchlichen Verhältnisse zu heben und das Allernotdürftigste zu beschaffen. Schon im Sommer 1839 legte die Gemeinde Hand an's Werk, ein zweistöckiges Pfarrhaus zu bauen, in dessen oberem Raum in Ermangelung einer Kirche der Gottesdienst gehalten wurde. Desgleichen wurde im Jahre 1841 dem Mangel eines Schulhauses abgeholfen, denn bis dahin hatte die Schule teils unter schattigen Bäumen, teils in einer elenden Hütte abgehalten werden müssen. Am 3. Advent genannten Jahres wurde das neuerbaute Schulhaus zur Freude der ganzen Gemeinde, und besonders der lieben Jugend und ihres teuren Lehrers, feierlich eingeweiht. Ihr Lehrer war Hr. F. Winter, der auch gegenwärtig noch einer Klasse der Schule vorsteht, und nun seit 25 Jahren der hiesigen Gemeinde unter vielen Beschwerden im Schulamte treulich gedient hat. Er ist ein auf einem preußischen Institut tüchtig gebildeter Mann, wurde dort in den 1830er Jahren wegen seines entschiedenen Festhaltens an dem lutherischen Bekenntnis; und seines Zeugnisses gegen die falsche Union seines Amtes entsetzt, war dann eine Zeitlang Hauslehrer in einer lutherischen Familie, schloß sich im Jahre 1838 der Stephan'schen Auswanderung an, um hier ohne staatliche Hindernisse der lutherischen Kirche, die er lieb hatte, im Schulamte dienen zu können. Das hat er, ohne Ruhm und Ehre zu suchen, in herzlicher Demut, die seine größte Zierde ist, treulich getan, hat als eine JEsum über Alles liebende Seele die ihm anvertraute Kinderschaar fleißig zu dem großen Lämmerhirten Christo hingewiesen, und ist über solcher seligen Arbeit dem Leibe nach alt und schwach geworden, sein Geist aber ist munter und fröhlich in dem HErrn seinem Gott, nach den Worten des Apostels: Ob unser äußerer Mensch verweset, so wird doch der innerliche von Tag zu Tage verneuert.

Am 14. März des Jahres 1844 legte die Gemeinde den Grundstein zu einer neuen Kirche. Die Zahl der Gemeindeglieder hatte sich bedeutend vermehrt, so daß ein größerer Raum erforderlich war, und der Raum, wo bisher der Gottesdienst gehalten worden war, eignete sich auch nicht gut dazu;

darum wünschte die Gemeinde Nichts sehnlicher, als daß sie doch zu einem eignen Gotteshause gelangen möchte. Als ihr nun die Brüder in St. Louis mit einer Geldunterstützung zu Hülfe kamen (denn Geld war damals noch ein sehr rarer Artikel), so legten sie frisch und fröhlich die Hand an's Werk; denn Alle hatten Liebe zum Werke, und darum ging es auch gut von Statten, trotzdem, daß nur sehr wenig Mittel dazu vorhanden waren. Fast alle Gemeindeglieder arbeiteten selbst mit daran, und zwar viele unter solchen Verhältnissen, daß sie heute an der Kirche und morgen für ihr eigen täglich Brod arbeiten mußten. Es war aber die Liebe zu Gottes Wort, die das Werk leicht machte, und alle Schwierigkeiten überwinden half. Nach einem Jahr konnte die ziemlich geräumige Bruchstein-Kirche schon eingeweiht werden, und wer fühlte sich dabei wohl glücklicher als die hiesige Gemeinde? Das ist auch ein Exempel, daß nicht nur reiche, sondern auch arme Leute eine Kirche bauen können, wenn sie nur ein Herz für die Sache haben. Da geht das Kirchenbauen am leichtesten, wo der Glaube die Mittel schafft und die Liebe die Arbeit tut, und wo man den lieben Gott den rechten Baumeister sein läßt.

Wir lassen hier noch einige Worte aus der Abschrift eines Dokuments, das im Grundstein der Kirche niedergelegt ist, folgen. Sie lauten (an die Nachkommen gerichtet) also: „Und hiermit wollen wir schließen, und befehlen Euch dem dreieinigen Gott Vater, Sohn und heiligen Geist, der euch erschaffen, erlöset und in der heiligen Taufe geheiliget hat. Er lasse Euch in diesem, oder in einem anderen Gotteshause allezeit sein reines und unverfälschtes Wort hören, und helfe Euch viel Früchte desselben bringen im wahren Glauben, in rechtschaffener Liebe und allem guten Werk. Solltet Ihr aber von dem Bekenntniß Euerer Väter, von der ungeänderten Augsburgischen Konfession und dem lutherischen Katechismo abgewichen sein, so bitten und beschwören wir Euch bei Eurer Seelen Seligkeit,

Lutherische Kirche in Perry County.

daß Ihr eilends wieder umkehret und Gott um Gnade und treue Lehrer brünstig anruft, die Euch sein teures Wort nach evangelisch - lutherischem Bekenntnis lehren, nach welchem Ihr dann auch heilig als die Kinder Gottes leben und selig sterben wöget, welches Euch und uns Gott helfen wolle durch unseren HErrn JEsum Christum. Amen."

So sah nun die Gemeinde ihren Wunsch, ein eignes Gotteshaus zu haben, erfüllt, und es hieß nicht nur ein Gotteshaus, wie viele Kirchen nur so heißen, in der That aber Teufels-Kapellen sind, weil falsche Lehre darinnen gepredigt wird; sondern es war ein Gotteshaus, mit dem allerköstlichsten Kleinode, mit der lauteren Predigt des göttlichen Wortes geziert und geschmückt. Es war eine Wohnung des HErrn, eine Stätte, wo er seines Namens Gedächtnis; gestiftet hatte, wo er mit seiner Gemeinde in seinem Worte redete, und wo die Gemeinde mit ihm redete im einmütigen, gläubigen Gebet. Darüber waren alle Christen sehr froh, und freueten sich der lieblichen Stunden in den Vorhöfen des HErrn; den Teufel aber verdroß es, und er suchte wieder Streit, zu erregen, fand auch bald dazu eine Gelegenheit in der Gemeinde, als es sich um Handhabung des heilsamen Instituts der Privat-Beichte handelte. Hierüber läßt sich ein Gemeindeglied, das den Streit mit durchgemacht hat, schriftlich also vernehmen:

„Doch wie der Teufel immer ein Störenfried ist, der den Christen die rechte Einigkeit und Gemeinschaft nicht gönnt, so fing er auch hier einige Jahre nach den ersten Stürmen einen neuen Streit an in Betreff der Privat - Beichte. Dies in der lutherischen Kirche zu Recht bestehende Institut, das man in den Zeiten des Rationalismus auch hatte fallen lassen, suchten unsere Pastoren in ihren Gemeinden wieder aufzurichten, und zwar nicht auf Grund falscher Lehre, als sei die Privat-Absolution wesentlich etwas Anders, als die allgemeine

Absolution, auch nicht in der Weise, als hätten sie einen Zwang daraus machen wollen; sondern sie hoben nur das Heilsame und Tröstliche dieses Instituts hervor, und priesen es ihren Gemeinden an, in dem Bewußtsein, daß der liebe Gott sein Evangelium gegeben hat, auf mancherlei Weise Rat und Hülfe wider die Sünde zu schaffen, wie auch die schmalkaldischen Artikel sagen, da es heißt: „ „Wiederum gibt das Evangelium nicht einerlei Weise Trost und Vergebung, sondern durch's Wort, Sakrament u. dergl., wie wir hören werden, auf daß die Erlösung je reichlich sei bei Gott, wie der Psalm 130, 7. sagt, wider die große Gefängnis der Sünden."" Etliche große Geister meinten hierin einen papistischen Sauerteig zu finden, und warfen sich zu Reformatoren in dieser Sache auf; einige von ihnen wurden wahre Quäler der Pastoren. Es ist empörend, daran zu gedenken, wie namentlich zwei von diesen Leuten den selig verstorbenen, um die Kirche Gottes treu verdienten Pastor Löber behandelten und ein ungerechtes Mißtrauen gegen ihn in der Gemeinde zu erwecken suchten. Sie citirten Stellen aus Luther's Schriften, die er gegen den Greuel der papistischen Ohrenbeichte geschrieben hat, und zogen damit gegen die im XI. Artikel der Augsb. Confession verteidigte Privat - Absolution los, ohne den wichtigen Grundsatz zu bedenken: „„Wer gut unterscheidet, lehrt gut."" Hauptsächlich waren es diejenigen Glieder der Gemeinde, die in dieser Sache mit Unverstand eiferten, die später in die chiliastische Schwärmerei verfielen und von der Gemeinde abgingen." — So weit das Gemeindeglied.

Dieser Streit wurde dadurch noch mehr angefacht, daß der „Lutheraner" in Jahrg. 4, Nr. 11 ff., einen Aufsatz „über die Schlüsselgewalt, die Absolution und die Beichte" von Harleß brachte, in welchem folgender Passus vorkam: „Die Vollmacht, Sünde zu vergeben, ist mit der, das Evangelium zu predigen, welche ihnen alsbald nach ihrer Berufung erteilt wird (Matth. 16, 7.), nicht ein und dieselbe. Denn etwas Anderes ist es, lehren, durch wen und wie man Vergebung der Sünden erlangen könne; etwas Anderes, diese Vergebung wirklich mitteilen. Die Predigt des Evangelii ergeht an alle Menschen ohne Unterschied; die Vergebung der Sünden aber wird nur den Bußfertigen erteilt und soll ihnen, nachdem Christus sich zur Rechten des Vaters gesetzt, durch seine Jünger in derselben Kraft zu Teil werden, in welcher er selbst sie während seines Wandels auf Erden erteilt hat. . . . . Wäre unter dem Erlassen der Sünden nur die Predigt des Evangeliums, unter dem Behalten die Ankündigung göttlicher Strafe zu verstehen, so hätten die Worte Christi den nichtssagenden Sinn: Welchen ihr das Evangelium predigt, denen wird es gepredigt, welchen ihr Gottes Zorn ankündigt, denen wird er angekündigt." Dieser Satz wurde nun von Einigen hoch angefochten, und das mit gutem Recht; denn angenommen, der Verfasser hatte einen richtigen Sinn mit seinen Worten verbunden, so daß er nämlich nur sagen wollte: Nicht Allen, denen das Evangelium gepredigt wird, werden auch die Sünden vergeben, sondern nur den Bußfertigen, und sodann, daß die besondere Absolution für ein angefochtenes Gewissen tröstlicher und glaubensstärkender sei, als die allgemeine Absolution in der öffentlichen Predigt des Evangeliums: so führen doch seine Worte, wie sie lauten, zu einem falschen Verstande von der Absolution, als sei nämlich die Privat-Absolution wesentlich von der allgemeinen Predigt des Evangeliums unterschieden. Das war aber keineswegs die Lehre der hiesigen Prediger, auch nicht die Lehre des „Lutheraners"; denn letzterer zitiert in den nächsten Nummern die Worte Luther's aus der Kirchenpostille, da es heißt: „Kein christlicher und evangelischer Prediger kann den Mund auftun, er muß eine Absolution sprechen." Es stellte sich dann auch bald heraus, daß die Harleß'schen Worte, ohne irgend welche Bemerkung, durch ein Versehen im „Lutheraner" abgedruckt worden waren, und die Aufregung darüber wurde niedergeschlagen.

Wir können nun mit der Geschichte unserer Gemeinde in dieser Periode zum Ende eilen, weil wir nichts besonderes mehr zu berichten haben. Es sei hier nur noch erwähnt, daß sich die Gemeinde nach dem Vorgang ihres Hrn. Past. Löter im Jahre 1848 der evangelisch-lutherischen Synode von Missouri, Ohio und anderen Staaten anschloß, was ihr später in den chiliastischen Streitigkeiten sehr zu Statten gekommen ist, wie der nächste Abschnitt unserer Geschichte lehren wird. Darum erwähnen wir denn auch hier den Anschluß an die Synode, um vielleicht die eine oder die andere Gemeinde auf die Wichtigkeit ihrer Zugehörigkeit zu einer rechtgläubigen Synode aufmerksam zu machen, was freilich erst in ausgebrochenen Lehrstreitigkeiten innerhalb der Gemeinde recht erkannt wird. Vielleicht stünde die hiesige Gemeinde jetzt noch im Kampf mit den Chiliasten, wenn sie nicht die Synode zur Seite gehabt hätte, die ihr wahrlich treulich beigestanden ist. Das will sie hiermit öffentlich rühmen, um etwaige Vorurteile gegen die Synode hinwegzuräumen, und an ihren gemachten Erfahrungen allen Gemeinden zu zeigen, wie wichtig es ist, daß sie mit einer rechtgläubigen Synode, die auch an ihren Predigern wirklich Lehrzucht übt, in Verbindung stehen.

Das Jahr 1849 war für die hiesige Gemeinde ein verhängnißvolles Jahr; es war das Todesjahr ihres vielgeliebten Pastors Löber. Die furchtbare Seuche der Cholera, die damals in ganz Amerika grassierte, verbreitete sich auch hieher, und die Zahl derer, die ihr zum Opfer fielen, war nicht geringe. Gemeinde und Pastor taten während dieser ernsten Zeit Alles, was sie konnten, der Not abzuhelfen; erstere durch eine geordnete Krankenpflege, letzterer durch unermüdliches Besuchen und Trösten den Kranken und Sterbenden. Pastor Löber blieb zwar für seine Person von der Cholera verschont; aber durch vieles Krankenbesuchen und Reden an den Gräbern Dahingeschiedener hatte er seine Kräfte verzehrt, in Folge dessen ihn am 1. August genannten Jahres ein Brustfieber überfiel, das bald in ein tödtliches Nervenfieber überging. Wir können es nicht unterlassen, dem Seligen, dessen Andenken unter uns im Segen fortlebt, auch hier ein Denkmal zu setzen, indem wir eine kurze Beschreibung von seinem Leben und Wirken geben.

Gotthold Heinrich Löber war geboren am 5. Januar 1797 zu Kahle, im Herzogtum Altenburg, woselbst sein Vater, den er durch einen frühzeitigen Tod verlor, Superintendent war. Von frühster Jugend auf von seiner frommen, verwittweten Mutter in der Zucht und Vermahnung zum HErrn erzogen, empfing er seinen ersten Unterricht in der Knabenschule zu Kahle, wo damals ein „noch ziemlich unverfälschter Katechismusunterricht" gegeben wurde, der in dem Herzen des wohlerzogenen Knaben tiefe Wurzel schlug. Als er sein 13. Lebensjahr zurückgelegt hatte, kam er auf das Gymnasium zu Altenburg, wo er fünf Jahre verweilte. Hier wurde zwar das zarte Glaubensleben in ihm nicht gepflegt, weil der Religionsunterricht, wie damals fast überall, durch und durch rationalistisch war; doch erhielt der HErr das Fünklein des Glaubens, das in seinem Herzen war, daß es nicht gänzlich erlosch, was sich auch in seinem Leben kund tat. Im Jahre 1816, nachdem er sein 18. Lebensjahr zurückgelegt hatte, bezog er die Universität Jena. Aber auch von dieser Schule, die lange ein Fels und Hort der Rechtgläubigkeit gewesen war, war die reine Lehre gewichen, und Rationalisten, wie Gabler, waren hier die „Herren des hausbackenen theologischen Verstandes," die hochgefeierten Lichter der Welt. Von diesen heillosen Rationalisten wandte sich unser Löber mit Entschiedenheit ab, und erwählte sich solche Lehrer, die damals als die ersten Träger des neu aufgehenden evangelischen Lichtes zu

Jena galten. — Nach wohlbestandenem Examen, in welchem er Christum, als den wahrhaftigen Gott und das ewige Leben, frei und fröhlich bekannte, wurde er im Jahre 1819 Kandidat des heil. Predigtamtes. Bald darauf erhielt er einen Ruf cls Hauslehrer in einer adeligen Familie, in welchem Amte er fünf Jahre blieb, bis er im Jahre 1824 einen Ruf in das Pfarramt Eichenberg bei Kahle erhielt. Dort hat er in die 14 Jahre (bis zur Auswanderung) als ein treuer Wächter auf Zions Mauern die Posaune des göttlichen Wortes helle geblasen, so daß seine Stimme weit über seine Gemeinde hinausreichte, und viele auswärtige Liebhaber des göttlichen Wortes zu seiner Predigt kamen. Denn obwohl der Selige damals noch nicht so in der Lehre gegründet war, wie später, da er als ein ausgezeichneter Verteidiger der reinen lutherischen Lehre, besonders gegen die Buffalo- Synode, auftrat: so predigte er doch entschieden Christum als den alleinigen Weg des Heils, ohne welchen Niemand zum Vater kommen und selig werden könne. Seine lutherische Gesinnung, und daß er wußte, was seiner Zeit not tat, legte er dadurch klar an den Tag, daß er in dem lutherischen Jubeljahre 1830 eine Denkschrift der Augsburgischen Confession in Druck herausgab, und daß er im Jahre 1834 mit Herausgabe einzelner, für das Volt geeigneter Schriften Luther's den Anfang machte. *)

Wie aber ein Mensch (freilich durch seine eigene Schuld), durch viele Irr- und Ab-, Kreuz- und Querwege, der Wahrheit

---

*) „Was wünschten wii mehr," sagt er in einer handschriftlichen Nachricht, „als daß wir noch eifriger und besser, als es geschehen ist, gegen alles Unwesen (als Rationalismus, Unionismus 2c.) gezeugt und gestritten hätten! Aber wir waren selbst zu schwach im Glauben, und waren in manchem fruchtlosen Kampf matt geworden, daß wir nicht nöthig, vereint und standhaft genug den Feind angriffen, sondern uns mit halber Duldung, die man uns noch angedeihen ließ, begnügten und uns auf einen kleinen Kreis christlicher Freunde zurückzogen, die mit uns die Not der Kirche beseufzten und auf Hülfe und Errettung von oben sehnlichst harrten."

immer näher geführt wird, wenn er anders aufrichtig ist, und die Wahrheit von Herzen sucht: so auch unser teurer, hochbegnadigter und nun in Gott seliger Pastor Leber. In den 1830er Jahren trat auch er, wie mehrere andere um den greulichen Verfall der luth. Kirche hochbekümmerte Männer in die Bekanntschaft mit dem für eine Säule der luth. Kirche geltenden Past. Stephan in Dresden, und schloß sich demselben innig au. Dieser Anschluß bewirkte zwar, daß er in mancher Hinsicht in der Erkenntnis der lutherischen Lehre zunahm, und zum Eifer für das Wohl der lutherischen Kirche immer mehr angeseuert wurde; er hatte aber auch zur Folge, daß er auf's Neue in viele greuliche Irrtümer in der Lehre gerieth, die er von Stephan mit annahm, in Folge dessen er sich dann auch zu solchen unverantwortlichen Handlungen mit hinreißen ließ, daß er sein rechtmäßiges Predigtamt niederlegte u. s. w. und, sich der Auswanderung anschloß. Aber Gott sei Lob und Dank! er hat später Alles herzlich bereut und bitterlich beweint; oft, oft hat er seine göttliche Traurigkeit, die da wirket eine Reue zur Seligkeit, über seine Irrwege öffentlich an den Tag gelegt *) und sich des nicht geschämt, darum er auch viel Vergebung erlangt hat, denn er liebete viel. Gott läßt es den Aufrichtigen gelingen. Weil er nun eine Nathanaelsseele ohne Falsch war, die Jesum aufrichtig liebte, und die volle Wahrheit suchte, so ließ es ihm Gott auch gelingen, daß er aus dem

---

*) „Eine besonders große Schuld — schreibt er — hatten wir Pastoren, die wir zwar wiederholt um unsere Entlassung aus unseren Ämtern nachgesucht und fast alle dieselbe erhalten hatten, aber doch unsere anvertrauten Gemeinden zum großen Schmerz aus Stephan's Rat treulos verließen. Wir müssen zur Ehre der Wahrheit und zur Warnung unserer Nachkommen bekennen, daß leider! bei der ganzen Art und Weise unserer Auswanderung auch noch viele andere Sünden begangen wurden, wiewohl in Irrtum und Unwissenheit. Namentlich wurden viel unnötige Aufwände gemacht, die Zurückbleibenden durch liebloses Richten vielfach geärgert, die Behörden zu wenig respektiert und Stephan's sast alleinige Anordnungen so blindlings befolgt, daß wir, wie mit verbundenen Augen, auch über das Meer ihm nachfolgten."

Labyrinth der Stephan'schen Irrtümer heraus, und zur vollen' Klarheit und Festigkeit in der lutherischen Lehre kam, bei welcher er auch bis an sein Ende treulich verblieben ist.

Als Prediger und Seelsorger war unser seliger Pastor Löber ein treuer Haushalter über Gottes Geheimnisse und ein liebliches Vorbild seiner Herde im Wort, im Wandel, in der Liebe, im Geist, im Glauben, in der Keuschheit. Es ist keine Eigenschaft und Tugend, die der Apostel von einem treuen Prediger fordert, der er nicht mit Ernst nachtrachtete und sie in Uebung zu bringen suchet Wenn wir seine gewesenen Beichtkinder von ihm reden hören, so wissen wir nicht, welche christliche Tugend wir am meisten an ihm bewundern sollen. Wollen wir der Kürze wegen Alles mit einem Wort ausdrücken, so sagen wir: Er war seiner Gemeinde ein Vater im vollsten Sinne des Worts. *) Damit hat er sich auch ein unauslöschliches Denkmal der Liebe und der Hochschätzung in den Herzen aller seiner Beichtkinder gesetzt.

Von seiner besonderen Begabung läßt sich sein mit ihm sehr vertraut gewesener Biograph (weil. Hr. Past. Gruber) also vernehmen: „Seine schönen Kenntnisse in dem ganzen Worte Gottes, das ihm durch tägliches Lesen, Betrachten und Lehren sehr bekannt war, in den alten Sprachen, in der

---

*) Doctor Vehse laßt sich also von ihm Vernehmen: „Alle, die Herrn Past. Löder in Deutschland gekannt, werden mi! mir darin übereinstimmen, daß er eine der ausgezeichnetsten Persönlichkeiten war. Er genoß in Altenburg, seinem Vaterlande, eine durchgehende Verehrung; jede Lästerung mußte verstummen, wenn man sein amtliches und Familienleben in Eichenberg sah. Aller Herzen, und nicht bloß die unserer Gemeinde, flogen ihm auch in Amerika entgegen. Der Ausdruck seines Gesichts und seiner Gestalt, die der des Johannes auf jenen berühmten Tafeln von Dürer sehr gleich kam, die Würde seiner Haltung, seine sanfte und liebliche Stimme, das durchaus Anspruchslose seines ganzen Wesens mußte einnehmen. Seiner Predigten gedenke ich mit der dankbarsten inneren Bewegung; unvergeßlich wird mir namentlich die eine bleiben, die er über die Woite: „„Simon Johanna, hast du mich lieb?"" in dem Oberraume der Christ-Church zu St. Louis am 2. Osterfeierlage hielt."

grammatischen und praktischen Exegese, darin er mit viel Scharfsinn den Sinn einzelner Schriftstellen zu ermitteln und anzuwenden begabt war, in der Dogmatik, da er fast in alle Glaubenslehren durch innere und äußere Kampfe sich hineingelebt hatte, in der Kirchen- und Weltgeschichte, die er vorzuglich liebte, in der Homiletik, Pastorale, Liturgik und Casuistik, welche letztere er aus natürlicher Neigung und Drang der Umstände fleißig trieb, in der Geographie, Mathematik und Astronomie, in der deutschen Sprache und ihren Schätzen, alle diese Pfunde schöner Kenntnisse wandte er als guter und treuer Haushalter nicht zu seiner Ehre und Nutzen, sondern zum Unterricht der zum Predigtamt heranzubildenden Jünglinge und zum Besten der Kirche an. Daß er die Gabe der Lehrhaftigkeit in reichem Maße besaß, zeigte sich auch bei diesem Unterricht. . . . Hätte er der Welt gedient, so könnte er wohl ein berühmter Diplomat geworden sein. Er gebrauchte aber diese Gaben, um damit den inneren Frieden der Kirche zu fördern, Mißverständnisse zu beseitigen, Getrennte wieder herbeizuführen, Zerwürfnisse zu heilen. Aber auch sonst bewies er sich in seinem Amt als ein Bote und Kind des Friedens. Schon nach seinem Naturell war er von den Zornaufwallungen des cholerischen Temperaments frei, und durch die Gnade Christi konnte er die Bösen mit Sanftmut tragen. Um streitende Parteien zu versöhnen, konnte er fast ganze Tage lang seine Kraft in ermahnender und vermittelnder Rede verzehren, und es war ihm eine große Freude, wenn es ihm endlich gelang, Friede zu stisten. Selig sind die Friedfertigen, denn sie werden Gottes Kinder heißen! das wird auch an unserem Löber erfüllt werden. Ebenso wußte er auch der abgeirrten Schase sich anzunehmen und sie durch wiederholte freundliche Ermahnung zur Herde zurückzuführen. Dabei hatte er wohl Acht auf die Lehre und widerstand den falschen Geistern aller Art, die in die Gemeinden Christi einzubrechen suchen; nach Gottes Gebot schied er sich von allem vertraulichen Umgang mit ihnen, obwohl er die allgemeine Liebe zu üben nie unterließ und in seinem Hausgottesdienst täglich für alle Menschen betete. Dagegen hielt er treulich und fleißig Gemeinschaft mit Allen, die den HErrn anrufen aus reinem Herzen. Den älteren Amtsbrüdern war er ein treuer, aufrichtiger Freund, den jüngeren dazu ein väterlicher Berater. Sein gastfreies Haus stand ihnen zu jeder Zeit offen sowie Allen, die Herberge bedurften. D<u>em Geiz war er heftig feind</u>. Ein verstorbener Freund sagte einst scherzend von ihm: Löber'n darf man kein Geld anvertrauen, denn er weiß nicht damit umzugehen, er gibt Alles wieder weg. Wie viel er an den Armen seiner Gemeinde in Deutschland getan, wie er der Kinder ärmerer Freunde, insonderheit seiner Pathen, sich angenommen, das wird vor Gott und Menschen unvergessen bleiben. Und als er selbst nach seiner Ankunft in Amerika fast verarmt war, teilte er doch mit treuem Herzen von dem Wenigen mit, was er hatte, und sing bald wieder an reichlicher mitzuteilen, sowie seine Einkünfte wieder zunahmen. . . . Auch in die Ferne ließ er sein Bächlein ausfließen, sammelte für Mission und dürftige Glaubensgenossen und hielt auch seine Haus- und Kirchgemeinde zu solchen Liebeswerken an. Daß er hart und eigennützig bei der Einnahme seiner Besoldung sich bewiesen, dessen wird wohl auch kein Feind ihn zu beschuldigen wagen. In jeder Hinsicht hielt er sich mäßig, war gelinde und nachgebend, so lange er mit gutem Gewissen konnte, wußte aber auch zu rechter Zeit Strenge zu gebrauchen."

Mit welchem Eifer er für das Reich Gottes im Allgemeinen gewirkt hat, davon brauchen wir hier weiter Nichts zu sagen; es ist aus dem, was an anderen Orten in diesen Blättern von ihm gesagt worden ist, sattsam zu ersehen. Er war auch ein tätiger Mitarbeiter am „Lutheraner", wovon die ersten Jahrgänge desselben Zeugnis geben. Sein wunderschönes

Lied im „Lutheraner", Jahrg. 1, Nr. 4, ist nach unserem Erachten ein Meisterstück der christlichen Poesie. Seine im Jahre 1848 bei einer Synodalversammlung in St. Louis gehaltene Pastoralpredigt über die Privatseelsorge, die in Nr. 5, Jahrg. 5 des „Lutheraners" mitgeteilt ist, ist mit einem Wort ein reicher Schatz der Erfahrung, die ein jeder, und besonders wir jüngeren Prediger, fleißig lesen sollten. *) Dem Schreiber dieses wurde schon vor 14 Jahren, als er noch ein Zögling des praktischen Seminars zu Fort Wayne war, von einem seiner teuren Lehrer (Prof. Crämer), diese Predigt fleißig zu lesen dringend empfohlen; und schon damals machte diese Predigt einen solchen Eindruck auf ihn, daß er den teuren Verfasser, den er nie kennen gelernt hatte, auch im Tode lieb gewann. Und so oft (man gestatte uns dieses Bekenntniß) so oft Schreiber dieses heute noch des sel. Past. Löber gedenkt, so oft muß er bekennen und sagen: Lieber Gott, ich bin nicht wert ihm die Schuhriemen aufzulösen, viel weniger einer der Nachfolger eines so hoch begnadigt gewesenen Mannes im Pfarramte an derselben Gemeinde zu sein! Oft schon ist uns sein Andenken von großem Nutzen gewesen, wenn etwa ein Gemeindeglied in diesem oder jenem Fall sagte: So und so handelte da und dort der selige Pastor Löber, und siehe! wir hatten einen guten Rat gefunden. Darum soll auch sein Gedächtniß nie aus unserem Herzen und sein Bild nie von unsern Augen kommen, sondern uns eine stete Mahnung an die Pflichten unsers verantwortungsvollen Amtes sein, auf daß wir auch am jüngsten Tage als ein treuer Arbeiter, wie unser seliger Vorgänger,

---

*) In der Synodal-Rede vom Jahre 1850 heißt es von ihm: „An unserem Löber hat sie — die Synode — ihre Krone, ihren Vater in Christo, ihr leben. tiges Vorbild eines erfahrenen und rechtschaffnen Dieners der Kirche in Lehre und Leben, im Weiden und Streiten, in freundlicher Liebe und ehrfurchtgebietendem Ernste, ihren wohl brünstigsten Fürbitter, furz, einen Mann verloren, der sich für sie zur Mauer machte und wider den Riß stand."

durch Gottes Gnade erfunden werden mögen. Das hilf uns, o HErr JEsu!

Auch des Familienlebens des Seligen müssen wir hier mit Wenigem Erwähnung tun. — Im Jahre 1825, ein Jahr nach seinem Amtsantritt, verehelichte er sich mit der ältesten Tochter des Pastor Zahn zu Wasserthaleben, die ihm bis an sein Ende eine fromme und treue Hausfrau gewesen ist. Er zeugte mit ihr fünf Kinder, von denen zwei frühzeitig starben, drei aber, zwei Söhne und eine Tochter, noch am Leben sind. Beide Söhne haben Theologie studiert, und stehen bereits im heil. Predigtamte, der älteste schon bei Lebzeiten des Vaters. Die hinterlassene Wittwe starb selig in ihrem Heiland am 16. Juli 1852 in der Wohnung ihres Schwiegersohnes, des Herrn Cantors Bünger in St. Louis, an der Cholera.

Wie aber alle Kinder Gottes, so hat auch unser sel. Pastor Löber durch viel Trübsal in's Reich Gottes eingehen müssen. Welch schweres Kreuz er hier in den ersten Jahren der Ansiedlung zu tragen gehabt hat, das ist wohl einigermaßen aus den in diesem Abschnitt erzählten Zuständen zu entnehmen, übrigens läßt es sich nicht genugsam beschreiben. Auch hatte er einen siechen Körper, ein heftiges Magen- und Kopfleiden, was durch viele anstrengende Arbeiten noch vermehrt wurde, und ihn folglich vor der Zeit alt machte. Er hatte sich bereits am Wagen Gottes müde gezogen, des Tages Last und Hitze redlich getragen; darum erbarmte sich der HErr seines treuen Knechtes, und spannte ihn aus und brachte ihn zur ewigen Ruhe im Himmel. Seine letzte Predigt hielt er am 8. Sonntage nach Trinitatis, worin er seine Gemeinde noch treulich vor den falschen Propheten warnte. Diese Begebenheit ist darum so merkwürdig, weil sein nächster Nachfolger im Amte ein falscher Prophet geworden ist, der die Herde zerrissen hat. Oft hat. er seine Gemeinde vor dem Chiliasmus gewarnt, gleich als hatte er eine Ahnung davon gehabt, was nach seinem Abscheiden der hiesigen Gemeinde bevorstehen werde. Als er sich am 1. August des Jahres 1849 krank zu Bette legte, ahnte er noch nicht, daß sein Ende so nahe war; denn wiewohl sein Leib sehr schwach war, so war doch sein Geist noch stark in ihm, und sein Mund war voll Lobes und Dankes. Aber bald wurde es ihm klar, daß sein Stündlein vorhanden war, er fühlte sein nahes Ende. Mit dem 11. Sonntage nach Trinitatis, da man predigt von dem gerechtfertigten Zöllner im Tempel, war sein Todestag angebrochen. Früh Morgens ließ er sich noch von einem seiner Zöglinge die Absolution sprechen und von seinen Sünden entbinden, ließ sodann die Seinen vor sein Bette kommen, und vermahnte sie zum Bleiben bei der reinen Lehre in der Furcht Gottes, und tröstete sie. Als der letzte Augenblick herannahte, richtete er sich noch im Bette auf, und rief: „HErr JEsu, da hast du meine Seele!" Bald darauf entschlief er, des heil. Geistes Trostes voll, im Alter von 52 Jahren, 7 Monaten und 14 Tagen — am 19. August 1849. Am 21. August wurde sein entseelter Leichnam, von seiner leidtragenden Gemeinde an's Grab geleitet, zur Erde bestattet. Er ruht in der Mitte des hiesigen, freundlich gelegenen Gottesackers unter einer schattigen Eiche. Der ihm gesetzte Grabstein führt die Inschrift: „Hier ruhet in Gott Gotthold Heinrich Löber, treuverdienter Pastor zu Altenburg, geb. den 5. Januar 1797 zu Kahle, gest. den 19. August 1849 zu Altenburg, Perry Co., Mo. — Daniel 12, 3.

Nach dem Tode des seligen Pastors Löber schritt die Gemeinde zu einer neuen Predigerwahl. Von den aufgestellten Kandidaten siel die Wahl zunächst auf Hrn. Pastor Brohm, der damals noch an der luth. Gemeinde in, New-York stand, welcher aber den Beruf nicht annahm. Es wurde nun eine neue Wahl vorgenommen, die auf Herrn Pastor G. A. Schieferdecker, damals in Illinois wohnhaft, siel, der dem Ruse Folge leistete, und am Fest der Erscheinung Christi 1850 sein

Amt hier antrat. Mit großer Liebe und Hochachtung wurde er von der Gemeinde aufgenommen, und anfangs genoß er das vollste Vertrauen der ganzen Gemeinde; aber nicht lange währte es, als, durch verkehrte Handlungen Past. Schieferdecker's herbeigeführt, das Vertrauen der Gemeinde zu ihm erschüttert wurde. Wie sich die Sache zugetragen hat, das wollen wir hier erzählen, bemerken jedoch, daß wir es lieber nicht getan hätten, wenn uns nicht Past. Schieferdecker durch seine greuliche Entstellung dieser Sache dazu gezwungen hätte. Es handelt sich hier nämlich um drei Handlungen Past. Schieferdeckers, durch welche die Gemeinde nach und nach in ihrem Vertrauen zu ihm irre gemacht wurde.

1. Bald nach seinem Eintreffen hier sing Past. Sch. an den rhythmischen Gesang in den öffentlichen Gottesdiensten einzuführen. So löblich nun auch sein Eifer in dieser Beziehung an sich sein mochte, so eiferte er doch mit Unverstand, indem er die pastorale Weisheit und Klugheit hintenansetzte, und nicht zuvor die Gemeinde über diese Sache zu belehren und sich mit ihr in Einverständnis zu setzen suchte. Der hiesige Kantor, Herr Lehrer Winter, den er zur Einführung des rhythmischen Gesanges anfangs zu bewegen suchte, war zwar aus ihm triftigen Gründen nicht sehr dafür eingenommen, erklärte aber, nach seiner allgemein bekannten Bereitwilligkeit zu allem Guten und Löblichen, daß er gleich dazu bereit fei, wenn er nur von der Gemeinde einen Auftrag dazu erhalte. Aber anstatt daß nun Past. Sch. diesen ihm von Herrn Lehrer Winter angedeuteten Weg, erst die Gemeinde für sein Unternehmen zu gewinnen, hätte einschlagen sollen, so tat er es doch nicht, sondern fuhr auf eigne Faust hin fort, ohne Mitwirkung der Gemeinde sein Vorhaben hinauszuführen. Erstlich sammelte er einen kleinen Chor um sich, mit dem er rhythmische Melovieen einübte; aber auch dieser Chor verließ ihn bald, weil er wieder ein ganz nnweises Verfahren einschlug. Denn nicht

nur sang er selbst, weil zu schnell und taktlos, ganz un rhythmisch, sondern er suchte auch seinem Chor die alten Weisen dadurch zu verleiden und recht widerlich zu machen, daß er ihm das Singen dieser Weisen, wie es von der Gemeinde geschah, auf eine ganz verstellte und abscheuliche Weise vormachte. Das wollte aber der Chor, der meist aus willigen jungen Leuten bestand, nicht leiden, und wies ihm die Fersen. Darauf schlug er einen noch viel taetloseren und unweiseren Weg ein. Er sammelte nämlich, ohne sich zuvor mit der Gemeinde besprochen zu haben, Unterschriften in der Gemeinde für den rhythmischen Gesang, um auf diesem Wege die Mehrheit der Stimmen für seine Methode zu bekommen, und sie sodann mit Einem Schlag in der Gemeinde zur Geltung bringen zu können. Diesen Kunstgriff hatten viele der Unterschreiber nicht geahnt, und als sie nun sahen, wo Past. Sch. hinaus wollte, zogen sie sich, entrüstet darüber, zurück. Mit der Gemeinde aber, die wahrlich nicht mehr von gestern her war, hatte es Past. Sch. in diesem Stück verdorben. Denn wiewohl es sich hierbei nur um die Einführung einer an sich geringfügigen Ceremonie handelte, so wollte doch die Gemeinde ihre Freiheit behaupten, und sich nicht in eigenmächtiger Weise von ihrem Pastor, und ohne ihre Zuratezeihung, Etwas aufhalsen lassen, was an sich ein freies Mittelding war, und wodurch sie sich um Nichts gebessert sah. Sie war also nicht sowohl gegen den rhythmischen Gesang an sich, als vielmehr gegen die Art und Weise, wie er eingeführt werden sollte. Daß die Gemeinde sich dem widersetzte, darin handelte sie recht. Mag eine Ceremonie auch noch so löblich und lieblich sein: soll sie aber einer Gemeinde mit Gewalt und Hinterlist aufgedrungen werden, so soll und muß sie sich widersetzen, wenn sie anders ihre Freiheit behaupten will. Etwas Anders wäre es gewesen, wenn Past. Sch. den Weg der Belehrung und Ueberzeugung eingeschlagen hätte, er würde wenigstens eher zum Ziele gekommen sein; aber auch dann hätte er sich noch bescheiden müssen, wenn die Gemeinde seine Ueberzeugung in diesem Stück nicht hätte teilen können, Was ist aber damit ausgerichtet, daß man eine Ceremonie, die doch zur Seligkeit nichts hilft, eigenmächtig und mit Hinterlist einzuführen sucht? Gar Nichts, sondern vielmehr richtet man damit einen zwiefachen großen Schaden an: Erstlich, daß man durch ein solch unweises Verfahren der Einführung auf rechtem Wege, durch Zustimmung der Gemeinde nämlich, nur ein um so größeres Hindernis in den Weg legt; und zum Andern, daß man durch ein solch herrschsüchtiges Verfahren das zum segensreichen Wirken so nötige Zutrauen der Gemeinde verscherzt. Diese Erfahrung hat Past. Sch. hier auch gemacht, und es wäre nur zu wünschen gewesen, daß er dieselbe für spätere Zeiten besser benützt hätte. Ist doch die Erfahrung in diesen Stücken die beste Lehrmeisterin eines Predigers, und wer auf sie fleißig Acht gibt, der wird weise. Um aber durch Erfahrung weise zu werden, muß ein Prediger zuvor in der Geduld geübt werden. Darum setzt auch der Apostel Geduld und Erfahrung zusammen, wenn er sagt: „Geduld aber bringet Erfahrung," d. i., es will geduldig zugewartet sein, wenn man liebliche Erfahrungen machen will. Dann wird auch in Erfüllung gehen, was der Apostel weiter hinzusetzt: „Erfahrung aber bringet Hoffnung; Hoffnung aber läßt nicht zu Schanden werden." — So viel von dem ersten Punkt, wodurch Past. Sch. ein Mißtrauen gegen sich in der Gemeinde hervorrief, was er aber als „Zündstoff in der Gemeinde" bezeichnete, ohne zu bedenken, daß er selbst mit eigner Hand den Feuerbrand in den vermeintlichen Zündstoff hineingeworfen hatte.

2. Als Pastor Schieferdecker sein Amt hier antrat, lag in der Gemeinde ein Kirchenzuchtsfall vor, der zwar an sich nicht von so schwieriger Art war, im Verlauf der Verhandlungen aber von nicht geringer Schwierigkeit wurde, weil die

Gemeinde unter der Leitung ihres Pastors nicht immer das richtige Verfahren in diesem Handel einschlug, welches sie hätte einschlagen sollen. Der Fall war kürzlich dieser: Ein Gemeindeglied, dessen Tochter an einen damals hier lebenden Doctor verheiratet war, holte eines Tages seine Tochter, ohne Vorwissen ihres Mannes, aus dessen Hause wieder in sein Haus zurück, weil unter den jungen Eheleuten Zwistigkeiten ausgebrochen waren. Als nun der Doctor, nach Hause zurückkehrend, den argen Streich, daß ihm sein Schwiegervater seine Frau heimlich fortgeführt hatte, üme wurde, forderte er dieselbe wieder zurück; und als sich der Schwiegervater der Zurückgabe derselben beständig weigerte, verklagte ihn der Doctor bei der hiesigen Gemeinde wegen heimlicher Wegführung und nachmaliger Zurückhaltung seiner Frau. Der Gemeinde konnte das Urteil über diesen Fall nicht schwer sein, weil es von Seiten des Vaters eine offenbare Sünde wider das 10. Gebot war; sie mußte den Vater dazu anhalten, daß er seine Tochter an ihren rechtmäßigen Mann verabfolgen ließe, und die junge Frau mußte sie anhalten, daß sie zu ihrem Manne zurückkehre, bei ihm bleibe und tue, was sie schuldig sei. Aber weder der Vater noch die Tochter nahmen die Vermahnung an, daß sie ihr Unrecht wieder gut gemacht hätten; denn weil sich auch noch das Gerücht verbreitet hatte, daß der Doctor früher schon einen Ehebruch begangen habe — seit welcher Zeit er aber wieder eine Frau gehabt hatte, die ihm durch den Tod entrissen worden war — so setzten Vater und Tochter ihren Kopf um so mehr auf, und in einer Gemeindeversammlung kam es endlich so weit, daß der Vater sich von der Gemeinde lossagte und fortlief. Hätte nun die Gemeinde klüglich gehandelt, so hätte sie diesen Mann, der alle bessere Belehrung verachtete, fahren lassen, und ihn als Emen, der sich von Gott und seiner Gemeinde mutwillig losgerissen habe, vor öffentlicher Gemeinde bekannt gemacht. Aber — nein; noch einmal bindet die Gemeinde mit dem

Manne an, und ladet sich eine ganz unnötige und nutzlose Last auf den Hals. Nun kommt es so weit, daß der Mann in den Bann getan werden soll. Die ganze Gemeinde ist einig bis auf einen Mann. Dieser Mann sagt zwar, daß er der Gemeinde kein Gewissen machen könne noch wolle, wenn sie den Bann vollziehe; er könne aber für seine Person den Bann nicht mit vollziehen helfen. Statt daß nun aber die Gemeinde, ehe sie den Bann an jenem Manne vollzog, mit diesem, der nicht mit ihr bannen wollte, zuvor hätte handeln sollen, so tat sie es doch nicht, weil Past. Schieferdecker sagte: „Nun, wenn er uns keine Vorwürfe deswegen machen will, so können wir in Gottes Namen den Bann vollziehen." Ein Gemeindeglied sagte zwar, in einer so wichtigen Sache könne keine Neutralität gelten; es wurde aber nicht beachtet, und so wurde der Bann vollzogen. Daß das aber eine fehr verkehrte Handlungsweise war und üble Früchte tragen mußte, war leicht vorauszusehen. Es währte auch nicht lange, so kam dieser Mann, der sich von der Vollziehung des Bannes zurückgezogen und versprochen hatte, der Gemeinde deshalb keine Vorwürfe machen zu wollen, mit seinen Beschwerden darüber an die Gemeinde. , Da saß nun die Gemeinde da, und war so klug, wie zuvor. Was sollte sie nun tun? Sie wandte sich endlich mit der Bitte an Hrn. Präses Wyneken, daß er doch herkommen und die Gemeinde beraten möchte. Er kam, und seine Erklärung lautete dahin, daß zwar der Bann, an jenem Mann vollzogen, ein verdienter sei, daß aber die Gemeinde den argen Formfehler begangen, daß sie nicht mit völliger Einstimmigkeit den Bann vollzogen habe, und daß folglich der Bann ungültig fei. Dies wurde auch von der Gemeinde erkannt und der Bann widerrufen; jedoch mit der Bemerkung, daß der Mann seine Sünden erkennen und bekennen müsse, wenn er in gliedlicher Gemeinschaft mit der Gemeinde bleiben wolle. Das tat der Mann, und die Sache war mit ihm zu Ende. Was aber die Sache mit der jungen Frau betrifft, die heimlich von ihrem Manne fortgelaufen war, und nicht wieder zurückging, davon wollen wir weiter Nichts sagen, weil Past. Schieferdecker am besten weiß, wie er in dieser Sache gehandelt hat. Nur das wollen wir noch bemerken, daß ein Teil der Gemeinde damals schon inne wurde, daß Past. Schieferdecker wankte und schwankte, indem er auf die Seite jener Leute überging, die in Kirchenzucht standen und der Gemeinde viel Not bereitet hatten. — In wiefern dieser Kirchenzuchtsfall aber ein „Zündstoff in der Gemeinde" gewesen ist, davon Past. Sch. in seinem Büchlein sagt, das wird seinem Herzen noch wohl bewußt sein; es ist daraus ein „Zündstoff" geworden, aber durch seine größte Mitschuld.

3. Im Jahre 1853 erhielt Past. Schieferdecker einen Beruf von der luth. Gemeinde in New Orleans, die ihren teuren Past. Volk durch den Tod verloren hatte; und wie die Verhandlungen der Gemeinde in dieser Angelegenheit verlaufen sind, das wollen wir hier auch mitteilen. — Bald nach Empfang des Berufs ließ Past. Sch. die Vorsteher der Gemeinde zu sich kommen, erklärte ihnen, daß er einen Berns von New Orleans erhalten habe, und fügte gleich hinzu: „Ich bin durch Gottes Gnade gewiß geworden, daß es ein göttlicher Beruf ist, und daß ich denselben annehmen muß; noch mehr: auch meine Frau, die eine so große Furcht vor der in New Orleans herrschenden Epidemie hatte, hat diese Furcht überwunden und ist bereit, dahinzuziehen." Die Vorsteher, als sie solche Entschlossenheit aus dem Munde Past. Schieferdeckers hörten, wußten nicht, was sie sagen sollten, so sehr waren sie bestürzt; endlich sagte einer: Ich glaube, die hiesige Gemeinde ist wichtiger, als die in New Orleans. Sodann ist jenes ein Missionsplatz, und ich glaube nicht, sprach er zu Past. Sch., daß Sie dahin passen. Past. Sch. antwortete: „Eben darum bin ich gerade jener Gemeinde vorgeschlagen worden, weil dort ein

Missionsfeld ist, denn das Missioniren ist immer meine größte Lust gewesen." Als er nun sah, daß die Vorsteher ganz verdutzt da saßen, sagte er: „Will mich nun die Gemeinde nicht ziehen lassen, so hat sie es auf ihr Gewissen zu nehmen" — und damit gingen die Vorsteher von dannen. — In der nächsten Gemeindeversammlung legte Past. Sch. der Gemeinde diese Sache vor, teilte ihr auch seinen gefaßten Entschluß mit, und sagte endlich, daß, wenn die Gemeinde ihn nun nicht ziehen lassen wolle, sie es auf ihr Gewissen zu nehmen habe. Das Letztere wies die Gemeinde gleich von sich ab, indem bemerkt wurde, wenn er göttlich überzeugt sei, so müsse er gehen, und so habe die Gemeinde Nichts auf ihr Gewissen zu nehmen. Nachdem nun dies vorläufig abgewiesen worden war, so kam die Sache selbst zur Verhandlung. Da stellte es sich denn merkwürdiger Weise heraus, daß die Vorsteher zu derselben Ueberzeugung mit Past. Sch. gelangt waren, daß sie den Beruf als einen göttlichen ansehen müßten, was sie auch vor der Gemeinde aussprachen, und diese (die Gemeinde) kam auch zum Teil zu der Ueberzeugung, daß sie Past. Sch. ziehen lassen müßte. Die Gründe dafür waren folgende:

1. Weil Past. Sch. sich in seinem Gemüt dahin geneigt und gelenkt fühlt, den Ruf als einen Ruf vom HErrn anzunehmen;

2. weil dieser Beruf gänzlich ungesucht an ihn gelangt ist;

3. weil er von einem Ort kommt, der selbst an sich schon den Beruf als wichtig erscheinen läßt;

4. von einer Gemeinde, die so sehr betrübt ist, und zwar unter solchen Umständen, wo der Glaube des Hrn. Pastors sehr auf die Probe gestellt ist.

5. Nach mancherlei Kämpfen, Gebet, Flehen und Tränen hat Past. Sch. die Stimme im Herzen gefühlt: es ist wohl der Ruf des HErrn, und so ist er für seine Person zu der Ueberzeugung gekommen, daß er gehen soll.

6. Jene Gemeinde bittet die hiesige dringend, unseren Hrn. Pastor ziehen zu lassen, welche Bitte wir nicht unbeachtet lassen dürfen, weil

7. unser Herr Pastor die für jenen Ort erforderlichen Gaben hat; und

8. namentlich weil wir von der Not jener Gemeinde überzeugt sind.

Dies sind laut des Gemeinde-Protokolls die Gründe, die Past. Sch. und ein Teil der Gemeinde für die Annahme jenes Berufs aufgestellt hatten. Der andere Teil aber, der gegen die Annahme des Berufs von Seiten Past. Schieferdeckers war, hatte auch vier Gründe für seine Verweigerung aufgestellt, unter denen der eine also lautet: „Wir erachten uns nicht verbunden dasjenige herzugeben, was wir selbst gebrauchen." (Zu deutsch: Ich bin mir selbst der Nächste.) Betrachtet man nun die acht aufgestellten Gründe für die Annahme des Berufs, und besonders die öftere Aussprache Past. Schieferdeckers, daß er von der Göttlichkeit des Berufs überzeugt fei: so sollte man denken, es wäre auch bald zur Annahme des Berufs gekommen. Dem ist aber nicht so; Past. Sch. machte eine solche merkwürdige Wendung in dieser Angelegenheit, daß viele Gemeindeglieder darüber in das größte Erstaunen versetzt wurden. Die Sache war die: In der nächstfolgenden Versammlung trat Past. Sch. auf und las der Gemeinde einige Zeilen von einer hier lebenden Wittwe vor, die ihn bat, er möge doch bei dieser Gemeinde, die ihn lieb habe, bleiben. Diese Zeilen hatten einen solchen Eindruck auf Past. Sch. gemacht, daß er der Gemeinde erklärte: „So lange nun noch ein Gemeindeglied gegen die Annahme des Berufs ist, so lange werde ich nicht gehen." So war mit einem Male, wie weggrasiert, die <u>göttliche</u> Ueberzeugung Past, Schieferdeckers fort, und die Vorsteher, sowie die übrigen Gemeindeglieder, die mit Past. Sch. für die Annahme des Berufs gewesen waren, saßen da, ganz beschämt, als hätte ihnen ein Hühnlein das Brod genommen, und wußten nicht, was sie sagen sollten. Und nicht genug, sie mußten auch von den Andern den Vorwurf hören: sie hätten ihren Paster gerne forthaben wollen. Kurz und gut, Past. Sch. nahm den Beruf nicht an, sagte aber der Gemeinde, daß sie dennoch ein Opfer bringen und ihn auf eine Zeitlang der Gemeinde in New Orleans überlassen müsse.*) Die Gemeinde ging darauf ein, und am 24. Februar 1854 reiste Past. Sch. dahin ab, und im Monat September desselben Jahres kehrte er von dort wieder zurück. Nach seiner Rückkehr freute er sich, daß er wieder da sei; denn während seines Aufenthalts in New Orleans habe ihm sein Gewissen oft sagen wollen, er müsse den Beruf annehmen, da sei er aber mit einem Mal durch einen Brief von einem alten Mann aus Altenburg aller Bedenken enthoben worden. Nun sei er von aller Menschen-Knechtschaft los, er wolle sich nicht, der Synode zu Gefallen, in New Orleans vom gelben Fieber hinraffen lassen u. s. w.

    Hierzu bemerken wir nochmals, daß wir diesen Handel gar nicht erwähnt hätten, wenn Past. Sch. denselben in seinem Büchlein nicht so gar entstellt hätte. Dann sagte er: Nach meiner Rückkehr (von New Orleans) durfte ich mich eines

---

*) Wenn man das, was Past. Sch. hierüber in seinem Büchlein schreibt, liest, so scheint es Einem, als konne der Mann nicht mehr richtig denken. Nachdem er einen Brief von Hrn. Präses Wyneken, in welchem ihm derselbe zur Annahme des Berufs ernstlich geraten hatte, erwähnt hat, schreibt er: „Unmittelbar nach dem Schreiben Wynekens lief ein Schreiben von New Orleans ein, welches mich meines Berufes enthob, indem sich die dortige Gemeinde, weil ihr die Besetzung von St. Louis aus zu lange gedauert hatte, mit einem unirtevangelischen Prediger versehen hatte. Natürlich konnte ich unter diesen Umständen nicht meine Entlassung von der Gemeinde nehmen, aber doch trieb mich die Sorge, daß durch die unverschuldete Verzögerung in dieser Berufssache dort großer Schade geschehen sein möchte, die Gemeinde zu bitten, mich auf eine Zeit, lang der Gemeinde in New Orleans zu überlassen.' — Wir fragen: Warum geht er noch nach New Orleans, wenn sich die dortige Gemeinde schon selbst versorgt hatte?

neuen Vertrauens und neuer Liebe von Seiten der ganzen Gemeinde erfreuen; alles Mißtrauen schien vergessen und begraben zu sein, und Gott schenkte der Gemeinde Ruhe und Frieden von außen und innen zu einem gesegneten Fortbau auf dem gelegten Glaubensgrund." Was Past. Sch. hier von dem Vertrauen der ganzen Gemeinde sagt, darin irrt er sich sehr; die Sache stand vielmehr so: Durch sein wankendes und schwankendes Benehmen, besonders in der Berufssache mit New Orleans, war bei vielen Gemeindegliedern das Vertrauen zu ihm in seinen innersten Gründen erschüttert worden, und sein ferneres Benehmen und Handeln konnte ihnen dasselbe nicht wieder geben. Natürlich hielten sie Ruhe und Frieden, weil sie als Christen wohl wußten, daß man einen Prediger nicht um bloßer Schwachheiten willen zu entfernen suchen, sondern, wie sich die alten Theologen auszudrücken pflegten, auch einen „morose n" (d. i. verdrießlichen) Prediger dulden und tragen soll. „Sollen Leute in Einigkeit bei einander sein oder bleiben, es sei in dir Kirche oder auch weltlichem Regiment, so müssen sie nicht alle Gebrechen gegen einander auf der Goldwage abrechnen, sie müssen lassen einander fast viel mit dem Wasser fürüber gehen und immer zu gut halten; .so viel auch immer möglich mit einander Geduld haben." (Apologie, Art. 4.) So dachten auch diese Leute, die in ihrem Vertrauen zu Past. Sch. irre geworden waren. Sie waren stille, so lange er keine falsche Lehre auf die Kanzel brachte. Denn daß er mit der Synode in der Lehre nicht einig war, und daß er Mißtrauen gegen dieselbe zu verbreiten suchte, das war ihnen auch wohl bekannt. Er hat zwar immer bei den Synodalversammlungen Einstimmigkeit mit der Synode geheuchelt; bei seinen Gemeindegliedern aber hat er z. B. über das Buch: „Die Stimme unserer Kirche in der Frage von Kirche und Amt" schändlich losgezogen und die Gemeinde der Synode zu entfremden gesucht. Das alles trugen aber die Leute mit

Geduld, weil sie seiner Dissensus mit der Synode mehr für gekränkte Ehre und vergleichen hielten, so lange er kein fremdes Feuer auf den Altar brachte. Die Zeit war aber nicht mehr ferne, wo er als ein unverbesserlicher falscher Lehrer offenbar werden sollte, wie der nächste Abschnitt lehren wird. Hier sei nur noch zuvor erwähnt, daß Past. Sch., wenn er in seinem Büchlein den Streit über den Chiliasmus einleitet, sich wieder als einen echten geistlichen Falschmünzer beweist, indem er die Sache so darstellt, als hätte die Synode den Streit angefangen. Wir hoffen aber, mit Gottes Hülfe im nächsten Abschnitt den Fuchs aus seinem Versteck hervorzutreiben, und allen <u>unbefangenen</u> Lesern zu zeigen, daß Past. Sch. ein falscher Prophet und ein Wolf ist, der hier die Herde zerrissen hat.

Dritter Abschnitt.

Der Kampf der hiesigen Gemeinde um Reinerhaltung der Lehre gegen chiliastische Schwärmerei.

Motto: „Denn das weiß ich, daß nach meinem Abschied werden unser euch kommen greuliche Wölfe, die der Herde aufstehen Männer, du da verkehrte Lehren reden, die Jünger in sich zu ziehen." Ap. Gesch. 20, 29. 30.

Mit dem Wort Chiliasmus pflegt man die Lehre von einem noch zu erwartenden tausendjährigen herrlichen Reich Christi auf Erden, das vor dem jüngsten Tage kommen soll, zu bezeichnen. — Die Chiliasten, d. i. die Leute, die eine solche Lehre führen, sind unter sich selbst nicht einig, sondern in verschiedene Klassen und beinahe unzählige Abstufungen zerteilt. Doch kommen die Meisten von ihnen darin überein, daß vor dem Ende der Welt eine doppelte Zukunft Christi, eine doppelte Auferstehung des Fleisches, und ein irdisch herrliches Reich Christi und eine Herrschaft der Gläubigen über die Gottlosen zu erwarten sei. — Daß diese Lehre keinen Grund in Gottes Wort hat, sondern schnurstracks wider dasselbe läuft, ist je und je von allen rechtgläubigen Lehrern klar nachgewiesen worden. Denn was hierin die Lehre der Väter der Reformationszeit, sowie aller rechtgläubigen Lehrer im 16. und 17. Jahrhundert gewesen ist, läßt sich füglich in folgende Sätze zusammenfassen:

1. Die Kirche Christi ist und bleibt ein Kreuzreich; sie wird vom Teufel, von Tyrannen und Ketzern bedrängt und geängstigt. Sie hat keine völlige Erlösung zu erwarten als bis am jüngsten Tage. Je näher aber dem jüngsten Tage, desto greulichere Zeiten sind zu erwarten.

2. Alle Zeichen des jüngsten Tages an Sonne, Mond und Sternen, an der Erde und an dem Meere, an Völkern u. s. w. sind so weit erfüllt, daß wir keine anderen mehr erwarten dürfen.

3. Das Evangelium ist bereits zur Apostelzeit aller Creatur gepredigt, die unter dem Himmel ist. Seitdem geht die verheißene Bekehrung der Heiden fortwährend in Erfüllung; eine allgemeine Bekehrung der Heiden ist nicht zu erwarten.

4. Ebenso wenig ist auch eine allgemeine Bekehrung der Juden zu hoffen, wenn gleich immer Etliche aus ihnen noch wie ein Brand aus dem Feuer gerissen werden.

5. Der andere Hauptfeind der Christenheit, das römische Papsttum, ist schon durch's Evangelium gerichtet; jedoch wird seiner erst ein Ende gemacht werden durch die Erscheinung JEsu Christi zum jüngsten Gericht.

6. Die 1000 Jahre der Offenbarung St. Johannis sind <u>nicht erst mehr zu erwarten, sondern haben</u>, nach Luther's Erklärung, schon zur Apostelzeit ihren Anfang genommen.

7. Daher ist endlich nichts Anders mehr zu erwarten, als der jüngste Tag, der jeden Augenblick hereinbrechen kann.

Was aber hiergegen die Chiliasten für ihre falsche Lehre anführen, das entnehmen sie den prophetischen Büchern der heiligen Schrift, deuten es dann aber nicht nach den hellen, klaren Stellen und nach der Regel des Glaubens, sondern nach ihrem Wahn, wie es in ihrem Kram paßt. Sie geben vor, weil sie keinen einzigen klaren Spruch der heiligen Schrift anführen können, sie hätten in dem prophetischen Wort ein höheres Licht bekommen, und geben ihre Meinungen, die sie in die Schrift hineintragen, für eine auf unmitelbare Erleuchtung des heiligen Geistes gegründete Auslegung aus.

Daß nun diese chiliastische Lehre gegen ausdrückliche Glaubensartikel verstößt, als: von der täglich zu erwartenden Zukunft Christi zum Gericht, von der allgemeinen Auferstehung der Toten am jüngsten Tage und von der Kreuzesgestalt des Reiches Christi hier auf Erden, und folglich in die grundloseste Schwärmerei stürzt, das hatte auch der größte Teil der hiesigen evangelisch-lutherischen Gemeinde ungeänderter Augsburgischer Confession klar erkannt. Und als nun diese Schwärmerei auch in ihrer Mitte ihr Schlangenhaupt erhob, so trat sie derselben ernstlich mit klaren Schriftgründen entgegen. Dem HErrn der Kirche aber sei ewig Lob und Dank gesagt, daß er sie durch diesen Kampf hindurch geführt und der Wahrheit den Sieg verliehen hat.

Wir schicken uns nun an, teils auf Grund der Aussagen von zehn unbescholtenen und glaubwürdigen Zeugen, teils und vornehmlich auf Grund der uns vorliegenden durchaus glaubwürdigen Gemeinde-Protokolle, einen wahrheitsgetreuen geschichtlichen Bericht von dem Anfang, Fortgang und Ende dieses Streites der Kirche vorzulegen. Wir sind es unseren Kindern und Nachkommen schuldig, einen gründlichen Bericht darüber zu hinterlassen, um was es sich hier in diesem Streit eigentlich gehandelt hat, nämlich um das teuerste Gut der Christen, um Reinerhaltung der Lehre gegen eine elende Schwärmerei.

1. Der Anfang des Streits. Laut des Gemeinde-Protokolls vom 6. April 1856 wurde in der Gemeindeversammlung der Antrag gestellt, ob es nicht gut sei, der diesjährigen hier in Altenburg abzuhaltenden westlichen Districts-Synodalversammlung der allgemeinen evang.luth. Synode von Missouri, Ohio und anderen Staaten

folgende Frage vorzulegen: „Da gegenwärtig hier und in Deutschland so viel von einem noch zu erwartenden tausendjährigen herrlichen Reich Christi hier auf Erden- geredet und geschrieben wird: welche Lehre hat die Synode in diesem Stück?" Mit dieser Frage wurde der von der Gemeinde für die betreffende Synodalsitzung gewählte Deputierte beauftragt, sie der Synode ehrerbietigst vorzulegen. Hier entsteht nun zunächst die Frage: Was war der Beweggrund zu dem an die Gemeinde gestellten Antrag, und was für Beweggründe hatte die Gemeinde, genannte Frage an die Synode gelangen zu lassen? Wir antworten: Der Beweggrund lag in der der Gemeinde augenscheinlich drohenden Gefahr, in die gefährliche Schwärmerei von einem noch bevorstehenden herrlichen Reich Christi hier auf Erden, in welchem, nach Vertilgung aller Gottlosen, eitel Heilige leben sollen, verstrickt zu werden. — Es hatte nämlich der damalige Pastor der Gemeinde, Hr. G. A. Schieferdecker, schon hin und wieder, privatim und öffentlich, auf und unter der Kanzel, ausgesprochen, daß noch eine massenhafte Bekehrung der heutigen Juden bevorstehe, und daß noch eine herrliche Zeit für die Christenheit in Aussicht sei. Diese süßen Träume brachte er auch in seiner Predigt am Epiphanias - Feste 1856 bei der Erklärung von Iesaias 60. vor, und zwar so gravierend, daß es mehreren Gemeindegliedern ärgerlich wurde. Eines dieser Gemeindeglieder ging bald darauf zu ihm, und widersprach dem, wag mit großer Bestimmtheit von Pastor Schieferdecker in der Predigt der Gemeinde als Gottes Wort vorgetragen worden war. Erstlich, daß noch eine massenhafte Bekehrung der Juden Statt finden werde. Die Juden als Volk, sagte das Gemeindeglied, hätten einmal das Licht (Ies. 60, 1.) gehabt, es aber wieder von sich gestoßen, und darum würden sie es als Volk nie wieder bekommen, wenn auch immer noch Etliche aus ihnen wie ein Brand aus dem Feuer gerissen würden. Und was die herrliche Zeit, die der Christenheit noch bevorstehen solle, beträfe, so stände davon Nichts weder im Alten noch im Neuen Testamente, sondern vielmehr sage die heilige Schrift das Gegenteil, daß nämlich das Reich Christi hier auf Erden ein Kreuzreich sein und bleiben werde, daß es, seinem Heilande nach, die Dornenkrone tragen müsse, bis es im Himmel mit Preis und Ehren gekrönt würde. Pastor Schieferdecker aber wollte davon Nichts wissen, sondern versuchte das betreffende Gemeindeglied zu seiner Meinung zu bekehren, und empfahl ihm fehr dringend die chiliastische Auslegung der Offenbarung Johannis von Bengel. *)

Ferner: Noch ehe die Frage wegen des Chiliasmus an die Synode kam, hatte Past. Schieferdecker seinen Standpunkt in dieser Lehre auch klar damit kund getan, daß er eines Tages zu Herrn Lehrer Winter kam und sagte: Lesen Sie das einmal, das ist meine volle Ueberzeugung. Was war denn das? Es war ein Aufsatz aus der Erlanger „Zeitschrift für Protestantismus und Kirche," in welchem der Chiliasmus unumwunden ausgesprochen war. In einem Aufsatz genannter Zeitschrift, betitelt: „Das prophetische Wort von der Kirche," heißt es also: „Es genügt nicht, einfach auf den 17. Artikel der *Augustana* zu verweisen und damit etwa jene eschatologischen Fragen abzuweisen. Die in jenem Artikel ausgesprochene Verwerfung anabaptistischer Schwärmerei hat nur negative, nicht aber positive Bedeutung; sie dient nur der Wahrheit der Rechtfertigungslehre, nicht aber der eschatologischen Erkenntnis. Und darum lassen wir uns auch diese nicht von den Nordamerikanern in die engeren Grenzen des Bekenntnisses einschränken, sondern erweitern die bekenntnißmäßige Wahrheit zum Verständnis; der Schrift.

*) Auch in dem Hause eines Gemeindegliedes über Tisch kaw der Chiliasmus zur Sprache und wurde von Past. Schieferdecker vertreten, so daß der Hausvater die Bibel hernahm und zeigte, daß des Pastors Reden damit nicht stimmten.

„Die verschiedenen Zeiten legen der Kirche und ihren Vertretern verschiedene Aufgaben auf.... wir sind frei genug, hierin einen Mangel bei der Reformation zu erblicken und auch ausdrücklich aufzuzeigen. Luthers Auslegung von Röm. 11. auf der einen Eeite und die Antieivationen der anabaptistischen Schwärmerei in der Reformationszeit auf der anderen sind hiefür genügender Beweis. Noch dauert die Zeit der Völker, so muß also auch das Reich Gottes in seiner irdischen Verwirklichung einst Volksgestalt annehmen, und eben hiefür wird Israel als Volk wunderbar bewahrt. Die Schrift redet vom zukünftigen Reiche Gottes als einem sichtbaren, irdischen. Es bedarf also einer irdischen Basis, eines dazu ausgesonderten natürlichen Materials. Darum ist die Bekehrung und Wiederherstellung Israels die Voraussetzung jener Gestalt des Reiches Gottes."

Herr Lehrer Winter, als er Vorstehendes gelesen hatte, war auf das Höchste über Past. Sch.'s gefährliche Stellung erschrocken, und dachte bei sich selbst:, ach, wohin ist doch der gute Mann schon gekommen, und wohin wird er kommen, wenn er auf der betretenen Bahn fortgeht! Denn, dachte er, es ist unmöglich, daß bei solchem Wahn noch länger echt lutherische Theologie bestehen kann; ein solcher Sauerteig muß bald den ganzen Teig durchsäuern. — Von diesem chiliastischen Aufsatz redete Past. Sch. auch bei anderen Gemeindegliedern in der Weise, daß das in demselben aufgesteckte Licht groß sei, und zu wünschen wäre, daß er von Jedermann gelesen werde. Darum empfahl er denselben auch anderen Gemeindegliedern recht dringend. Statt daß er also vor dieser Giftpflanze hätte warnen sollen, empfiehlt er sie vielmehr als eine geistliche Lebensessenz. Statt daß er als ein treuer Seelsorger seine chiliastisch gesinnten Gemeindeglieder aus dem Labyrinth dieser Schwärmerei hätte herauszureißen suchen sollen, führt er sie mit aller Macht tiefer hinein. Hingegen schilt er diejenigen

Gemeindeglieder, die seiner Schwärmerei entgegentreten. Mit großer Betrübnis nahmen daher manche der gefördertsten Gemeindeglieder wahr, daß ihr Seelsorger in einem Irrtume befangen sei, befahlen in ihrem Gebet die Sache Gott, und hofften, er werde noch wieder herauskommen. Und wiewohl nun etliche bei sich beschlossen, den oben angeführten Antrag an die Gemeinde zu stellen, der Synode die Frage von den letzten Dingen vorzulegen: so geschah es doch ohne alle Verletzung des Past. Sch., und ohne den geringsten Bezug auf ihn zu nehmen. *) Darum als jener Antrag in der Gemeinde gestellt wurde, hatte auch Past. Sch. Nichts dagegen einzuwenden, sondern sagte nur: „Nun, ich habe ja aber den Chiliasmus noch nicht gepredigt!" Ueber diese Antwort, daß er den Chiliasmus noch nicht gepredigt habe, möge der geneigte Leser nach den vorhin erwähnten Vorgängen urteilen, so wird er leicht einsehen, wie viel Wahres in dieser Aussage enthalten ist. Auch kann ein jeder leicht erkennen, wer die Ursache des Streits gewesen ist. Wir geben gerne zu, ja, bekennen es, daß Gott nach seinem weisen Rat, um der Lauheit, Trägheit und Sicherheit der Gemeinde willen eine Sichtung über sie verhängt hatte, auf daß die Rechtschaffenen offenbar würden. Past. Sch. aber ließ sich zum Satan gebrauchen, die Versuchung über die Gemeinde herbeizuführen. So kam nun die Zeit der hier abzuhaltenden Districts-Synodalversammlung herbei, und die Gemeinde tat, wie sie beschlossen hatte. Herr Past. Sch. formulierte selbst die Fragen, die der Synode vorgelegt wurden. Sie lauten also:

1. „Welche Lehre hat die Synode über die an die zweite Zukunft geknüpften Ereignisse, insonderheit über die Hoffnung von einer noch bevorstehenden

---

*) Pastor Schieferdecker selbst war es, der schon lange vor der Synode zu einem seiner Gemeindeglieder sagte, er wolle die Lehre von den letzten Dingen zur Behandlung vor.die Synode bringen.

Bekehrung Israels, Herrschaft Christi über alle Reiche und Völker, tausendjährigen Reich 2c.?"

2. „Sieht die Synode einen Dissensus in diesen Dingen für einen solchen Dissensus (d. i. Widerspruch) des Glaubens an, der die kirchliche Einheit aufhöbe?"

Die Synode sah die große Wichtigkeit der Behandlung dieses Gegenstandes, sonderlich vom tausendjährigen Reiche, bald ein, und war bereit, näher darauf einzugehen. Wie gründlich sie das getan hat, dafür legt der Synodalbericht der zweiten Sitzungen des westlichen Districts vom Jahre 1858 Zeugnis ab, worauf wir den geneigten Leser hier verwiesen haben wollen. Wir wollen hier nur das Ergebnis kurz mitteilen. — Die Lehre vom tausendjährigen Reich, sagt die Synode, die durch keine Stelle der heiligen Schrift gestützt sei, könne nimmermehr die rechte sein, weil dadurch helle, klare Glaubensartikel, die im Worte Gottes fest gegründet sind, umgestoßen würden, nämlich:

1. Die Lehre von der Kirche, als einem verdeckten, verborgenen Reiche Christi, einem Kreuzreich voll Angst und Trübsal, so daß Alle, die gottselig leben wollen, Verfolgung leiden müssen, einem kleinen Häuflein. - Es stehe ja geschrieben, daß immer nur wenig Auserwählte unter den Berufenen sind, und das Unkraut wachsen werde unter dem Weizen, bis an den Tag der Ernte.

2. Die Lehre von einer allgemeinen Auferstehung aller Toten am jüngsten Tage, die so deutlich in der ganzen Schrift gelehrt, und stets in der Kirche Alten und Neuen Testaments geglaubt worden ist, wie Martha sagt, sie wisse wohl, daß ihr Bruder am jüngsten Tage auferstehen werde; wie Joh. 6. Christus spricht: „Das ist der Wille deß, der mich

gesandt hat, daß, wer (wer immer) den Sohn stehet und glaubet an ihn, habe das ewige Leben, und ich werde ihn auferwecken am jüngsten Tage," und wie wir demgemäß auch in der Auslegung des 3. Artikels so deutlich bekennen. Es sei auch Offenb. Joh. 20. von einer leiblichen Auferstehung zum tausendjährigen Reich gar keine Rede, sondern davon, daß die Seelen der unl des Zeugnisses JEsu willen Enthaupteten darin leben.

3. Die Schriftlehre vom jüngsten Tage selbst, daß dieser plötzlich kommen wird, wenn man ihn auf Erden am wenigsten erwartet, also daß er jeden Tag kommen kann, wie denn auch alle Zeichen vorhanden, daß er uns nahe bevorsteht.

Nachdem die Synode nach zweitägiger gründlicher Erörterung des Gegenstandes zur rechten Klarheit und Festigkeit aus Gottes Wort in diesem Stück gekommen war, gab sie der hiesigen Gemeinde folgende Antworten auf ihre Fragen:

Ad 1. a. „Wir verwerfen die Lehre, daß eine allgemeine oder doch noch nie dagewesene, besonders zahlreiche Bekehrung der Juden vor dem jüngsten Tage nach Rom. 11, 25. 26. u. a. Stellen bevorstehe und gehofft werden müsse, als eine unbiblische und zu falschen, chiliastischen Vorstellungen von der Kirche führende Lehre,

b. Wir verwerfen und verdammen jede Art des Chiliasmus, nach welchem gelehrt wird, daß noch vor dem jüngsten Tage eine Zeit zu erwarten sei, in welcher der Teufel nicht mehr auf Erden Gewalt und Einfluß haben, Christus sichtbar wieder kommen, alle Völker christianisiert werden und alle verstorbenen Gläubigen oder eine Anzahl derselben leiblich auferstehen und mit Christo in einer neuen, bis dahin nicht stattgefundenen Weise über alle Heiden regieren würden; wir erkennen jede Auslegung folgender und ähnlicher Schriftstellen: Offenb. 20., Ap. Gesch. 1., Pf. 67., Dan. 2. und ?. u. s. f., wenn diese dergleichen Lehre enthält, für eine falsche und für eine Verkehrung der Schrift, da diese Lehre der Ähnlichkeit des Glaubens, nämlich den Artikeln von der Natur des Reiches Christi in der Welt, von der allgemeinen Auferstehung der Toten, vom jüngsten Tage und von der Wiederkunft Christi zum Gericht, entgegen ist.

Ad 2. Obwohl die Synode jede bezeichnete Art des Chiliasmus für ebenso falsch als verderblich erklärt, so hält sie doch dafür, daß auch ein wahrer Christ in diesen Irrtum fallen könne; sie hält es daher für ihre Pflicht, solchen, die in diesen Irrtum gefallen sind, wenn sie sonst der reinen Lehre ergeben sind, ihren Irrtum nicht lehren noch zu verbreiten suchen, und sich der Belehrung offen zeigen, nicht alsobald die Bruderhand und die kirchliche Gemeinschaft zu versagen; sie achtet es aber ebenso für ihre Pflicht, Alles zu versuchen, um solche irrende Brüder zu dem reinen Bekenntnis auch in diesen Punkten zu führen."

Die Verpflichtung hierzu wurde durch mündlichen Ausspruch aller einzelnen Glieder der Synode an den Tag gelegt, und geschah von allen (mit Ausnahme der Pastoren Schieferdecker und Gruber [des Schwiegervaters von Past. Schieferdecker] und eines Deputierten) von ganzem Herzen, obgleich mit tiefer Trauer, daß ein solches Zeugnis unter uns überhaupt nötig geworden, und mit der gewissen Hoffnung, Gott, der bisher fi wunderbar die Einigkeit unter uns erhalten, werde unser Gebet auch jetzt dahin erhören, daß die irrenden Mer, zur Erkenntnis der Wahrheit erleuchtet, endlich mit sprachen der Synode ihren Dank aus für die ihnen erwiesene Liebe und erneuerten ihre früher gegebene Versicherung.

Hier wolle doch nun der liebe Leser gütigst merken, wie dieser Streit vor die Synode gekommen ist. Unsere chiliastischen Widersacher wollen gerne die lügenhafte Meinung verbreiten, als wären sie ohne allen Grund, so Knall und Fall, vor das Forum der Synode gefordert und ohne Weiteres der Bannstrahl über sie verhängt worden. Das ist aber eine mutwillige Verdrehung des geschichtlichen Tatbestands. Denke dir doch, lieber Leser, ganz ohne Erwarten wird der Synode die betreffende Frage von den letzten Dingen vorgelegt, und zwar von einer Gemeinde, von deren Gliedern der größte Teil antichiliastisch, ein Teil aber mit dem Pastor chiliastisch ist, davon die Synode so viel als gar Nichts weiß. Die ganze Gemeinde, sowohl die Chiliasten als Antichiliasten, will in dieser Frage ein auf unverkümmerte Wahrheit des göttlichen Wortes gegründetes Gewissensbedenken haben; was soll nun die Synode tun? Soll sie Mum, Mum sagen, und die Fragesteller mit einem artigen Compliment heimschicken? O, Schmach und Schande über eine evangelisch-lutherische Synode, die das getan hätte! Nein, Gott sei Lob und Dank, solche Quarkfaseler und elende Unionspfuscher waren die Synodalen nicht. Sie wollten nicht nur Lutheraner heißen; nein, es floß auch noch ein Tropfen echtes lutherisches Zeugenblut in ihren Adern. Darum bliesen sie die Posaune in einem deutlichen Ton, daß sich Jedermann zum Streit rüsten konnte, und sagten nicht auf gut unionistisch: Ja, du kannst Recht haben, und der kann Recht haben, und ein dritter kann auch Recht haben, je nachdem wie man es nimmt — sondern auf gut altlutherisch sagten sie: Wir glauben, lehren und bekennen, und folglich auch: Wir verwerfen, verdammen. Das war nun freilich für die sanftfahrenden Chiliasten eine harte Nuß, daran sie sich die Zähne ausbeißen mußten. Denn diese Leute wollten gerne, das ist nicht zu leugnen, mit allen Menschen in der Lehre Friede haben. Sie wollen nur – ach! man höre es doch und lasse sich bewegen — sie wollen nur geduldet sein! Man soll ihre süße Hoffnung doch auch etwas gelten lassen. Es ist ihnen ja kein Glaubensartikel, sondern nur eine Hoffnung, wie sie sagen; aber mit solchen Reden wollen sie nur die Einfältigen täuschen. Sie können daher nicht begreifen, warum man solche Hoffnung nicht dulden will. Weil aber die Lutheraner davon Nichts wissen wollen, weil ein Friede mit Irrgeistern ein Bund mit der Hölle ist: darum müssen sie die Störenfriede heißen, neben denen Niemand, der eine andere Meinung habe, in Ruhe leben könne.*) Wir haben nun gesehen, daß auf der Synode die Wahrheit über den Irrtum siegte. Damit waren aber die Chiliasten selbst noch nicht besiegt, sie wollten nicht besiegt sein, Pas. Sck., der vor öffentlicher Synode derselben seinen Dank für ihre Liebe aussprach, daß sie so bereitwillig und ausdauernd seine und seines Schwiegervaters, des Herr Past. Gruber's, Meinung angehört habe, sagte bald nach Beendigung der Synode zu einem bei ihm weilenden Studenten von St. Louis, die Synode sei in einem zelotischen Fanatismus aufgetreten. In der That konnte da keine heilige Lauterkeit und Redlichkeit mehr sein, wo solche Äußerungen, die so widersprechend waren, sielen. Und das ist die Hauptursache, warum mit falschen Lehrern auf keinen grünen Zweig zu kommen ist, weil sie mit Unredlichkeit verknüpft sind, sei es bewußt oder unbewußt. Ter Irrtum macht blind und führt zu unredlichen Handlungen. Daß dies auch hier der Fall gewesen ist, das werden wir im Verlauf unserer Erzählung sehen.

---

*) Man denke aber nicht, laß die Chiliasten wirklich so friedliebend sind, als sie sich gebehrden, und daß sie ihre Irrtümer nur für sich haben wollen; sondern, wie alle Irrgeister ihren Irrtum auszubrelten und dafür zu werden suchen, so haben die Chiliasten auch hier getan, was ihnen natürlich nicht gut geheißen wurde.

2. Fortgang des Streits.

So eben waren die Sitzungen der Synode beendigt, da erschien in Nr. 18, Jahrg. 12, des „Lutheraner" ein Aufsatz von Herrn Past. Röbbelen, der den Schluß seiner fortlaufenden Erklärung über die Offenbarung Johannis bildete. Darin sagte er, auf Luthern sich berufend, daß er die Offenbarung nicht für apostolischen Ursprungs halte, und führte dafür seine Gründe an. Sodann sagte er, daß die Offenbarung kein untrüglicher Born der Lehre sei, wie die Episteln St. Pauli und andere kanonischen Bücher. Die Meinung ist, man könne keine Glaubensartikel daraus aufstellen, wohl aber könne man eine anderweitig genugsam gegründete Lehre daraus bezeugen. Endlich trat er darin den Schwärmern entgegen, die auf Grund der Offenbarung die Lehre von einem tausendjährigen Reich in die Kirche einschmuggeln wollten, und sagte, sie notzüchtigten die Offenbarung. — Dies sind die Sätze, die freilich einen Chiliasten in den Harnisch bringen konnten. Und so geschah es denn auch. Am ersten heiligen Pfingstfeiertage 1856, in der Vormittagspredigt, ließ Past. Sch. seine Wuth gegen den „Lutheraner" los. Er brachte z. B. folgende Sätze: „Das unter uns viel gelesene Blatt, der „Lutheraner," verwirft ein Buch der heiligen Schrift und trennt es davon los." „Es ist eine schnöde Lüge, wenn behauptet wird, die lutherische Kirche hätte nicht zu allen Zeiten die Offenbarung Johannis für ein kanonisches Buch gehalten; nur von einzelnen Personen ist das nicht geschehen. Ich beschwöre euch bei dem allmächtigen Gott, daß ihr euch kein Buch der heil. Schrift nehmen lasset."

Daß die Gemeinde recht daran tat, daß sie ihres Pastors Verfahren strafte, liegt klar auf der Hand. Denn 1. war sein Eifern unweise, unverständig und unnötig. Was der „Lutheraner" in dem betreffenden Aufsah über die Offenb. Joh. sagte, war ja nichts Neues, weil Luther lange zuvor dasselbe gesagt hatte, was vielen Gemeindegliedern nicht unbekannt war; sie hatten es längst in den Vorreden alter Bibeln gelesen. Wozu also das Geschrei auf der Kanzel, als habe der „Lutheraner" eine neue, bisher unerhörte Lehre gebracht! Offenbar sollte damit etwas Anders bezweckt werden; es sollten die Leute gegen den „Lutheraner" eingenommen werden, weil derfelbe von den Chiliasten gesagt hatte, sie notzüchtigten die Offenbarung, indem sie ihre Schwärmerei daraus beweisen wollten. Das mußte einen Chiliasten, wie Past. Sch. war, empören, daß er Zeter und Mordio schrie. 2. war sein Eifer ungerecht, weil er nicht bei der Wahrheit blieb. Oder mit welchen Worten hatte der „Lutheraner" ein Buch der heil. Schrift verworfen und es davon losgetrennt? Mit keinem Wort. Der Eifer hat den Mann so blind gemacht, daß er ein Gespenst für ein leibhaftiges Wesen ansieht und mit Knitteln daranf los schlägt, aber nur Luftstreiche macht. Ist es ja aus der Seelenlehre bekannt, wie wunderbar das Spiel unserer Einbildungskraft in dem Zustande der Erregung ist. Wie mancher einsame Wanderer hat schon in der Nacht sich erst nur in seinen Gedanken mit Räubern und Mördern beschäftigt, und siehe! — kaum ist er eine Strecke weiter gegangen, da erblickt er plötzlich in einiger Entfernung einen großen langen Mann, der offenbar am Wege auf den Reisenden mit drohender Miene lauert. Dem Wanderer erstarrt das Blut in den Adern, er getraut sich nicht, weder vorwärts noch rückwärts zu gehen; mit Schrecken gewahrt er schon, wie der Wegelagerer auf ihn zuschreitet; da — o peinlicher Augenblick! — da durchbricht der Mond seine dunkle Wolke — und vor ihm steht — wer? was? ein beutegieriger Räuber? nein!— ein harmloser Wegweiser. Ebenso ist es auch dem Past. Sch. mit dem Röbbelen'schen Aufsatz im „Lutheraner" gegangen. Nur die falsche Auslegung der Chiliasten über die Offenbarung hatte der "Lutheraner" verworfen, da schreit ein Chiliast: die Offenbarung selbst hat er verworfen! Das ist auch ein

Stück chiliastischer Ehrlichkeit, daß man den Leuten ein X für ein U vormacht. 3. war ein solches Verfahren höchst lieblos. Past. Sch. war Mitglied, ja, Districts-Präses der Synode, die den „Lutheraner" herausgab; wäre es nun nicht der Liebe gemäß gewesen, daß er sich in dieser Angelegenheit an den Redakteur des Blattes gewandt hätte, wenn er etwas Irriges darin erblickte? Statt dessen schilt er in einer Festpredigt von der Kanzel auf den „Lutheraner," der davon nichts gebessert wird, und wirft den Feuerbrand in die Gemeinde. Das war, ehrlich gestanden, lange verbissener Grimm gegen die Synode und gegen den „Lutheraner," die beide einem verkappten Chiliasten schon längst ärgerlich gewesen waren, weil sie gegen die chiliastische Schwärmerei entschieden auftraten.

Daß ein solches Gebahren Past. Schieferdeckers gegen ein rechtgläubiges Blatt seiner eignen Synode, und zwar auf der Kanzel, an einem hohen Feste, der Gemeinde ärgerlich war, ist nicht zu verwundern. Er hatte einer ganzen Gemeinde an heiliger Stätte ein öffentliches Aergerniß gegeben, weil er unverständig, lieblos und ungerecht gerichtet hatte. Einige Gemeindeglieder drangen darauf, daß noch in den Pfingst-Feiertagen eine Gemeindeversammlung abgehalten werden sollte, was jedoch die Vorsteher zu verhindern suchten, mit dem Versprechen, daß sie Past. Sch. über die anstößigen Sätze freundlich Vorhaltung tun wollten. Freitag Abends gingen die Vorsteher zu ihm, und einer derselben, ein besonnener Mann, sagte: Herr Pastor, wir sind her kommen, Sie zu fragen, ob Sie nicht einige anstößige Sätze in Ihrer ersten Pfingsttags-Predigt wiverrufen können und wollen. Past. Sch.: Welche? Vorsteher: Die, da Sie den Text Ihrer Predigt verließen und über den „Lutheraner" loszogen; damit haben Sie wider die Regel der heiligen Schrift gehandelt und ein Aergerniß gegeben. Bei dieser Gelegenheit erzählte der Vorsteher einen ähnlichen Vorfall, der sich zur Zeit, als der selige Past. Löber noch unter ihnen gewesen sei, zugetragen habe. Da sei auch einmal ein Satz aus einem deutschen Blatt im „Lutheraner" vorgekommen, der mehreren Gemeindegliedern anstößig gewesen sei. Da habe nun Past. Löber nicht etwa die Sache auf die Kanzel gebracht und die Gemeinde in Aufruhr versetzt, sondern sich an den Redacteur des „Lutheraner" gewandt, und da habe es sich herausgestellt, daß der betreffende Satz durch ein Versehen in genanntes Blatt gekommen sei, und damit habe die Sache ein Ende gehabt. Past. Sch. sagte hierauf zu den Vorstehern: Weil sie ihm denn auf eine so freundliche Weise in dieser Sache kämen, so wolle er ihnen sagen, zurücknehmen täte er Nichts; er wolle aber der Gemeinde aus Johann Gerhard beweisen, daß die Offenbarung Johannis ein kanonisches Buch sei. Demnach be. gehrte er, daß eine Gemeindeversammlung abgehalten würde, die denn auch Sonntag Nachmittags den 18. Mai abgehalten wurde. Unter genanntem Datum berichtet das GemeindeProtokoll also:

„Nachdem die Versammlung eröffnet worden war, teilte der Vorsitzer der Gemeinde mit, daß die Vorsteher von mehreren Gemeindegliedern ersucht worden, Hrn. Past. Sch. freundlich zu ersuchen, ob er nicht ein Stück aus seiner ersten Pfingsttags-Predigt, in welchem er den „Lutheraner" angegriffen und einer schnöden Lüge beschuldigt habe, widerrufen könne und wolle; er habe offenbar wider die Liebe gehandelt und ein Aergerniß gegeben." — Hierauf erklärte Past. Sch., daß er das, was er getan, um seines Gewissens willen getan habe, und daß es sich darum handele, ob er die Wahrheit gesagt habe; die Wahrheit müsse er predigen, es sei zu rechter Zeit, oder zur Unzeit. Hierauf las er den betreffenden Abschnitt aus seiner Predigt vor. Einige erklärten, Past. Sch. habe ganz recht gehandelt, der größte Teil der Gemeinde hingegen hielt es für ganz unstatthaft, in öffentlicher Predigt dergleichen vorzubringen, weil dadurch die Gemeinde irre gemacht und zerrissen würde. Man müsse doch bedenken, daß in der Kirche viel Fremde, Weiber und Kinder, sowie überhaupt viele Personen versammelt seien, die teils den „Lutheraner" gar nicht kennen, teils ohnedies Vorurteile gegen denselben hätten. Es sie übrigens betrübend, gegen Brüder so aufzutreten, als ob sie unsere Feinde wären. Der Herr Pastor hätte sich in der betreffenden Sache der Ordnung gemäß doch gewiß zuerst an den Redacteur des „Lutheraner" wenden sollen, um sich mit ihm darüber auszusprechen und zu verständigen.

Von dem Herrn Pastor wurde entgegnet: Da er der Angeklagte sei, so möge man ihm gestatten, ihn zu hören; er wolle seine Gründe aus Joh. Gerhard vorlesen, die dafür zeugten, daß die Offenbarung Johannis ein kanonisches Buch sei. — Ein Vorsteher entgegnete, es sei durchaus nicht nötig, seine Gründe für die Kanonizität der Offenbarung vorzulesen, weil es sich darum unter uns gar nicht handle, und noch gar kein Streit gewesen sei. Weil aber die Majorität für Vorlesung der Gründe war, so mußte man es geschehen lassen. Wiewohl man sich nicht weiter darüber einlassen wollte, weil es nicht der Streitpunkt sei; so wurde doch Luthers Vorrede über die Offenbarung angezogen, und bemerkt, daß außerdem noch mehrere alte rechtgläubige Lehrer der Kirche gewesen seien, die die Offenbarung Johannis nicht für kanonisch gehalten hätten, wie solches aus den Vorreden alter Bibeln und aus Conrad Dietrichs großem Katechismus zu ersehen sei. — Es wurde nun noch hin und her so lebhaft debattirt, daß dabei die Ordnung nicht aufrecht erhalten werden konnte, daher denn die Versammlung geschlossen wurde.

Ans Vorstehendem ist klar zu ersehen, daß die Gemeinde nichts Ungebührliches von ihrem Pastor verlangte; er sollte einfach erkennen, daß er nicht am rechten Ort und m der rechten Weise geeisert habe. Das wollte aber des Pastors Fanatismus nicht zugeben, und darum konnte sich auch die Gemeinde nicht zufrieden geben. — Weiter kann man schon aus dieser Verhandlung ersehen, wie — vielleicht noch unbewußt — unredlich Past. Sch. schon damals zu Werke ging, indem er den 8tatu5 Lontrover5IN, d. i.,den eigentlichen Streitpunkt, zu verrücken suchte. Das war zunächst der Streitpunkt, ob der „Lutheraner" ein biblisches Buch verworfen habe. Past. Sch. aber stellt sich hin und beweis't einfach aus Johann Gerhard, daß die Offenbarung Johannis ein kanonisches Buch ist, und damit, denkt er, ist er über seine Verleumdungen gerechtfertigt. Lieber, wer hatte denn die Kanonizität der Offenbarung geleugnet? Die Synode? Keineswegs. Die Gemeinde? Nein. Past. Röbbelen? Auch nicht. Er verneinte nur, daß sie ein kanonisches Buch ersten Ranges sei, wie viele rechtgläubige Lehrer vor ihm getan hatten. Das ist doch wahrlich etwas ganz Anders, als sie gänzlich vom Kanon ausscheiden! Er gibt der Offenbarung Johannis nur einen anderen Platz im Kanon, als er z. B. den Briefen Pauli und anderen un bezweifelten Büchern gibt. Wußte das Past. Sch. nicht, warum lernt er es denn nicht? wußte er es aber, warum sagt er es denn nicht? Angenommen aber, Past Röbbelen hätte die Kanonizität der Offenbarung geradezu geleugnet, läßt sich denn aus Johann Gerhard's loci8 die Kanonizität der Offenbarung Johannis dekretieren? Hat nicht M. Chemnitz schon vor Joh. Gerhard mit vielen Gründen dargetan, warum in der ersten christlichen Kirche das kanonische Ansehen der Offenbarung bezweifelt worden sei? Wenn nun die apostolische Kirche die Echtheit etlicher Bücher bezweiselt hat, so kann sie die spätere Kirche gar nicht für echt erklären, denn alle Gründe für Kanonizität eines Buches beweisen Nichts, wenn das unzweifelhafte Zeugnis der ersten Kirche fehlt. Und selbst Joh. Gerhard, der mit vielen Gründen das kanonische Ansehen der Offenbarung Johannis zu beweisen sucht, schreibt dennoch in seiner Schrift wider den Chiliasmus in Bezug auf die

Offenbarung also: „Indeß, da in der ersten Kirche eine Zeitlang bei Einigen über den Verfasser dieses Buches gezweiselt worden ist, daher rechnen wir dasselbe zu den kanonischen Büchern zweiter Ordnung; nicht zwar, indem wir demselben die kanonische Autorität entziehen wollen, aber es auch nicht den übrigen kanonischen Büchern, über welche niemals ein Zweifel erhoben ist, schlechterdings und in allen Stücken gleichstellen, sondern mit dem vollsten Rechte verlangen, daß die Auslegung dieses Buches so angestellt werde, daß sie mit den kanonischen Büchern erster Ordnung in keiner Weise streite." — Hier stellt Joh. (Gerhard die Offenbarung an denselben Ort im Kanon, wohin sie Past. Robbelen gestellt hat. Gerhard will, daß sie nach den helleren kanonischen Büchern erster Ordnung ausgelegt werde. Das wollen aber die Chiliasten nicht, wohl wissend, wenn man ihre Auslegung an dem Glauben misset, daß dann ihr tausendjähriges Reich wie Schnee an der Sonne dergehen muß. Nach ihrem Grundsatz muß die Offenb. Joh. das enthalten, was sie herausfaseln, wenn es sich auch zum christlichen Glauben wie Ja zu Nein, und Nein zu Ja verhält. Darum hat denn auch die rechtgläubige Kirche je und je die Chiliasten für geistliche Giftmischer und für ihre ärgsten Feinde gehalten, und wenn sie ein Amt in der Kirche begleiteten, von sich hinausgetan.

Damit wir nun aber zeigen, daß wir des teuren Past. Röbbelens Meinung in Bezug auf die Offenb. Joh. richtig gezeichnet haben, und daß seine Meinung keineswegs ketzerisch, sondern christlich ist, und daß er nicht, wie man ihm vorgeworfen hat, sich selbst widerspricht: — so lassen wir hier vorgreiflich einen Brief folgen, den er in dieser Angelegenheit an die hiesige Gemeinde geschrieben hat. Wir zweifeln nicht daran, daß jeder Lutheraner, wenn er auch unseres teuren Röbbelens Meinung nicht gänzlich beipflichten könnte, doch bekennen wird, daß dieser ausgezeichnete, körperlich leider! sehr krauke Theolog einen tiefen Blick in den göttlichen Geheimnissen hat. Der Brief lautet vollständig also:

„An die evang.-luth. Gemeinde zu Altenburg.
Herzlich geliebte Brüder!

Schon lange war es mir ein Bedürfnis, einige Worte an Sie zu richten; ich trug jedoch Bedenken, es früher zu tun, weil ich nicht erwarten konnte, daß Ihnen mein Schreiben willkommen sein würde. Da ich nun, nach einem Briefe des Hrn. Professor Biewend zu urteilen, bessere Hoffnung haben darf, so folge ich jetzt dem Drange meines Herzens. Wolle denn Gott in Gnaden mit mir sein, da ich diese Zeilen schreibe, und auch Ihre Sinne lenken, wenn Sie meine Zuschrift lesen.

„Sie haben Anstoß daran genommen, daß ich die „Offenbarung" nicht für kanonisch halte. Ich verdenke Ihnen dies nicht im Mindesten, weil Sie hiezu durch Ihre Ehrfurcht gegen Gottes Wort bewogen worden sind. Eben deswegen möchte ich mich mit Ihnen gern verständigen. Ich eisere nämlich auch für Gottes Wort. Vergönnen Sie mir daher in Liebe, Ihnen darzutun, wie es kommt, daß ich trotzdem die Offenbarung an einen anderen Ort stelle als die übrigen Schriften des Neuen Testaments.

„Einmal folge ich hierin Luther. Warum sollte ich nicht geneigt sein, einem Manne, der ein auserwähltes Rüstzeug des HErrn war, zuzutrauen, daß er in den Zeugnissen, die er mir hinterlassen hat, von der Richtschnur des Glaubens und der Gottseligkeit geleitet worden ist? Er kann allerdings auch einmal geirrt haben. Aber dann beweist sein ganzes Bekenntniß, daß solcher Irrtum nicht gegen die seligmachende Wahrheit verstößt, daß er also mit keiner Seelengefahr verbunden ist: denn sonst würde er vor den Strahlen des himmlischen Lichtes, in dessen vollem Mittagsglanze der selige Mann wandelte, gewichen sein. Auch wo er nachweisbar im Einzelnen gefehlt hat, findet man doch in seinen Aussprüchen Etwas, das ein

Schritt zu dem Ziele ist, dem er immer zusteuerte. Es ging ihm wie dem Pilger, der das Gebirge, durch welches sein Weg führt, so wohl kennt, daß er die Straße nicht verliert, wenn er gleich mitunter eine Biegung derselben abschneidet und darüber in pfadlose Wildniß kommt. von Schwärmern schon so lange Zeit gemißbraucht worden war. Daß Luther an sich hielt, die Offenbarung den ganz unzweifelhaft bezeugten Büchern des Neuen Testaments gleichzustellen, ist daher keine Schwachheit gewesen, die wir wie Noahs Scham bedecken müßten, sondern ist ein Beweis, wie heilig unserem Elias der Kanon war. Die Richtschnur wenigstens, nach welcher er hiebei handelte, war die Ehre Gottes und unser Heil. Daß er als Mensch eine und die andere Schrift auf den ersten Anblick zurücksetzen konnte, von der es sich später ergab, sie sei dennoch apostolischen Ursprungs, versteht sich von selbst. Er hatte nicht so viel Muße, widersprechende Zeugnisse des Altertums auf der Goldwage abzuwägen, wie ein Theologe, der heutiges Tages auf den Lorbeeren ruht, die ihm der Mann, nach welchem wir uns nennen, in heißem Kampf erstritten hat.

„Wenn mich demnach schon der Schluß, den ich von Luthers ganzer Lehrweise auf besondere Stellen in seinen Schriften mache, berechtigt, ihm überall unbesorgt beipflichten zu dürfen, zu geschweigen, daß ich ohne diesen Führer schwerlich gröbere und schädlichere Irrtümer vermeiden möchte, als diejenigen sind, denen ich mich unter seiner Leitung aussetze, so kann ich nur seine Ansicht über die Offenbarung noch um so getroster gefallen lassen, weil sie offenbar aus der treuesten Sorgfalt für das edle Kleinod der reinen Lehre des göttlichen Worts entsprungen ist. Denn ihn leitet dabei dieses, daß sich die Offenbarung von den Büchern des Neuen Testaments, deren kanonisches Ansehen unzweifelhaft gewiß ist, wesentlich unterscheidet. Weil uns das Wort Gottes nämlich so ernstlich warnt, Etwas für apostolische Botschaft anzunehmen, das auch nur im Mindesten einen anderen Geist verrät, als der in dem vollkommen beglaubigten Zeugnis der Jünger Christi waltet, so hat er Scheu getragen, jede Schrift, die das römische Verzeichniß biblischer Bücher enthielt, mit der römischen Kirche ohne Weiteres im guten Glauben anzuerkennen. Hätte er hierin dem Antichrist gehorchen wollen, so würde er die Apokryphen des Alten Testaments eben so wohl haben annehmen müssen, wie Mosen, die Propheten und die Psalmen. Hiezu kam nun noch, daß eine ganze Reihe treuer Zeugen in den ersten Jahrhunderten das kanonische Ansehen der Offenbarung teils geradezu geleugnet, teils wenigstens bezweifelt hatte. Dieser Umstand mußte ihn in der That bedenklich machen, da auf seinen Vorgang viel ankam und es sich darum handelte, ob die Gewissen in Lehrsachen an ein Buch gebunden sein sollten, das

Luther an sich hielt, die Offenbarung den ganz unzweifelhaft bezeugten Büchern des neuen Testaments gleichzustellen, ist daher keine Schwachheit gewesen, die wir wie Noahs Scham bedecken müßten, sondern ist ein Beweis, wie heilig unserm Elias der Kanon war. Die Richtschnur wenigstens, nach welcher er hiebei handelte, war die Ehre Gottes und unser Heil. Daß er als Mensch eine und die andere Schrift auf den ersten Anblick zurücksetzen konnte, von der es sich später ergab, sie sei, dennoch apostolischen Ursprungs, versteht sich von selbst. Er hatte nicht so viel Muße, widersprechende Zeugnisse des Altertums auf der Goldwage abzuwägen, wie ein Theologe, der heutiges Tages auf den Lorbeeren ruht, die ihm der Mann, nach welchem wir uns nennen, in heißem Kampf erstritten hat.

„Wenn ich demnach freilich Luther rechtfertige, für seine Person die Offenbarung vom Kanon ausgeschlossen zu haben, aber doch zugleich die Möglichkeit annehme, daß er sich hierin, sei es eine Zeitlang oder bis zu seinem Tode, geirrt habe, so werden Sie fragen, was mich bewegt, dieser Ansicht Luthers noch heute beizutreten. Ich will mich denn auch hierüber erklären. Wenn ich sage, die Offenbarung sei nicht kanonisch, so soll das so viel heißen: ich zähle die Offenbarung nicht zu den Büchern des Neuen Testaments, welche in Lehrsachen richterliche Geltung haben. Ich stelle sie damit nicht, wie Luther 1522 getan hat, unter die Apokryphen: denn mir ist es gewiß, daß kein Mensch sie aus seinem Geiste hervorgebracht, sondern, daß Gott sie gesandt hat (Offenb. I, 1.), damit man wüßte, was in zukünftigen Zeiten geschehen sollte. Ich behaupte nur: <u>zu einer Richtschnur der Lehre</u> hat sie uns Gott nicht gegeben. Und hierfür berufe ich mich auf ihren Inhalt. St. Paulus sagt Röm 12, 7.: „<u>Hat Jemand Weissagung, so sei sie</u> **<u>dem Glauben ähnlich</u>**."

wird aber nach diesem Spruch an „dem Glauben" gemessen, nicht misset sie selber den Glauben. Somit ist sie keine Richtschnur der Lehre. Um uns das recht nahe zu legen, hat Gott sie von den kanonischen Büchern dadurch selbst unterschieden, daß er von ihr gleich zu Anfang ausdrücklich sagt, sein Knecht habe sie durch einen Engel empfangen, vrgl. Offenb. 19, 10. Damit will er uns offenbar aufwecken, daß wir an Gal. 1, 8. denken, also an die dunklen Worte, die wir vernehmen, die Richtschnur des Glaubens halten, nicht aber in ihnen diese Richtschnur suchen sollen. Diese meine Meinung, sowie Alles, was ich über den Gegenstand früher geschrieben habe, ist allerdings dem Urteil jedes Christen unterworfen, Keinesweges will ich mich demselben entziehen. Nur bitte ich, meine Brüder, ehe Sie meine Ansicht richten, sie nach Gottes Wort zu prüfen.

„In der Hoffnung, daß Sie, liebe Brüder, es mir zugutehalten werden, in einer Angelegenheit, die mich so nahe anging, die obigen Zeilen an Sie gerichtet zu haben und mit dem Wunsche, daß sie dazu beitragen mögen, unsere Liebe um so mehr zu erwecken, je heftiger sie Satanas bedroht hat, verbleibe ich

Ihr Sie liebender Bruder in Christo,

K. Robbelen.

Frankenmuth, 3. Novbr. 1856."

Hier fragen wir einen Jeden, der vorstehenden Brief nicht nur gelesen, sondern auch durchdacht hat, ob sich in demselben eine ketzerische, oder auch nur eine leichtfertige Gesinnung ausspricht. Wir fragen einen Jeden, ob sich nicht vielmehr eine heilige Ehrfurcht vor Gottes Wort, wozu auch die Offenb. Johannis gehört, darin kund tut. Wahrlich, nur ein vom Satan verblendeter Chiliast konnte nun noch nicht einsehen, daß er einen vom heiligen Geist erleuchteten Theologen ungerechter und gottloser Weise beschuldigt, daß er Gottes Wort verworfen habe. Als der Brief in der Gemeinde verlesen worden war, erklärten viele Gemeindeglieder, daß sie mit Past. Robbelen's Erklärung völlig zufrieden gestellt seien; die Chiliasten aber wollten etwas Erschreckliches darin erblicken, — so berichtet das Gemeinde-Protokoll.

Wir setzen schließlich zu diesem Handel noch Folgendes hinzu: Nur der Papst mit seinem Anhang dekretiert über die Echtheit oder Unechtheit biblischer Bücher, und wer dem Urteil nicht beifällt, ist ein Ketzer. Die lutherische Kirche aber maßt sich nicht an, darüber Etwas festzusetzen, sondern bleibt bei dem Unterschied von kanonischen Büchern ersten und zweiten Ranges, der je und je in der Kirche von den ersten Zeiten her gegolten hat. Wie die erste Kirche, so hat auch sie es ungewiß lassen müssen, ob die Offenbarung, wie die anderen Schriften des N. T., denen in der ersten Kirche widersprochen ist, von einem Apostel, oder unter apostolischer Autorität geschrieben ist, oder nicht. Nicht aus Leichtfertigkeit gegen, sondern aus rechter Furcht vor Gottes Wort behält sie diesen Unterschied, der immer in der rechtgläubigen Kirche gewesen, bei; denn wie es eine unerträgliche Vermessenheit sein würde, wenn die Kirche durch ihren Machtspruch falsche Bücher zu echten machen wollte, so wäre es gleichfalls papistisch, nicht aber christlich und lutherisch, solche Bücher für eben so gewisse zu dekretieren, die in der frühesten Kirche als „widersprochene" nicht in dem eigentlichen Kanon aufgeführt sind. Diese Freiheit muß auch bleiben; das Gegenteil, wie es die Chiliasten vorhaben, ist papistische Tyrannei. 'Wer mit der frühesten Kirche, mit Luther und der lutherischen Kirche in ihren anerkannt rechtgläubigen Theologen, die Kanonizität der Offenbarung aus historischen Gründen bezweifelt, ist darum keinesweges ein Ketzer und Verächter des göttlichen Worts. Wenn es daher dem Past. Schieferdecker einerseits unbenommen blieb, seine Gründe für die Echtheit der Offenbarung seiner

Gemeinde vorzulegen, und sie zu warnen, irgend welchem Zweifel daran Raum zu geben, so war es doch andererseits unweise, unchristlich und ärgerlich gehandelt, daß er dabei den eigentlichen Stand der Dinge, wie er in dieser Beziehung je und je in der christlichen Kirche Statt gesunden, verhehlte, dadurch Rumor anrichtete und einen gehässigen Schein auf diejenigen warf, die mit der frühesten Kirche, mit Luther und den älteren rechtgläubigen Theologen unserer Kirche, den Unterschied zwischen kanonischen Büchern ersten und zweiten Ranges festhielten; es war Unrecht, seine eigne Synode bei einfältigen Leuten innerhalb des Synodalkreises zu verdächtigen, da zu dieser Verdächtigung auch nicht die geringste Veranlassung vorlag. Das war eine Unredlichkeit, die in der That mit einer unlauteren Gesinnung verknüpft sein mußte.

Wir fahren nun fort, den Verlauf dieses Streits zu erzählen, und zu zeigen, wie die Entzweiung der Gemeinde immer offener an den Tag tritt, und daß Past. Sch. derselben nicht nur nicht gewehrt, sondern sie vielmehr gepflegt und gefordert hat. Es trat immer offner zu Tage, daß er nur Leute für sich und seine Meinung zu gewinnen suchte. Am leichtesten gelang ihm das mit solchen Leuten, die entweder mit der Gemeinde, oder mit der Synode nicht zufrieden waren. Denn das ist hier nur zu wohl bekannt, daß Manche dem Past. Sch. nicht um des Chiliasmus willen, sondern aus Feindschaft gegen die Synode gefolgt sind. Diese Leute haßten den Eifer der Synode um Reinerhaltung der Lehre, und daß sie dann und wann um eine freiwillige Gabe für die Synodal-Kasse zum Bau des Reiches Gottes angesprochen wurden; sie waren also eigentlich Feinde des Reiches Gottes. Darum, so bald als Past. Sch. seine berüchtigten Sätze in jener Pfingstpredigt ausgesprochen hatte, fielen diese Leute ihm zu, und wurden nun seine besten Freunde. So hatte sich z. B. ein Mann ausgesprochener Maßen darum von der Gemeinde losgesagt, ‚weil er nicht zur

Synode gehören wollte, und war darum auch in Widerspruch mit Past. Sch. geraten. Sobald dieser aber gegen den „Lutheraner" losgezogen hatte, wurde jener Mann der beste Freund Past. Sch's.; ähnlich, wie Herodes und Pilatus in ihrer Feindschaft wider Christum die besten Freunde wurden. Denn das Verfahren Past. Sch's. gegen den „Lutheraner" war Nichts als Feindschaft gegen die Synode, und besonders gegen den Redacteur derselben, was er auch zugestanden hat. Als nämlich ein Gemeindeglied nach jener oft erwähnten Predigt zu ihm sagte: „Seit der letzten Synode hat es im Topf gekocht, heute ist er übergelaufen," antwortete Past. Sch.: „Ja, so ist es." Und weil nun Irrlehre und persönliche Feindschaft bei Past. Sch. mit einander im Bunde standen, so mußten auch alle Versuche, ihn zu einer besseren Ueberzeugung zu bringen, fehl schlagen. Lobenswürdig ist es aber, daß die Gemeinde hierin Nichts unversucht gelassen hat.

Laut Gemeinde-Protokolls vom 20. Juli 1856 wurde in der anberaumten Gemeindeversammlung beschlossen, daß die Lehre der Synode von den letzten Dingen aus dem Synodalbericht vorgelesen werde. Nachdem solches geschehen war, wurde folgende Frage gestellt:

> „Ist die Gemeinde mit der Lehre der Synode von den letzten Dingen, die sie in Beantwortung unserer Fragen ausgesprochen hat, einverstanden?"

Hierauf antwortete die Majorität mit Ja! Darauf wurden diejenigen, die mit dieser Lehre nicht einverstanden seien, aufgefordert, durch Aufstehen ihre Meinung zu erkennen zu geben, welches von 7 Gemeindegliedern geschah. — Weiter wurde beantragt, daß ein jedes Gemeindeglied einzeln befragt werden möchte, ob es mit der Lehre der Synode einverstanden sei, oder nicht. Als nun dieser Antrag ins Werk gerichtet wurde, stellte es sich heraus, daß zwar die große Mehrzahl für hie Lehre der Synode war, 21 aber im Widerspruch mit derselben standen. Von diesen erklärten Einige, daß sie zwar der <u>Lehre</u> der Synode, aber nicht dem Verdammungsurteil über die <u>falsche</u> Lehre beistimmten. Andere erklärten, sie wären in dieser Sache noch im Unklaren. Noch Andere schimpften auf die Synode, besonders auf einzelne Glieder, welche sie Papistische Fanatiker u. s. w. nannten.

Hieraus ist zu ersehen, wie ernstlich die Gemeinde darauf aus war, reine Bahn zu machen, und mit dem Standpunkt aller ihrer Glieder in diesem Handel bekannt zu werden. Das nannten nun zwar Past. Sch. und seine Anhänger Gewissensdrängerei, ein inquisitorisches Verfahren u. s. w.; was aber von solchen Lamentationen zu halten ist, das weiß man schon. Die Gemeinde wollte Niemandes Gewissen drängen; sie arbeitete nur dahin, Alle, die bisher noch neutral waren, aus ihrer Neutralität heraus zu bringen, wohl wissend, daß in Lehrstreitigkeiten Keiner neutral bleiben kann. Wer da nicht mit Christo für die Wahrheit ist, der ist wider Christum mit der Lüge. Da gilt kein Hinken auf beiden Seiten, sondern da muß ein rundes Bekenntnis folgen, wie David sagt: „Ich glaube, darum rede ich." Auch mit denen stand es nicht recht, die da sagten, sie bekenneten sich zwar zu der Lehre der Synode, die aber doch die falsche Lehre nicht mit verwerfen wollten. Kann Einer Gottes Ehre suchen, ohne das, was der Ehre Gottes zuwider ist, zu verwerfen? Es ist nicht möglich. So viel ist gewiß: wer den Irrtum nicht mit verwerfen will, der hat ein zweideutiges Bekenntniß, und man weiß nicht, wie man mit ihm daran ist; ja, es kann gar leicht geschehen, daß er sich in nächster Zeit zum Irrtum bekennt.

Bisher hatte die Gemeinde mit Past. Sch. vergeblich verhandelt, d. i., es war ihr nicht gelungen, den Betreffenden von der betretenen Irrlehre zurück zu führen, noch zum Geständnis seines begangenen Uurechts zu bringen. Da erschien nun am 3. August 1856 ein vom Hochw. allgemeinen

Präses der Synode ernanntes Untersuchungs-Committee, bestehend aus den Herren Past. Schaller und Prof. Biewend von St. Louis. In der anberaumten Gemeindeversammlung wurde vorgeschlagen zu reden:

1. von der Kanonizität der Offenb. Johannis;

2. ob die Art und Weise des Verfahrens des Past. Sch., wie er den „Lutheraner" angegriffen habe, recht sei.

Nach sorgfältiger Erörterung des ersteren Punktes wurde die Gemeinde gefragt: ob sie die Offenb. Joh. für kanonisch, d. i. vom heiligen Geist eingegeben halte? Gegen das Abstimmen hierüber protestierten Etliche in der Gemeinde, weil, wie sie richtig bemerkten, dadurch der Schein hervorgerufen würde, als sei das kanonische Ansehen der Offenbarung wirklich von uns in Zweifel gezogen worden, da es doch weder von der Synode noch von der Gemeinde je bezweifelt worden fei. Weil aber endlich die Mehrzahl für die Abstimmung war, und weil auch die Delegaten dazu rieten, so wurde sie denn doch vorgenommen, und das Resultat war ein einstimmiges Ja! für die Kanonizität der Offenbarung Johannis. Wir müssen gestehen, daß uns dieses Verfahren ungereimt vorkommt, und daß die Gemeinde hierin den Chiliasten nicht hätte weichen sollen. Was soll doch die Abstimmung über einen Gegenstand, darüber auch nicht einmal eine Meinungsverschiedenheit in der Gemeinde obwaltete. Oder konnte die Gemeinde durch ihre Abstimmung der Offenb. Johannis das Siegel der Kanonizität aufdrücken? Das kann auch die ganze Kirche nicht, weil es nie außer allem Zweifel gesetzt werden kann, daß die Offenb. apostolischen Ursprungs ist. Wir wissen freilich wohl, daß sich die Gemeinde zur Abstimmung hierüber bewegen ließ, um den Chiliasten das Maul zu stopfen, die fort und fort die alte Leier fangen, die Gemeinde habe mit der Synode ein biblisches Buch verworfen. Was hat aber das Bekenntniß der Gemeinde zur Kanonizität der Offenbarung den Chiliasten genützt? Gar nichts; denn noch bis auf den heutigen Tag machen sie uns den Vorwurf, wir hätten die Offenb. Joh. verworfen. Das ist die Waffe, womit sie wider uns kämpfen, weil sie keine an.dere haben; diese lügenhafte Beschuldigung muß ihnen zur Entschuldigung ihrer Rottirerei. dienen.

An diese Frage von der Kanonizität wurde nun die Frage geknüpft: ob der Aufsatz Past. Röbbelens im „Lutheraner" gegen das kanonische Ansehen der Offenb. Joh. streite, oder doch damit zu vereinigen sei. Darauf wurde geantwortet: Wiewohl Past. N. nicht zugebe, daß die Offenb. Joh. ein Born der Lehre fei, und daß man aus ihr Glaubensartikel aufstellen könne: so habe er doch in seiner fortlaufenden Erklärung derselben im „Lutheraner" öfters ausgesprochen, daß sie von Gott gesandt und vom heiligen Geist eingegeben sei. Scheine uns das nun auch ein Widerspruch zu sein, so könne man doch deswegen einen sonst rechtgläubigen Theologen nicht zum falschen Lehrer stempeln, weil viele rechtgläubige Lehrer vor ihm dasselbe gesagt hätten, ohne daß sie deswegen der Ketzerei beschuldigt worden seien; vielweniger könne man ihm zur Last legen, ein biblisches Buch verworfen zu haben. Er bekenne, daß die Offenb. Joh. Gottes Wort fei; nur das leugne er, daß Gott sie dazu gegeben habe, daß man in ihr den Sitz einer Lehre suchen solle, wohl aber könne man aus ihr eine anderweitig begründete Lehre bezeugen. Als nun weiter gefragt wurde, ob denn Past. Sch's. Verfahren gegen den „Lutheraner" recht gewesen sei, erklärte Past. Sch.: „Ich bekenne recht gerne, gegen die Liebe gefehlt zu haben; ich widerrufe aber Nichts von der Sache; es handelt sich bloß um die Art und Weise des Verfahrens." Was aber den Ausdruck in jener Pfingstpredigt beträfe, wo er gesagt habe: „es ist eine schnöde Lüge, wenn behauptet wird, daß die Offenb. Joh. nicht zu allen Zeiten allgemeines kanonisches Ansehen genossen habe," so wolle er diesen Satz nicht rechtfertigen. — Hier merke man doch auf die in dieser Aussprache enthaltenen Widersprüche:

Erstens bekennt er, daß er wider die Liebe gefehlt hat, was er bisher der Gemeinde nicht hatte zugeben wollen. Hatte er nun zugestandener Maßen gegen die Liebe gefehlt, so hatte er gesündigt, und zwar um so schwerer gesündigt, weil er sich dieser Sünde auf der Kanzel, vor einer ganzen Gemeinde, schuldig gemacht hatte. Was hätte er nun bereitwilliger tun sollen, als in tiefster Demut die Gemeinde um Vergebung bitten? Das wäre ihm wahrlich nicht zu einer Schande zugerechnet worden und damit hätte er allen Streit niedergeschlagen. Er hat es aber nie getan, sondern mit der Sünde eines gegebenen Aergernisses beladen, ist er, nach Entsetzung vom Amte, aus der Gemeinde geschieden.

Zweitens will er seine Worte gegen den „Lutheraner" nicht rechtfertigen. Und warum nicht? Weil er damit der „Kirchengeschichte geradezu ins Angesicht geschlagen, alle Geschichtskenntnisse verleugnet und die gröbsten Unwahrheiten gesagt hatte. Das will er nun, wie gesagt, nicht mehr rechtfertigen, weil er merkt, daß er sich damit greulich blamiert hat; aber widerrufen, das tue, wer da wolle, Past. Sch. tut es nicht; dazu gehört mehr wirkliche Demut, als ein Irrgeist hat. Er muß doch Recht behalten, trotzdem daß er die gröbsten Unwahrheiten gesagt hat; der „Lutheraner" hat ihm nun einmal die Wahrheit gesagt, und behauptet, die Chiliasten notzüchtigten die Offenbarung Johannis, indem sie ihr tausendjähriges Reich daraus beweisen wollten. Was kann auch Greulicheres von den Chiliasten gesagt werden?

Weiter! Noch wahrend das Untersuchungs - Committee hier zugegen war, wurde Past. Sch. gefragt, wie er zu der Lehre der Synode von den letzten Dingen stehe, und er antwortete: Ich muß vor der Hand bei der Erklärung bleiben, die ich auf der Synode gegeben habe, doch will ich mich der Belehrung offen zeigen. Als nun von ihm verlangt wurde, von seiner Meinung Nichts zu predigen, noch sie geflissentlich privatim zu verbreiten, sagte er: Das lasse ich mir nicht verbieten. Von der allgemeinen Bekehrung der Juden müsse er predigen, weil hierin die Weissagung zu klar sei, als daß er noch daran zweifeln sollte und könnte. Vom tausendjährigen Reich aber wolle er nicht predigen, weil ihm in diesem Stück selbst Manches noch nicht klar sei; aber privatim davon zu reden, das lasse er sich nicht nehmen. Es kämen Leute zu ihm, die ihn in dieser Angelegenheit befragten, und denen müsse er Aufschluß geben; doch wolle er nicht geflissentlich davon reden. Hierauf wurde nun von dem Committee die Frage an die Gemeinde gerichtet, ob sie mit dem Versprechen Past. Sch.'s zufriedengestellt sei. Darauf antwortete ein Teil mit Ja. Manche hingegen sprachen noch Bedenken aus und sagten, sie konnten nach den bisher gemachten Erfahrungen dem Versprechen Past. Sch.'s leider kein rechtes Vertrauen schenken, so lange er sich nicht mit der Gemeinde rund und klar zu der Lehre der Synode von den letzten Dingen bekenne und die Gegenlehre verwerse. Darauf erwiederte ein Committee-Mitglied, es verhalte sich in dieser Sache wie mit einem Beinbruch, der eben erst geschient und verbunden worden ist. Da darf man nun nicht gleich wieder den Verband auflösen und die Schienen abnehmen, sondern man muß mit Geduld die Zeit abwarten, wo die völlige Heilung eingetreten ist, sonst macht man das Uebel ärger. Das war nun Vielen einleuchtend, und sie sprachen deswegen ihre Zufriedenheit aus; Etliche aber wollte es bedünken, als wäre das gebrochene Glied vor der Schienung nicht eingerückt worden, darum denn auch keine gründliche Heilung stattfinden könne. Ein Gemeindeglied fragte daher beim Ausgang aus der Versammlung den Doktor B.: Herr Doktor, kann ein Bruch geheilt werden, ohne daß zuvor das gebrochene Glied eingerückt worden ist? Der Doktor antwortete: Ja, aber es wird ein Krüppel daraus. Wiewohl nun, wie gesagt. Etliche noch Bedenleu hatten, so erfolgte doch bei der Abfrage ein einstimmiges Ja der Zufriedenheit, denn die noch bedenklichen Glieder dachten, sie wollten einem etwa möglichen Frieden nicht entgegen sein. Somit war nun der Friede geschlossen.

 Daß aber aller Kirchenfriede, der nicht auf Grund der Einigkeit in der Lehre geschlossen, sondern nur durch eine Art Kompromiß zu Stande gebracht wird, ein fauler Friede ist, das wird sich überall bald herausstellen. Darum ist auch ein ehrlicher Kampf immer besser und Gott gefälliger, als ein falscher fauler Friede. Ein falscher Friede ist wie ein übertünchtes Grab, voller Moder und Totengebeine, das bald einfällt und dann einen um so widerlicheren Gestank um sich verbreitet. Wir wollen hier aber nicht so verstanden sein, als wollten wir das Untersuchungs- Committee eines falschen Friedenmachens beschuldigen — das sei ferne. Im Gegenteil wollen wir dasselbe gegen diesen Vorwurf rechtfertigen. Das Committee sah ein, daß Past. Sch. für jetzt von seiner Meinung nicht abzubringen sei, jedoch, weil er versprach, sich der Belehrung offen zu zeigen und seine Meinung weder öffentlich noch geflissentlich privatim zu verbreiten, so hoffte es, wenn erst die Gemüter etwas beruhigter seien, so würde Past. Sch. vielleicht einer besseren Ueberzeugung Raum geben, und auf diese Weise ein völliger Friede zu Stande gebracht werden. Denn daß die Gemüter sehr aufgeregt waren, ist leicht zu denken. Wo immer ein Lehrstreit ausbricht, da pflegt er auch mit Hitze geführt zu werden. Wir erinnern hier mir an den flaeianischen Streit, an den Abendmahlsstreit in Bremen und Hamburg im 16ten Jahrhundert, an den Unionsstreit zur Zeit P. Gerhardts in Berlin im 17ten Jahrhundert u. s. w. In der That ist es ein gutes Zeichen, wenn eine Gemeinde an solchem Streit regen Anteil nimmt. Daß Sünden mit unterlaufen, auch bei denen mit unterlaufen, die für die Wahrheit streiten, ist nicht zu leugnen; denn auch sie sind keine Engel, sondern Menschen. Es fallen hin und wieder verletzende Reden, es werden zuweilen persönliche Sachen mit in den Streit hineingezogen, oft wird zu hart über die Personen gerichtet. Wo immer Etliche zusammenkommen, da wird über den die Gemüter bewegenden Gegenstand debattiert, auch an Orten, wo es besser unterbliebe, in einer Weise, die nicht immer die rechte ist u. s. w. Daß das auch hier hin und wieder vorgekommen ist, wollen wir keineswegs leugnen, viel weniger gut heißen. Das alles aber benimmt dem Streit um die reine Lehre gar Nichts, macht ihn auch vor Gott nicht mißfällig. Daß daher unsere Gemeinde trotz aller Gebrechen, die sich mit in den Streit mischten, dennoch keinen falschen Frieden machen wollte, sondern kämpfte, bis die Wahrheit den Sieg davontrug, darin hat sie recht gehandelt. Daß ihr dann aber der Vorwurf gemacht wurde, sie habe den gemachten Frieden wieder gebrochen, das konnte sie getrost verschmerzen, weil es nur ein Scheinfriede gewesen war, den sich die Gegner um so lieber gefallen ließen, weil er ihnen Zeit und Muße gab, ihre Schanzen um so mehr befestigen zu können.

Schon in der nächsten Gemeindeversammlung nach der Abreise des Untersuchungs - Committee zeigte es sich, daß der geschlossene Friede nur ein Waffenstillstand gewesen war, denn mit erneuerter Kraft brach der Krieg wieder los. Herr Lehrer Winter erinnerte nämlich Past. Sch. in einer ganz freundlichen Weise an sein gegebenes Versprechen, sich der Belehrung, offen zu zeigen. Das war wahrlich gut gemeint, denn Herr Lehrer W. wünschte Nichts sehnlicher, als daß sein Pastor aus dem Labyrinth der falschen Lehre glücklich gerettet werden möchte. Past. Sch. antwortete darauf: „Wer wollte sich nicht gern der Belehrung offen zeigen? Aber mit der Synode bin ich nicht einverstanden. Ich hoffe, daß die allgemeine Synode, auf die ich mich berufe, die Lehre mildern wird." Hierauf entstanden, wie es im Protokoll heißt, ernstliche

Erörterungen über den Chiliasmus, und daß derselbe je und je von der rechtgläubigen Kirche verworfen worden sei, daß er auch in den betrübtesten Zeiten der Kirche, als die Kirchen- und Lehrzucht gefallen war, nie von der Kirche anerkannt' worden sei u. s. w. Wahrend dieser Debatte trat ein Gemeindeglied auf und sagte zu Past. Sch.: „Ich bitte Sie, Herr Pastor, sagen Sie doch Ihrem Chiliasmus cum ilckmia Valet, so hat aller Streit unter uns ein Ende." Da sprang Past. Sch. auf und sagte: „Das kann ich bei meiner Ehre nicht leiden", ergriff seinen Hut und verließ die Versammlung. Die Gemeinde war darüber nicht wenig erstaunt und erklärte sein Weglaufen für durchaus unstatthaft. Wollte ein jeder bei einer vermeinten oder auch wirklichen Beleidiguug davonlaufen, so könnte endlich gar keine Gemeindeversammlung mehr abgehalten werden. Jede wirkliche Beleidigung sei bisher immer von dem Vorsitzer gestraft worden, und der Beleidiger sei immer zur Zurücknahme seiner Beleidigung angehalten worden; damit sei der Sache genug geschehen. — Hierauf sandte die Gemeinde einen Vorsteher ins Pfarrhaus, Past. Sch. zur Rückkehr in die Versammlung anzuhalten. Als er daraufhin erschien, wurde ihm wegen seines Fortlaufens Vorhalt getan und der Spruch angezogen: „Und nicht verlassen euere Versammlung, sondern euch unter einander ermahnen, und das um so mehr, so viel ihr sehet, daß sich der Tag nahet." Aber Past. Sch. wollte diesen Spruch in Bezug auf sein Fortlaufen, nicht gelten lassrn, auch keine Vermahnung deswegen annehmen, sondern sagte, er habe durch sein Weggehen die Gemeinde heilsamlich bestrafen wollen; auch würde er es nächstens wieder tun, wenn die Gemeinde wieder so mit ihm verfahre. Weil nun die Gemeinde wohl einsah, daß sie, wie immer, auch in dieser Sache mit ihm auf keinen grünen Zweig kommen konnte, so wurde der Antrag gestellt, daß Herr Prof. Walther gebeten werde, unter uns zu erscheinen, um die Gewissen derjenigen zu berichten, die von Past. Sch. nicht beraten werden könnten, weil er ihnen in der Lehre gegenüberstehe. Gegen diesen Antrag protestierten Past. Sch.'s Anhänger sehr; doch wurde der Antrag zum Beschluß erhoben und ein Committee erwählt, welches das an Herrn Prof. Walther zu richtende Bittschreiben verabfassen sollte. Aber erst in der zweiten Versammlung kam das Committee zur Einigkeit in dieser Angelegenheit. Past. Sch. erklärte bei dieser Gelegenheit: Da sei der liebe Gott vor, daß ich eine Auslegung des 20. Kapitels der Offenbarung Johannis machen sollte, die wider die Aehnlichkeit des Glaubens wäre! In dieser Aussprache meinten Einige einen Schimmer der Hoffnung erblicken zu dürfen und seufzten zu Gott, Er möge doch weiter helfen. Als aber ein Committee - Mitglied diese Hoffnung aussprach und Past. Sch.'s eigne Worte anführte, da wollte er es nicht anerkennen, sondern sagte, wenn man seine Worte so aufgefaßt habe, als werde er wahrscheinlich seine Meinung noch aufgeben, so sei das ein großer Irrtum; für seine Person sei er seiner Sache gewiß, darum könne er seine Meinung auch nicht aufgeben. So mußte die Gemeinde wieder mit großer Betrübnis hören, daß sie noch um keinen Schritt weiter mit ihm gekommen sei, und daß sie seinen eignen Worten nicht trauen dürfe.

In der folgenden, am 22. October abgehaltenen Gemeindeversammlung kam das Weglaufen Past. Sch's. wieder zur Sprache, wurde aber auch jetzt noch nicht zu Ende gebracht. In dieser Versammlung sagten sich auch einige Gemeindeglieder von Past. Sch's. Seelsorge los.—Am 23. November kömmt das Weglaufen Past. Sch's. noch einmal zur Sprache. Past. Sch. sagte: Die Gemeinde habe ihren Prediger bloß darüber zur Rede zu setzen, was er gepredigt habe. Als nun darauf entgegnet wurde, die Gemeinde habe auch über die Reden und das Leben ihres Pastors zu richten, nur dürfe es nicht wider die Liebe geschehen, wiederholte er es: Nur was er zum Gegenstand der Predigt mache, könne die Gemeinde richten. Endlich gestand er es zu, daß die Gemeinde auch über den Wandel ihres Predigers nach Gottes Wort urteilen könne. Jetzt kam auch der Punkt, betreffend die Lossagung einzelner Glieder von der Seelsorge Past. Sch's., zur Sprache. Dieser sagte: Er protestiere gegen die Anschuldigung, daß die Gewissen nicht beraten worden seien. Damit hatte er aber die Anschuldigung natürlich noch nicht widerlegt. Es war auch gar nicht möglich, daß er die Gewissen derer beraten konnte, die seine chiliastischen Ideen nicht annehmen wollten. Kamen Leute zu ihm, die in dieser Streitsache Rat bei ihm suchten, so probierte er es, sie zu seiner Meinung zu bekehren; gelang es ihm nicht, so sagte er zwar, er wolle nicht in ihr Gewissen dringen, gab ihnen aber doch genugsam zu verstehen, daß sie noch zu schwach wären, diese Lehre zu fassen, bezog sich auch wohl auf die Worte Christi: Ich habe euch noch viel zu sagen, aber ihr könnt es jetzt noch nicht tragen. Das war denn die Beratung der Gewissen, wenn es gut ablief. Oft lief es aber viel schlimmer ab; dafür nur ein Beispiel: Ein Gemeindeglied kommt zu ihm, sich zur Beichte anzumelden. Im nächsten Augenblick ist Past. Sch. mit demselben im Gespräch über die allgemeine Bekehrung Israels und über das noch zu erwartende tausendjährige Reich. Als nun das Gemeindeglied diesen grundlosen Hoffnungen mit klaren Sprüchen der heil. Schrift entgegen tritt und unter Anderm auch sagt: Luther hätte davon Nichts gelehrt, antwortete Past. Sch.: Luther hätte es nur mit der Grundlegung der Lehre und mit Verteidigung derselben gegen das Papsttum zu tun gehabt, darum habe er sich mit der Prophetie nicht viel befassen können. Luther sei wohl ein guter Reformator gewesen, habe aber kein Licht in den prophetischen Weissagungen gehabt. Die späteren Theologen, ein Spener, Bengel u. s. w., hätten schon ein viel größeres

Licht darin gehabt, und jetzt erwecke Gott Männer, die immer tiefer in die prophetischen Weissagungen eindrängen und immer mehr von Gott erleuchtet würden, die Weissagung aufzuschließen. Es sei doch auch wohl möglich, daß Gott ihm (dem Past. Sch.) em größeres Licht gegeben habe, als dem Luther u. s. w. O, sprach er, welch ein Leben würde in der Kirche entstehen, wenn die Weissagung in Betreff der letzten Dinge, als vom tausendjährigen Reich u. s. w., dem Volke aufgeschlossen würde! Nun empfahl er dem Gemeindeglied die Auslegung der Offenbarung Johannis von Bengel. Und als dasselbe erwiderte, es wolle sie nicht lesen, und wenn Bengel nichts Besseres geschrieben habe, als seine chiliastische Auslegung über die Offenbarung, so möchte es wohl schlecht um dessen arme Seele stehen: da schalt Past. Sch. das Gemeindeglied, zitierte es vor Gottes Richterstuhl, und wies ihm schließlich die Thür. Das ist min abermals ein Pröbchen von chiliastischer Gewissensberatung. In der That eine übele Beratung. Und nicht nur in Beratung Einzelner privatim als Seelsorger, sondern auch der ganzen Gemeinde als Prediger, öffentlich, konnte er unmöglich gegen Alle gerecht sein. Er hatte eine andere Lehre, als die Gemeinde hatte, glaubte und bekannte, und diese Lehre mußte notwendig überall hervorblicken, wenn sie auch nicht mit klaren Worten ausgesprochen wurde. Ein Irrgeist kann ja gar nicht anders, er muß sein Gift mit untermengen. Man bedenke nur, daß ein falscher Lehrer immer mit seinem Irrtum umgeht; das ist sein Steckenpferd, das Ei, über welchem er fortwährend brütet. Wenn Past. Sch. z. B. über das Evangelium von den zehn Jungfrauen das Thema stellte: Das Kommen des HErrn zu sein er Kirche, so ist leicht zu erraten, was für ein Gedanke dahinter verborgen sein und was für eine Predigt darauf erfolgen mußte. Warum stellte er nicht etwa das Thema: Das Kommen des HErrn JEsu zum jüngsten Gericht, was doch dem Evangelio gemäß gewesen wäre? Aber natürlich, das glaubt der Irrgeist nicht, daß der HErr JEsus nur noch zum jüngsten Gericht kommen wird; das ist ja gar nicht möglich, weil er erst noch zum tausendjährigen Reich kommen muß. So war es auch nicht möglich, daß die Zuhörer einen rechten Segen mit aus der Kirche heim nehmen konnten; denn sie hatten einen Irrgeist vor sich stehen, dem sie immer genau auf die Finger sehen mußten, damit sie nicht betrogen würden.

Um diese schwere Anklage gegen Past. Sch., daß er die Gewissen nicht beraten habe, noch näher zu begründen, müssen wir hier einer Schrift Erwähnung tun, mit welcher sich das Gemeindeglied tzeiur. Weinhold am 23. November 1856 an die Gemeinde wandte, auf Grund der Worte Christi: Sag es der Gemeinde. Darin fordert W. die Gemeinde zur Richterin über folgende Anklagepunkte gegen Past. Sch. auf:

1. Past. Sch. habe in jener Pfingstpredigt, in welcher er gegen den „Lutheraner" losgezogen, nicht darüber unterrichtet, daß der Unterschied von Homologumenen und Antilogumenen (d. h. von allgemein anerkannten, und nicht allgemein anerkannten Schriften des Neuen Testaments) immer in der Kirche gemacht worden sei; im Gegenteil habe er die Sache so dargestellt, als habe der „Lutheraner" Gottes Wort verworfen. Heiße das die Gewissen beraten? Und als ihm nun später bewiesen worden sei, daß er der Geschichte geradezu ins Angesicht geschlagen, und die gröbste Unwahrheit geredet habe, so wäre es nicht mehr als recht und billig gewesen, daß er den unwahren Teil seiner Predigt widerrufen hätte, aber bis heute habe er das noch nicht getan; vielmehr gebärde er sich so, als habe er eigentlich doch Recht gehabt. Könne nun ein solches Betragen den Gemeindegliedern Zutrauen zu ihm einstößen? Von der Synode aber habe er gesagt: Die gezwungene Auslegung des göttlichen Wortes und die

gewissensbohrenden Reden Prof. Walthers hätten viele Synodalen eingeschüchtert, daß sie ihre eigentliche Meinung nicht angesprochen, und folglich die Gegenlehre nicht aus Ueberzeugung verworfen hätten. Heißt das nicht vermessener Weise sich auf Gottes Richterstuhl setzen, und die Gewissen richten?

2. Daß nach dem gemachten Frieden die Unruhe wieder ausgebrochen sei, das rühre daher, daß die bedrängten Gewissen nicht recht beraten worden seien. Die Gemeinde wolle nichts Anders, als auf Grund des reinen Wortes Gottes unterrichtet sein. Statt dessen aber heiße man sie papistische Fanatiker, Inquisitoren, Verfolger der Wahrheit, Leute, die sich weiß zu waschen suchten, die Andern ihre Lehre aufdringen wollten, Heuchler, die sich stellten, als hätten sie nie ein Wasser getrübt, die selbst nicht wüßten, was sie wollten, die nur Lust zu Zank und Streit hätten, und Andern keine Ruhe ließen; auch sei gesagt worden, die Synode und Gemeinde liege im Bann, weil sie den Chiliasmus verworfen habe. Das Betrübendste aber sei, daß Past. Sch. diese Leute wegen ihrer Schmähungen nicht strafe, sondern sie vielmehr darin bestärke, nenne sie die Seinen, und sage, der Gemeinde Verfahren sei Nichts als Gewissensdrängerei.

3. Als er jenesmal aus der Versammlung fortgelaufen sei, habe er gesagt: Es vertrüge sich nicht mit seiner Ehre, länger in der Versammlung zu bleiben. Lag ihm denn seine Ehre mehr, als Gottes Ehre an? Als er danach wieder in die Versammlung geholt worden sei, habe er gesagt: Er ließe sich Nichts vorschreiben, und er würde nächstens wieder fortgehen, wenn die Gemeinde wieder so mit ihm verfahre! Was sollte endlich daraus werden, wenn Alle so tun wollten? Past. Sch's. Anhänger hätten sie mit Schimpfreden beworfen, und sie wären doch deswegen nicht fortgelaufen, weil geschrieben stehe: „Verlasset nicht eure Versammlung, sondern vermahnet euch unter einander." Der HErr Christus wäre nicht eher aus dem

Tempel gegangen, bis die Juden Steine aufgehoben hätten, daß sie auf ihn würfen. Das hätte die Gemeinde nicht getan. Past. Sch. solle doch bedenken, daß geschrieben stehe: Die Waffen unserer Ritterschaft sind nicht fleischlich, sondern geistlich. Wenn Past. Sch. die Worte Christi angezogen habe: Mein Haus ist ein Bethaus (weil die Versammlung in der Kirche abgehalten worden sei), so setze der Heiland hinzu: Ihr aber habt eine Mördergrube daraus gemacht. Und wer habe das getan? Nicht die Gemeinde, sondern Past. Sch. und seine Anhänger, die, wie die Pharisäer, falsche Lehre in des HErrn Haus gebracht hätten. Auch habe Past. Sch. gesagt: es käme noch eine Zeit, wo der Satan gebunden wäre. Als ihm dann darauf geantwortet worden wäre, was er z. B. mit dem Spruche anfangen wolle: Der Teufel geht umher, wie ein brüllender Löwe u. s. w., habe er geantwortet: Leset nur das 20. Kap. der Offenb. Joh., und bittet um Erleuchtung, so werdet ihr es schon erkennen. Heißt das die Gewissen berichten? Redet nicht in diesen Worten ein ganz gemeiner, wüster Schwärmer?

4. Ein junger Mann hätte einmal aus treuem Herzen gesagt: Ich habe den lieben Gott gebeten, er möchte doch meinen Pastor aus dem Irrtum herausreißen. Darauf habe Past. Sch. zornentbrannt geantwortet: Sie hochmüthiger Mensch! Sie haben gebetet, wie der Pharisäer im Tempel: Ich danke dir, Gott, daß ich nicht bin wie andere Leute. Damit sei zwar der junge Mann niedergedonnert gewesen, denn er habe gesagt: Ja, ich bin ein anner Sünder, der Hölle und Verdammnis wohl verdienet hat; aber sein Gewissen sei damit nicht berichtet gewesen. Auch sei ihm nicht der Zweifel benommen worden, daß sein Pastor ein Irrlehrer sei.

5. Als Past. Sch. gefragt worden fei: ob man es denn hoffen könne, daß noch vor dem jüngsten Tage eine allgemeine Bekehrung der Juden Statt finden und das tausendjährige

Reich kommen werde, habe er geantwortet: man könne es nicht nur hoffen — man müsse es hoffen; denn der jüngste Tag könne nicht eher kommen, bis alle Zeichen erfüllt seien. Damit stimme auch, was er in seiner letzten Reformationspredigt gesagt habe: Babel müsse erst noch fallen. Und in einer anderen Predigt habe er gesagt: es müßten noch viele Zeichen vor dem jüngsten Tage erfüllet werden, folglich könne der jüngste Tag noch lange nicht kommen. Heiße das nun die Gewissen recht berichten? Heiße das nicht vielmehr mit jenem faulen Knecht sagen: Mein Herr kommt noch lange nicht? Und mit St. Petri Spöttern: Wo ist die Verheißung seiner Zukunft?

Als nun diese Anklageschrift in der Gemeinde verlesen worden war, sagte Past. Sch.: er protestiere gegen diese Anklage, und nahm Bedenkzeit, sich wegen dieser Anklage zu rechtfertigen. Warum aber das? War es denn etwa ein theologisches Problem, das er zu lösen hatte? Oder war es ein schwieriger Casualfall, worüber er ein Gewissensbedenken abgeben sollte? Das alles nicht. Es sind lauter Sachen, die bisher in der Gemeinde vorgekommen waren, die ihm aber zur Last gelegt wurden. Ich sollte doch wahrlich meinen, so viel Kopf müsse ein Prediger haben, daß er auf solche Anschuldigungen, ohne Vorstudien gemacht zu haben, antworten könnte. Es scheint aber, als wenn Past. Sch. durch solche unerwartete Recensur seiner Reden und Handlungen ganz aus dem Sattel gehoben worden sei. Oder ob vielleicht die Anklage seines eigenen Gewissens ihn verstummen machte? So viel ist gewiß, daß diese unerwartete Anklage eine solche Einwirkung auf ihn hatte, daß sein sonst so leicht losbrechender Zorn dadurch gezähmt wurde.

In dieser Versammlung wurde nun Past. Sch. auch gefragt: Weil er gesagt habe, er wolle es aus Gottes Wort beweisen, daß die allgemeine Judenbekehrung und das tausendjährige Reich noch zu erwarten seien; welche klare Sprüche er denn zum Beweis dafür habe? Darauf erfolgte keine runde Antwort.

Unter dem 26. November berichtet das Gemeinde-Protokoll also: Nachdem die Versammlung eröffnet worden war, sprach sich Past. Sch. weitläufig über den Chiliaismus aus, und berief sich dabei auf Spener, Bengel u. s. w. (Warum nicht auch auf Jacob Böhme und den flüchtigen Pater?) Auch sagte er: Es wird noch eine Zeit kommen, wo ihr mich zwingen und dringen werdet, euch die Weissagung von den letzten Dingen aufzuschließen. Ich dachte, ihr wäret schon so weit, daß ich den Anfang dazu hätte machen können; aber ihr könnt es jetzt noch nicht tragen. Auch zog er die Worte des Apostels an: Bis daß wir alle hinan kommen zu einerlei Glauben und Erkenntnis 2c., Eph. 4,13. Das heißt also nach chiliastischer Auslegung etwa so: Es kommt die Zeit, wo ihr alle, die ihr jetzt noch Katechismusschützen seid und mif Kindermilch gespeiset werdet, zu der viel höheren Erkenntnis kommt, daß ihr auch die starke Speise vertragen könnt, daß nämlich jeder Schacherjnde, der jetzt noch Christo flucht, und bei Nennung seines Namens ausspuckt, bekehret wird; daß alle Heiden ins Reich Gottes eingehen werden; daß Christi Reich als Kreuzreich aufhört; daß der Satan an eine eiserne Kette gebunden wird; daß alle Gottlosen vertilgt werden, alle selig Verstorbenen auferstehen, und nun das tausendjährige Reich hier auf dieser Erde angeht u. s. w. Siehe, wenn wir zu dieser Erkenntnis durch das höhere Licht der Chiliasten, und bevorab durch das des Past. Sch. zu Altenburg, Perry Co., Mo., gekommen sind, dann sind wir ein vollkommener Mann geworden, — Von einem Gemeindeglied wurden Past. Sch. folgende Fragen vorgelegt:

1. Was er von dem groben Chiliasmus verwerfe?

2. Was ihm davon noch ungewiß fei?

3. Welche klare Sprüche der heiligen Schrift er für seine Meinung habe?

Darauf erklärte Past. Sch.:

1. Ich verwerfe als groben Chiliasmus, was der 17. Artikel der Augsb. Confession verwirft.

Frage: Verwirft die Augsb. Confession nicht auch den seinen Chiliasmus?

Past. Sch.: Davon steht nichts da.

2. Ungewiß sei ihm:

a. Ob die Zukunft Christi zum tausendjährigen Reiche eine sichtbare oder unsichtbare sein werde;

b. ob die Auferstehung, Offenb. 20., eine leibliche oder geistliche sei; gewiß sei es nicht, was man sonst unter Wiedergeburt verstehe;

o. wie weit die Einschränkung des Satans gehe, und ob er alle Macht verliere;

6. ob die Zahl 1000 eine bestimmte oder unbestimmte sei; gewiß sei ihm, daß es nicht ein Tag sein könne.

3. Gewiß sei ihm:

u. Daß das tausendjährige Reich ein Reich Christi mit seinen Heiligen ist;

b. daß es nicht im Himmel, sondern auf Erden ist

o. daß solche tausend Jahre noch nicht vorüber sind, sondern noch kommen müssen, weil der Antichrist noch nicht gestürzt ist.

Im Uebrigen erklärte er, daß solches seine feste Meinung sei, daß er es aber nicht zu einem Glaubensartikel machen wolle, weil seine Lehre nicht allgemein anerkannt sei, und weil es sich um prophetische Dunkelheiten handle, deren Erkenntnis nicht Jedermann habe, und die man auch nicht von einem Jeden verlangen könne. Er wolle sich für seine Person nur Gewissensfreiheit (sollte heißen: Lehrfreiheit) erkämpfen.

Nach Vorstehendem urteile nun ein Jeder selbst, ob nicht die hiesige Gemeinde in der Person Past. Sch's. mit einem groben und ganz gemeinen Chiliasten behängt war! Es ist ja handgreiflich, daß die in dem 17. Artikel der Augsb. Konfession verworfene jüdische Lehre, „daß vor der Auferstehung der Toten eitel Heilige, Fromme ein weltlich Reich haben, und alle Gottlosen vertilgen werden," und der Schieferdeckersche Chiliasmus einander so ähnlich sind, wie ein Ei dem andern. Dennoch ist der Mann so frech, zu sagen, sein Chiliasmus sei nicht in der Augsb. Confession verworfen. Sehen denn diese Irrgeister nicht ein, daß sie alle nur Einen Wahn haben? Nur verschiedene Ansichten sind es, die in den Köpfen der Chiliasten von diesen: mohammedanischen Paradiese spuken, wie groß nämlich etwa die Herrlichkeit desselben sein werde, ob man da auch noch arbeiten müsse, oder ob man sich nur in Hängematten schaukeln werde u. s. w. Gar treffend vergleicht Pfeiffer in seinem Antichiliasmus die chiliastischen Brüder mit Simsons Füchsen, die alle an den Schwänzen zusammengebunden seien, mit den Köpfen aber verschiedene Richtungen einschlügen und so das ganze Gerstenfeld anzündeten. Wie könnte eine Gemeinde in einem solchen Fall anders handeln, als die hiesige Gemeinde gehandelt hat? Sie wollte einfach mit Past. Sch. ins Reine kommen; sie wollte wissen, ob er noch mit der luth. Kirche glaube, lehre und bekenne, und folglich auch mit ihr den Irrtum verwerfe. Thue er es nicht, und wolle er auch keiner besseren Belehrung und Ueberzeugung Raum geben, so sollte er einfach sein lutherisches Predigtamt niederlegen, das wäre dann ehrlich gehandelt. Keineswegs wollte ihm die Gemeinde seine Gewissensfreiheit rauben, wie der Mann fälschlich vorgibt; Lehrfreiheit wollte er haben, und die wollte ihm die Gemeinde natürlich nicht gestatten. Das ist aber die Art aller falschen Lehrer, daß sie über Gewissensdrängerei u. s. w. klagen, wenn man ihren Irrtümern Einhalt tut. Da gebehrden sie sich wie Märtyrer, die um Gottes Wort und des Gewissens willen leiden müßten.

Aber man lasse sich ihr Jammergetöse nicht beirren, sondern sage ihnen getrost, daß sie des Teufels Märtyrer sind, von dem sie auch, wenn sie nicht Buße tun, die glühende Marterkrone empfahen werden.

Unter dem 28. Dezember 1856 berichtet das GemeindeProtokoll Folgendes: In Bezug auf den Chiliasmus wurde in der heutigen Gemeindeversammlung behauptet, daß immer drei verschiedene Richtungen in dieser Hinsicht in der lutherischen Kirche gewesen wären: die eine habe den Chiliasmus entschieden verworfen, die andere denselben verteidigt, und die dritte habe einen Mittelweg eingeschlagen, welche letztere Past. Sch. unterstütze. Dagegen wurde gesagt: es sei nicht zu leugnen, daß es je und je einzelne Leute in der lutherischen Kirche gegeben habe, die in der Lehre von den letzten Dingen ihre eigne Richtung gehabt hätten; die lutherische Kirche aber habe je und je nur eine Lehre in diesem Stück gehabt, nämlich die des 17. Artikels der Augsb. Confession, mit dem Zusatz: Hier werden verworfen u. s. w. Als ein Gemeindeglied sagte, die Erwartung eines tausendjährigen Reiches streite gegen das tägliche Warten der Christen auf die Zukunft Christi zum Gericht, da zog Past. Sch. die Worte Pauli an: Denn er kommt nicht, es sei denn, daß zuvor der Abfall komme :e. (2 Thess. 2, 3.) Sodann berief er sich auf die Christen zu Johannis Zeit, welche die tausend Jahre noch nicht für verflossen halten konnten, weil sie aus der Offenbarung Johannis wußten, daß die tausend Jahre dem jüngsten Tage vorhergehen müßten. So wenig man nun, sagte Past. Sch., den damaligen Christen einen Vorwurf darüber machen konnte, daß sie die tausend Jahre noch erwarteten, so wenig könne man auch heutzutage den Christen (soll heißen: den Chiliasten) einen Vorwurf darüber machen, daß sie die tausend Jahre noch in die Zukunft legten. Diesen Beweis hielt Past. Sch. für unwiderleglich gegen die

Beschuldigung, als streite die Erwartung eines tausendjährigen Reichs gegen das tägliche Erwarten Christi zum Gericht. Dagegen muß man aber wissen, daß die ersten Christen ihren Glauben nicht auf dunkle Weissagungen, wie unsere Chiliasten, sondern auf die klaren Aussprüche der heiligen Schrift gegründet haben. Sie standen täglich in Erwartung des jüngsten Tages; sie hielten sich bereit, daß der Tag sie nicht wie ein Fallstrick überfalle, und sie als Schalksknechte erfunden würden, die da sprechen: Der HErr kommt noch lange nicht. Wenn sie auf Stellen, wie Offenb. 20. und ähnliche, kamen, so wußten sie eben, daß das prophetische Stellen seien, deren Sinn und Meinung durch die Erfüllung, nicht durch menschliche Spekulationen, schon klar werden würden, die aber unmöglich den Sinn und die Meinung haben könnten, die hellen Aussprüche des HErrn von seiner Wiederkunft und die darauf bezüglichen ernsten Ermahnungen und Warnungen, den Tag ja nicht in die Ferne zu schieben und sicher zu werden, aufzuheben. Dieß geschieht aber offenbar durch den Chiliasmus. Uebrigens wußten sie auch wohl, daß tausend Jahre vor dem HErrn sind wie Ein Tag, und Ein Tag wie tausend Jahre.

Daß übrigens bei den ersten Christen keineswegs, wie die Chiliasten vorgeben, solche irrige Meinungen im Schwange gewesen, sondern daß sie im Gegenteil gar nicht daran gedacht haben, das ersieht man klar und deutlich aus 2 Pet. 3. Da ist offenbar von der Wiederkunft Christi zum endlichen Gericht und dem damit verbundenen Untergang der Welt die Rede. Darüber, wie über die allgemein lebendig darauf hingerichtete Erwartung der ersten Christen, erhoben die leichtfertigen Spötter ihr Gespött und fragten: Wo bleibt denn die Verheißung seiner Zukunft? Wie vergeblich erweiset sich eure Hoffnung! Es bleibt ja Alles, wie es von Anfang der Creatur gewesen ist. Wie hätten, wenn die chiliastische Lehre und der chiliastische Glaubr der Glaube der Christenheit gewesen wäre, und man also gar nicht einmal an die Möglichkeit des plötzlich hereinbrechenden jüngsten Tages hätte denken können, die Spötter auf solchen Spott kommen, und wie hätte Petrus ihnen antworten mögen, wie er ihnen geantwortet hat? Darum ist es thöricht, wenn sich die Chiliasten auf die ersten Christen berufen, als hätten die auch, wie sie, in der chiliastischen Schwärmerei gesteckt. Mit solcher offenbaren Geschichtsverfälschung suchen sie die Einfältigen zu betören, und sich selbst weiß zu waschen. Es ist aber gottlos, den Heiligen Gottes, die vor uns gelebt haben, Meinungen und Irrtümer anzudichten, die sie nicht gehabt haben, und sich sodann mit den den Heiligen angedichteten Irrtümern über seine eignen Irrtümer absolvieren zu wollen.

Hier hast du, lieber Leser, wieder einen chiliastischen Confusionsrat vor dir, nach dessen Logik es sich wohl mit einander verträgt, daß Einer alle Tage auf das Hereinbrechen des tausendjährigen Reichs und auf die Zukunft Christi zum Gericht warten kann. Uns kommt das freilich so unbegreiflich, wie unvernünftig vor, wir glauben aber gerne, daß, wenn Einer erst bei den Chiliasten in die Schule gegangen ist, es ohne Hexerei zugehen wird, solche ungereimte Dinge zusammenzureimen. Diese Kunst des Zusammenreimens muß ein Chiliast lernen; wo wollte er sonst mit seinen Träumen bleiben? Der Chiliasmus verträgt sich mit keinem Glaubensartikel; er verhält sich zum christlichen Glauben, wie Ja zu Nein, und Nein zu Ja. Und doch wollen sie denselben mit dem christlichen Glauben in Einklang bringen, es koste, was es wolle. Sie lügen ihnen selbst und Andern vor, ihr Chiliasmus sei in Gottes Wort gegründet, und doch können sie über das Fundament desselben nie zur innern Ruhe und Gewissheit gelangen. Bald sagen sie, sie seien ihrer Sache gewiß, bald, es sei ihnen selbst Manches noch nicht klar; bald reden sie so davon, als hinge das Heil der Kirche davon ab; bald geloben sie, sie wollten davon schweigen. Woher rührt diese Unbeständigkeit? Daher, weil sie keinen Grund unter den Füßen haben. Sie haben mit der Reformation und mit dem apostolischen Glauben gebrochen. Sie bauen nicht mit an der Kirche Christi, die ein Kreuzreich ist und bleibt, sondern an einem Hirngespinst, was sie die Kirche der Zukunft nennen, welche das tausendjährige Reich sein soll. Darum halten wir sie nicht mehr für Lutheraner, sondern für eine Seete, die unter dem Urteil von Gal. 1, K —9. steht, und der lutherischen Kirche feindlicher und schädlicher ist, denn irgend eine andere Sekte.*)

Bisher haben wir gesehen, daß die Gemeinde trotz aller Verhandlungen mit Past. Sch. um kein Haar breit weiter mit ihm gekommen war; nur das Eine war immer klarer hervorgetreten, daß er nämlich ein ganz eingefleischter Chiliast war, der sich immer mehr in seinen Irrtum verrannte. Weil nun die Gemeinde in ihrem Gewissen bedrängt und ratlos da stand, so wandte sie sich in dieser Roth wieder an den Hochw. allgemeinen Präses der Synode, bittend, er möge doch so bald als möglich in ihrer Mitte erscheinen, um den bedrängten Gewissen Rat zu geben, was nun ferner zu tun fei. Herr Präses Wyneken antwortete: Wenn sein Erscheinen durchaus notwendig sei, so müsse man ihm zuvor die Punkte genauer bezeichnen, warum seine Anwesenheit nötig sei; auf einen so allgemein gefaßten Gemeindebeschluß hin könne er nicht kommen. Daraufhin wurde denn in der Versammlung am 28. Deeember 1856 der Beschluß gefaßt, daß ein Bittschreiben an

---

*) Unsere Gegner wollen zwar die Bezeichnung: „Chiliastengemeinde," „Gegenkirche" u. s. w. nicht leiden, aber warum nicht? Um des Chiliasmus willen sind sie doch von uns ausgegangen und haben eine Rotte gebildet; ihre Gegenkirche steht hier vor Jedermanns Augen und kann mit und ohne Brille gesehen werden; darum ist es nur billig, daß sie nach dielen Kennzeichen benannt werden. Lutheraner tonnen wir sie so wenig heißen, so wenig wir den einst lutherisch gewesenen Calvin noch einen Lutheraner heißen können.

den Herrn Präses verabfaßt werden solle, mit genauer Angabe der Gründe, warum sein Erscheinen hier notwendig sei. Past. Sch. machte den Vorschlag, daß von jeder Partei drei Männer gewählt würden, die das Schreiben verabfassen sollten. Die Gemeinde protestierte gegen das Wort „Partei," und sagte: es seien hier nicht Parteien, sondern eine Gemeinde, die es mit ihrem Pastor und etlichen Gliedern zu thuu habe, die in falscher Lehre gefangen lägen. Nun wurde ein Komitee zur Verabfassung des Schreibens an den Präses ernannt, unter welchem auch Anhänger von Past. Sch. waren. Ehe aber dasselbe zusammentrat, erklärten Sch's. Anhänger, daß sie für sich allein ein Schreiben an den Präses richten wollten, womit sie denn offen erklärten, daß sie einen Parteikampf gegen die Gemeinde führen wollten. Der andere Teil des Committees verabfaßte nun im Namen der Gemeinde folgendes an den Herrn Präses gerichtete Schreiben:

„Hochwürdiger Herr Präses!

Ew. Hochwürden wertes Schreiben vom vorigen Monat wurde vorigen Senntag nach beendigtem Nachmittags-Gottesdienst in der Gemeindeversammlung vorgelesen. Nach Erörterung desselben vereinigte sich die Gemeinde dahin, nochmals an Ew. Hochwürden zu schreiben und davon Bericht abzustatten, wie es gegenwärtig in unsrer Gemeinde steht, verbunden mit der dringenden Bitte, Ew. Hochwürden ehrerbietigst zu ersuchen, so bald wie möglich in unsrer Mitte zu erscheinen, um uns mit Rat und Tat gütigst beizustehen. Die Sache ist nämlich die:

Mehrere Gemeindeglieder sind in ihrem Herzen so bedrängt, daß sie den Herrn Pastor Schieferdecker nicht mehr für ihren Seelsorger halten können, und zwar ans folgenden Gründen:

1. Weil der Herr Past. Schieferdecker den von der

Synode verworfenen Chiliasmus noch nie als Irrtum bekannt hat, wie die ganze Gemeinde bezeugen kann.

2. Obgleich Herr Pastor Schieferdecker sein Versprechen erneuert und sich insonderheit darauf berufen hat: „Er habe noch nicht vom Chiliasmus gepredigt"; so verteidigt er doch denselben bis auf den heutigen Tag und kann daher auch diejenigen nicht zurechtweisen, die in diesem Irrtum sind; denn der Herr Pastor behauptet, daß ihn bis jetzt noch Niemand aus Gottes Wort habe überführen können, daß der Chiliasmus, wie er ihn hinstellt, Irrtum sei.

3. Als dem Herrn Pastor bei Behauptung seines Irrtums, wobei er sich immer auf Gottes Wort beruft, entgegnet wurde: wenn es in Gottes Wort stehe, so sei er ja verbunden, es zu predigen, äußerte er unter Anderm: „Wir könnten es noch nicht ertragen"; und bezog sich auf Eph. 4,13.: Bis daß wir alle hinankommen 2c., und „wenn wir es wollten, so wolle er es uns predigen." Demnach ist nach seiner Meinung die Gemeinde noch nicht zu dem, von ihm vorgeblichen „höheren Licht" gekommen.

4. In Betreff des Chiliasmus hat sich der Herr Pastor unter Anderm auch so ausgesprochen: „Ich will es jetzt noch nicht predigen, weil ich sehe, daß es nur Zwiespalt in der Gemeinde hervorruft, aber ich habe die Hoffnung, daß die Zeit noch kommen wird, wo ich es auch noch in der Gemeinde predigen kann."

5. In den Predigten hinsichtlich des jüngsten Tages sucht er das Kommen desselben in die Ferne zu legen und behauptet, daß noch größere Zeichen kommen müssen, — woraus wir seine chiliastische Richtung sehen und was wir mit seinem gegebenen Versprechen nicht vereinigen können. Auch hat der Herr Pastor seit Pfingsten den Parteigeist genährt, wie dies aus Herrn Weinholds Schrift, die in der Gemeinde vorliegt, zu ersehen ist und dies leider die Erfahrung lehrt.

6. In der letzten Versammlung am 28. v. M. erklärte der Herr Pastor über das Kommen des jüngsten Tages: Ich berufe mich auf den Apostel Paulus, welcher lehrt, daß der jüngste Tag nicht eher kommt, bis zuvor der Abfall komme und geoffenbaret werde der Mensch der Sünde und das Kind des Verderbens; und wie Johannes zu seiner Zeit die Christen gelehrt hat, daß erst noch tausend Jahre vergehen müssen, ehe der jüngste Tag kommen könne, und sie damals noch das Recht gehabt hätten, die tausend Jahre in die Zukunft zu legen, welches noch Niemand habe widerlegen konnen; so fühle er sich auch berechtigt, die tausend Jahre noch in die Zukunft zu legen, und trotze und poche darauf, und es habe ihn auch noch Niemand aus Gottes Wort eines Irrtums überführen können.

Aus dem allen geht deutlich hervor, in welchem Verhältnis der Herr Pastor zur hiesigen ev.-luth. Gemeinde steht, und daß es höchst nötig ist, daß Ew. Hochwürden so bald wie möglich gütigst in unserer Mitte erscheinen.

In Betreff des Vorwurfs eines Friedensbruches, dessen man uns beschuldigt, berichten wir der Wahrheit gemäß, daß wir mit der Erklärung in dem Protokoll vom 22. Sept. v. J.: „Daß sich der Herr Pastor der Belehrung offen zeige" u. s. w., nur bezeugt haben wollen, daß wir als Synodalgemeinde so stehen wie die Synode; denn wir erkennen, daß die Lehre der Synode auf Gottes Wort gegründet ist, und daß nur wahrer Friede sein kann, wo Einigkeit in der Lehre ist, wozu uns Gottes Wort ermahnt. Röm. 12,16., Rom. 15, b., Phil. 2, 2. und 1 Cor. 1, 10.

Es ist für uns überaus betrübend, daß der Herr Pastor, ungeachtet er von Brüdern mit hellen, klaren Stellen der heiligen Schrift so überwiesen worden ist, daß er dagegen nichts Gegründetes konnte aufbringen, auch von der Gemeinde mit großer Geduld getragen worden ist, dennoch in dem Irrtum beharrt.

Der gnädige und barmherzige Gott gebe, daß der Herr Pastor in der Lehre von den letzten Dingen zum reinen Bekenntnis zurückkehre.

In der Hoffnung, daß Ew. Hochwürden unsere dringende Bitte erfüllen, verharrt mit Hochachtung und Liebe die ev.luth. Gemeinde Hieselbst.

In deren Namen unterzeichnet der Vorstand:

          Gottfr. Schmidt.

          Cour. Theiß.

          Ernst Bünger.

          Hartm. Grebing.

Altenburg, Perry Co., Mo., den 6. Jan. 1857."

Als nun vorstehendes Schreiben noch vor Absendung desselben in der Gemeinde vorgelesen worden war, sagte Past. Sch. zu dem Vorleser, Herrn Lehrer Winter: „Ei, das klingt ja so sehr schön, lesen Sie es doch noch einmal." Herr Lehrer Winter, der in seiner kindlichen Einfalt nicht daran dachte, daß solche Aufforderung nur bitterer Spott war, weil es sich um eine hochwichtige Sache handelte, mit der sich wahrlich nicht spotten ließ — las auf Sch's. Aufforderung hin das Schreiben noch einmal vor. Da brach nnn Past. Sch's. Zorn los, und im nächsten Augenblick hatte er die ganze Gemeinde in Feuer und Flamme gesetzt. Er wollte es durchaus nicht wahr haben, daß er gesagt habe, er trotze und poche darauf, daß die tausend Jahre, Offenb. 20., noch in der Zukunft lägen. Und doch bezeugten es ihm seine eignen Anhänger; denn ein alter Mann, ein Erz - Chiliast, sagte: Nun ja, Herr Pastor, Sie haben es gesagt, und es ist auch so; ich trotze und poche auch darauf, daß die tausend Jahre noch in der Zukunft liegen. Als nun, wie gesagt, die Gemeinde durch Past. Sch's. empörendes Benehmen in eine sieberhafte Aufregung versetzt worden war, und es den Anschein gewann, als wollte die Gemeinde schon jetzt auseinander fahren: da wandten sich die Vorsteher an

Past. Sch., und sagten: durch seine Schuld sei nun dieser Lärm entstanden, er solle doch bedenken, daß er, als Prediger, ein gutes Vorbild sein sollte; auf eine solche empörende, für einen Prediger ganz unanständige Weise bessere er die Gemeinde nicht, sondern zerreiße sie. Ihm allein sei die Schuld zuzuschreiben, daß die Gemeinde unverrichteter Sache wieder heim gehen könne. Als nun die Ruhe wieder hergestellt worden war, wurde das Schreiben Satz für Satz durchgenommen, es konnte aber keine Einigkeit darin erzielt werden. Darauf wurde Past. Sch. vorgeschlagen, dem Schreiben die rechte Gestalt zu geben; aber ein Vorsteher entgegnete: es sei nicht Gebrauch, daß man einem Angeklagten die wider ihn aufgesetzte Klageschrift zur Modifizierung vorlege. Damit schloß die Versammlung.

Am folgenden Abend wurde wieder eine Versammlung in dieser Angelegenheit abgehalten. Nach Eröffnung derselben stellte der Vorsitzer die Frage: Da wir in der letzten Versammlung mit dem Schreiben an den Herrn Präses nicht zum Abschluß gekommen sind, die Sache aber keinen längern Aufschub mehr erleidet, was soll nun damit geschehen? soll es angenommen oder verworfen werden? Darauf wurde vorgeschlagen und unterstützt, daß es so angenommen und abgeschickt werde, wie es vorliege, welcher Vorschlag denn auch mit Stimmenmehrheit durchging. Ein Gemeindeglied fragte hierauf Past. Sch., ob es diesen Beschluss so anzusehen habe, als sei er von der ganzen Gemeinde abgefaßt worden. Der Vorsitzer ergriff das Wort und sagte: Ich will ihnen darauf antworten — Ja! Was in einer solchen Angelegenheit mit Stimmenmehrheit beschlossen wird, das hat die Gemeinde beschlossen. Darauf fragte der Protokollant: Wie soll ich denn nun schreiben? Der Vorsitzer: Einfach so, wie es ist, mit Stimmenmehrheit beschlossen.

Hier urteile nun ein Jeder, wen der Vorwurf trifft, Ränke geschmiedet zu haben, ob die Gemeinde gegen Past. Sch., oder Past. Sch. gegen die Gemeinde. Tritt nicht im Verlauf dieser Verhandlungen sein ränkevolles Benehmen immer klarer an den Tag? Warum arbeitete er denn so sehr gegen das offene und ehrliche Schreiben der Gemeinde an den Herrn Präses? Wurde ihm denn in demselben Etwas zur Last gelegt, dessen man ihn mit Grund der Wahrheit nicht beschuldigen konnte? Keineswegs. Seine eigenen Anhänger waren Zeugen für seine ihm zur Last gelegten Reden und Handlungen. Er hätte aber am liebsten das Schreiben hintertrieben, und er hätte den Präses lieber nicht in Altenburg gesehen, weil er wohl wußte, daß derselbe auf Seite der Wahrheit treten werde. Und weil der Präses das getan, eben darum beschuldigt Past. Sch. denselben hintennach der Parteilichkeit; aber damit verrät er nur den Parteihaß seines eigenen Herzens. — Einstmals beschuldigte er in einer Gemeindeversammlung Etliche der Vorsteher der Parteilichkeit. Einer derselben entgegnete: Beweisen Sie uns das, oder wir müssen Sie der Lüge bezüchtigen. Da sprang Past. Sch. auf im Eifer und sagte: Haben Sie nicht Briefe nach St. Louis geschrieben? Der Vorsteher: Beweisen Sie mir das, oder ich muß Sie abermals der Lüge bezüchtigen. Nun trat Past. Sch. in noch größerem Eifer auf und sagte, indem er auf das auf dem Tische liegende, an den Herrn Präses gerichtete Schreiben wies: Sehen Sie, haben Sie hier nicht einen Brief geschrieben? Der Vorsteher: Ich kann nicht glauben, daß Sie den Brief damit meinen, sondern Sie denken, ich hätte im Geheimen Briefe nach St. Louis geschrieben. Haben Sie aber diesen Brief, der im Namen und Auftrag der Gemeinde an den Herrn Präses verabfaßt worden ist, gemeint, so könnte ich Sie zum dritten Mal der Lüge beschuldigen, weil ich meinen Namen noch nicht unterzeichnet habe. Hier bedenke man doch, was für eine Stimmung ein solcher in öffentlicher Gemeindeversammlung von Past. Sch. heraufbeschworener scandalöser Auftritt bei der Gemeinde hervorrufen mußte. Vor der ganzen Gemeinde muß er als ein solcher Mann dastehen, der unbescholtene Leute ins Blaue hinein eines Dinges beschuldigt, das er nicht beweisen kann, worüber ihm seine eigenen Anhänger Vorwürfe machen. Durch ein solches Benehmen mußte er bei seiner Gemeine den Credit verlieren.

Hier müssen wir noch ein Schreiben erwähnen, welches Past. Sch's. Anhänger gegen den Brief der Gemeinde an den Herrn Präses verabfaßt hatten. Als dasselbe vor der Gemeinde verlesen werden sollte, waren Viele gegen das Vorlesen desselben, weil es in der That nur ein Parteischreiben war; doch da die Gegner verlangten gehört zu werden, ließ man es ihnen endlich zu. Darin sagten sie:

1. Sie könnten es ihrem Seelsorger nicht zum Vorwurf machen, daß er die Weissagung in Bezug auf Judenbekehrung und tausendjähriges Reich anders verstehe, als die Synode. — Antwort: Natürlich konntet ihr ihm keine Vorwürfe darüber machen, weil er euch dann denselben Vorwurf gemacht hätte, und das wäre wider die Natur gewesen. Denn Niemand hat jemals sein eigen Fleisch gehasset. Ein Rabe hackt dem anderen kein Auge ans, und ein Esel schilt den anderen nicht Langohr.

2. Sie könnten es nicht zugeben, daß ihr Pastor bei seinen Meinungen nicht mehr ein rein lutherischer Prediger sein sollte, und beriefen sich deswegen auf Spener. — Antwort: Freilich, weil ihr es nicht zugebt, daß er ein Irrlehrer ist, darum ist er ein reiner luth. Lehrer. Wie ihr es glaubt, so ist es. Ihr glaubt, daß die Sonne ein Eisklumpen ist, darum muß sie auch ein Eisklumven sein. Das ist chiliastische Logik. Will es nun kein Lutheraner glauben, so muß Spener als Zeuge dafür auftreten, daß eigentlich die Chiliasten die echten, rechten, kerngesunden Lutheraner sind.*) Und sollte gar der alte Luther,

---

*) Man höre doch einen Chiliasten! „Spener, Bengel, Rieger, Hiller," (sollte ferner heißen: Jakob Böhme, Seibenbecher, Petersen), „Kirchenväter (?)

mit dem die Chiliasten längst gebrochen haben, dagegen mucken und die Chiliasten nicht für seine Kinder, sondern für Bastarde halten wollen, so wird ihm einfach damit das Maul gestopft, das; er das „höhere Licht" in den prophetischen Weissagungen nicht gehabt habe, was der Welt in Spener aufgegangen ist, in welches Licht nun auch die Chiliasten zu Altenburg verkläret worden sind, von einer Klarheit zu der andern.

3. Sie könnten ihrem Seelsorger nicht zunmthen, sein gewissen an menschliche Auslegung der prophetischen Stellen binden zu lassen. — Antwort: Gewiß nicht! Wer wollte denn auch eines anderen Packesel werden? Darum sollte sein Gewissen auch nur von Gottes Wort gebunden werden, das wollte die Gemeinde. Cr sollte sich nur mit der ganzen heiligen christlichen Kirche rund und klar zu dem einfältigen Kinderglauben, als z. B. zu den Worten: „Von dannen er kommen wird zu richten die Lebendigen und die Toten;" und zu den Worten: „Und am jüngsten Tage mich und alle Toten auferwecken wird," bekennen; nur das wollte die Gemeinde. Hingegen sollte er seine falsche Auslegung fahren lassen und Nichts zu der Schrift hinzutun, nur das wollte die Gemeinde. So, ihr lieben Leute, so verhielt sich die Sache.

4. Es sei ihnen lieb, daß ihr Pastor versprochen habe, seine Lehre nicht zu predigen, weil sie auch für angehende Christen nicht nötig sei. —Antwort: Haha, da guckt der Fucks hervor! Diese Lehre ist nicht für A-B-C-Schützen, sondern für starke Chiliasten, die in dieser Beziehung einen Straußenmagen haben. Crst dann ist Einer zur Vollkommenheit und zum rechten Mannesalter im Christentum gekommen, wenn er ein

---

und treue Knechte Gottes in der luth. Kirche lehrten auch den Chiliasmus, also ist er lutherisch: und eine Vermessenheit ist es, ihn zu verwerfen, denn damit verwirft man zugleich sie." — Ist der chiliastische Schluß richtig, so muß auch folgender richtig sein: David war ein treuer Knecht Gottes, fiel aber in Ehebruch, folglich ist der Ehebruch recht, wer es nun wagen will, den Ehebruch zu verwerfen, der verwirft den David mit. O Unsinn über Unsinn!

Chiliast geworden ist. Bis dahin ist er noch ein Kind im Christentum, das nur Milchbrei, nicht aber chiliastische Schwärmerei vertragen kann. Wer aber nicht zu dem „höheren Licht" kommt, dem wird auch der Eingang zu dem tausendjährigen Reich vor der Nase zugeschlossen werden.

    5. Es sei eine ungerechte Beschuldigung, daß Past. Sch. sein Versprechen nicht gehalten hätte, von seiner Lehre Nichts zu predigen; Mr einmal habe er es getan. — Antwort: Wer einmal stiehlt, ist immer ein Dieb, sagt das Sprüchwort, und wir sagen: Wer einmal falsche Lehre geprediget hat, und sie nicht widerruft, sondern sie mit aller Macht verteidigt, der ist ein falscher Prophet, den man fliehen soll. Und Past. Sch. hat nicht nur einmal, sondern viele Mal, auf der Kanzel, in Gemeindeversammlungen, bei Beichtanmeldungen, bei Zusamlnenkunften in den Häusern seinen Chiliasmus gepredigt. Hat er seine Irrtümer nicht immer <u>offen</u> ausgesprochen, so hat er doch seinen Zuhörern nicht die <u>volle</u> Wahrheit gepredigt, sondern als ein öffentlicher Betrüger gehandelt. Dafür ein Beispiel:

    Es war am 26. Sonntage nach Trinitatis 1856, da las er- des Nachmittags seiner Gemeinde in der Kirche eine Predigt über die Epistel (2 Pet. 3, 3. w.) von dem alten Feldprediger Abraham Wiegner vor. Aus dieser Predigt ließ er nun folgenden Satz, der eine zu scharfe Prise für seine chiliastische Nase war, weg:

„Frage: Was zeuget er (der Apostel Petrus V. 12., u. s. w.) in diesen Worten?

    „Nicht, daß die letzte Zukunft (Christi) tausend Jahre währen soll, wie die Chiliasten solches ausdeuten, auch nicht, daß wir die Tage der Schöpfung mit dem Alter der Welt vergleichen sollen n. f. w."

    Einigen Gemeindegliedern war es merkwürdiger Weise so vorgekommen, als müsse er Etwas ausgelassen haben, denn das Buch war ihnen nur dem Namen nach bekannt. Um nun zur Gewißheit zu gelangen, schickten sie den Kirchner zu Past. Sch., und ließen ihn fragen: ob die Predigt von Wiegner gewesen sei. Er ließ ihnen zur Antwort sagen, Nein! Darauf gingen sie zu Herrn Lehrer Winter, und fragten ihn, vb er nicht die Epistelpredigten von Wiegner habe? Ja, war die Antwort, und er legte sie ihnen vor. Alsobald sahen sie, daß Past. Sch. aus demselben Buche vorgelesen hatte, und fanden auch die Stelle, die er weggelassen hatte; zu gleicher Zeit kamen sie aber auch zu der Ueberzeugung, daß ihr Pastor ein notorischer Lügner und Betrüger sei. Als sie ihm nun solches vorhielten, sagte er einfach: „Sie können doch von mir nicht verlangen, Etwas zu lesen, was ich selbst nicht glaube, und was gegen meine Ueberzeugung ist!" Wir fügen nur hinzu: Das ist eines Irrgeistes Ehrlichkeit!

6. Sie könnten ihrem Pastor nicht zur Last legen, daß er die Gewissen Derjenigen, die mit ihm in der Lehre nicht einig seien, beschweret habe. — Antwort: Das glauben wir gerne Ihr habt von dieser Gewissensbeschwerung Nichts empfunden, weil ihr in diesem Stück gar kein Gewissen hattet. Nur die Lutheraner fühlen Gewissensbeschwerde, wenn ihnen die reine Lehre genommen werden soll, nicht aber die Chiliasten, die Ja und Nein mit einander vermengen können, und Licht und Finsternis für gleichbedeutende Dinge halten.

7. Past. Sch. sei nicht Schuld daran, daß der Streit in der Gemeinde fortdauere, er habe oft gebeten, die geschehenen Versündigungen von beiden Seiten mit vergebender Liebe zuzudecken. — Antwort: Wem wollte das auch nur in den Sinn kommen? Man wird doch dem Wolf die Schuld nicht beimessen wollen, daß die Schafe nicht mit ihm in Frieden leben können. Wer wird hier nicht erinnert an den Fuchs in der Fabel, der den Hühnern und Hähnen, die auf einem Baume saßen, einen ewigen Frieden verkündigte? Das ist auch ein Stück

des Schafspelzes der falschen Propheten, daß sie sich zum Frieden erbieten, wenn man sie nur in ihrem Treiben ungehindert gehen lassen will.

    8. Sie müssen entschieden die Beschuldigung zurückweisen, als habe Past. Sch. das Parteiwesen genährt; im Gegenteil habe er sich zum Frieden erboten mit Vorbehalt seiner Gewissensfreiheit. — Antwort: Das ist's, was wir eben gesagt haben: läßt man den Wolf nur ungestört die Schafe fressen, da ist er das friedsamste Lamm. Die Chiliasten wollen nur Lehrfreiheit haben, was sie mit einem verkehrten Ausdruck Gewissensfreiheit nennen, so wollen sie mit uns Frieden halten. Ihr Lutheraner, hört ihrs nicht? Wie leicht könntet ihr die Union mit den Chiliasten bekommen, wenn ihr nur folgendes Rezept behalten könntet: Mischet ein Quentchen Liebe, drei Loth Duldsamkeit und zehn Loth Bescheidenheit, und der Unionsleim ist fertig. Nur darf die Sonne des göttlichen Worts nicht darauf scheinen, sonst hält er bloß von zwölf Uhr bis Mittag. Merkt euch diese Composition!

    9. Sie hätten den durch die Bemühung der St. Louiser Delegaten zu Stande gebrachten Frieden nicht gebrochen, sondern der andere Teil, der damit nicht zufrieden gewesen sei. — Antwort: Ei, das glauben wir euch aufs Wort! Ihr seid lamm-fromme Leute, so lange euch Niemand in eurem Reihentanz unterbricht. Kennt ihr die Geschichte vom Dornbusch? Demselben ward einst zum Vorwurf gemacht, daß er Niemanden ungeschoren vorbeipassieren lasse. Da sprach er entrüstet: Wer wagt es, solche schnöde Verleumdung über mich auszusprechen? Zwar bin ich ein Dornbusch, das leugne ich nicht, doch bin ich das friedlichste Gewächs und tue Niemanden Etwas; nur wer mir zu nahe kommt, wird es inne werden, daß ich ein Dornbusch bin.

    10. Das Verhältnis ihres Pastors zu ihnen sei kein solches, daß sie fremden Rats bedürfen. — Antwort: Das

glauben wir gern. Wem wollte auch nur die Verrücktheit in den Sinn kommen, euch raten zu wollen? — Kann auch ein blinder Lutheraner, und wäre er der allgemeine Präses der Synode von Missouri, Ohio u. a. Staaten, einem mit dem höheren Licht begabten Chiliasten zu Altenburg den Weg weisen? Unsinn! Sie sind die Leute, mit denen die Weisheit sterben wird! Damit Punktum.

11. Sie müßten es als einen unverantwortlichen Schritt ansehen, wenn sie sich wegen ihres Pastors Ansicht von den letzten Dingen von ihm trennen sollten. — Antwort: Das glauben wir auch. Uns käme es unvernünftig vor, wenn ihr euch wegen seiner Meinungen, die ihr mit ihm teilt, von ihm trennen wolltet. Wenn Mehrere denselben Weg gehen, so ist es nur vernünftig, daß sie bei einander bleiben; denn die einmütige gesellschaftliche Unterhaltung verkürzt Einem den Wcc. Gleich und gleich gesellen sich auch gern.

12. Sie bekennen sich zu allen kanonischen Büchern der heiligen Schrift, zu den symbolischen Büchern, namentlich zu der Augsb. Confession und in ihr auch zu dem 17. Artikels wollen aber keine Auslegung, sondern nur den Wortsinn desselben gelten lassen. — Antwort: Das loben wir; denn den 17. Artikel der Augsb. Confession bedarf keiner Auslegung sondern nur einer richtigen Anwendung. Aber, ihr Heuchlers warum legt ihr ihn denn selbst aus? Warum tut ihr, was ihr an Andern verdammt? Sagt ihr nicht in eurem Schreiben an die allg. Synode, daß im 17. Artikel der Augustana nur „ein grober jüdischer, im Talmud-Buch enthaltener Chiliasmus gemeint sei, und daß die Worte: „ „die sich auch jetzund eräugen"" nur auf die Schwärmerei der Anabaptisten jener Zeit hinweisen?" Wo steht denn das alles in dem betreffenden Artikel? O, ihr Betrüger! Nicht wahr, deli talmudischen Chiliasmus fürchtet ihr; und doch fühlt ihr, daß man euren mit dem talmudischen leicht verwechseln könnte, darum wehrt

ihr euch gegen denselben. Was ist aber der Unterschied unter beiden? Der, daß eurer noch nicht so konsequent durchgebildet und der Firniß etwas dicker aufgetragen ist. Uebrigens könnt ihr eure Abstammung nicht verläugnen.

Nach diesen Vorgängen erschien mm Ende Februar 1857 der Hochw. Präses in Altenburg. Gleich nach seiner Ankunft wurde der Kirchenvorstand zusammengerufen, in dessen Gegenwart der Präses mit Past. Sch. verhandelte. Mit liebevollen und freundlichen Worten wandte sich der Präses an Past. Sch., und sagte, daß wenn er nicht von seinen Irrtümern abstehe, der Bruch der Gemeinde unvermeidlich sei. Er (Past. Sch.) könne doch unmöglich seine Meinung festhalten, ohne gegen ausdrückliche Glaubensartikel zu verstoßen. Wie können Sie, sprach er, Ihren Pfarrkindern die biblische Lehre von der täglich zu erwartenden Zukunft Christi zum Gericht vortragen, ohne mit Ihren Meinungen in Konflikt zu kommen? Es ist unmöglich! Past. Sch., aufs höchste entrüstet, sagte: „Und immer kommen Sie mir mit dem Ding, weiter wissen Sie Nichts." Der Präses, wohl einsehend, daß hier wenig auszurichten sei, sagte ganz ernst und in Ruhe: „Ich bin gänzlich ratlos. Kommen wir morgen so vor die Gemeinde, so fürchte ich, muß die Sache einen Übeln Ausgang nehmen. Einen Rat, sprach er zu Past. Sch., weiß ich aber noch: Gehen Sie mit hinauf nach St. Louis; dort sind mehrere der Brüder beisammen, da wollen wir die Lehre von den letzten Dingen vornehmen, und sehen, ob wir Ihnen nicht aus Ihrer Befangenheit heraushelfen können. Sie selbst sollen den Gang bestimmen, den wir gehen wollen, und wir wollen uns die Zeit und Mühe nicht verdrießen lassen, und sollte es zwei Wochen nehmen." Aber Past. Sch. wollte sich an diesem Abend nicht dazu bewegen lassen, und die Vorsteher gingen wieder heim.

Am nächsten Morgen sollte eine Gemeindeversammlung abgehalten werden. Etwa eine halbe Stunde vor Beginn derselben wandte sich der Präses noel, einmal an Past. Sch. und sagte: Nehmen Sie meinen Rat an und gehen Sie mit nach St. Louis, so kann mit Gotttes Hülfe das Schlimmste noch vermieden werden. Da entschloß sich Past. Sch. und sagte: Ich will mitgehen. Wer war nun froher, als der Herr Präses, dem es wahrlich ein erschrecklicher Gedanke sein mußte, Past. Sch. auf seinem Irrtum beharren und die Gemeinde zerrissen zu sehen, und so von Altenburg abreisen zu müssen. Mit großer Freude teilte er daher den zu einer Versammlung herbeigekommenen Gemeindegliedern mit, daß die Versammlung aufgehoben werden könne, da Past. Sch. sich entschlossen habe, mit nach St. Louis zu gehen, um sich mit den dortigen Brüdern in Betreff des streitigen Punktes zu unterreden. Die Gemeinde war darüber sehr erfreut, und nahm nur noch dem Herrn Präses das Versprechen ab, daß er nach beendigter Unterredung wieder mit Past. Sch. herunter komme und der Gemeinde das Ergebniß derselben mitteile. Das versprach er,' und so reisten Beide, von den Gebeten der Christen begleitet, nach St. Louis ab.

In St. Louis angekommen, wurde in einer viertägigen Unterredung, auf Wunsch Past. Sch's., das 20. Capitel der Offenbarung Johannis im Zusammenhange, und sodann auch die prophetischen Weissagungen exegetisch durchgegangen. Hören wir, was Past. Sch. selbst als Resultat dieser Unterredung angibt:

1) Daß wir den Tert, Offenb. 20., als Gottes Wort glauben und annehmen, wie er dasteht.

2) Daß wir darin ein göttliches Geheimniß erkennen, dessen eigentlichen Inhalt Niemand mit völliger Gewißheit und Sicherheit auslegen könne.

3) Daß Niemand unwidersprechlich gewiß behaupten könne, weder daß dieser Text schon erfüllt ist, noch daß er erst noch erfüllt werden müsse.

4) Daß, wenn Jemand auf Grund dieser oder anderer prophetischer Stellen noch eine bessere Zeit für die Kirche hoffe, es dennoch keine falsche Meinung sein dürfe, welche mit der Lehre von dem Kreuz der Christen, von der beständigen Erwartung des allgemeinen Weltgerichts und allgemeiner Auferstehung der Toten im Widerspruch stehe.

Aus diesem von Past. Sch. nur sehr dürftig angegebenen Resultat ist schon so viel zu ersehen, daß ihm der Grund unter den Füßen weggerissen worden war, weil er in der That nur auf Sand gebaut hatte. Man bedenke nur, daß er früher bestimmt behauptet hatte, der jüngste Tag könne noch nicht kommen, die tausend Jahre müßten noch kommen, das tausendjährige Reich werde ein Reich Christi mit seinen Heiligen sein, folglich werde das Kreuzreich Christi aufhören, der Teufel gebunden sein u. s. w. Nun bekannte er bei seiner Rückkunft in Gegenwart des Präses vor der Gemeinde, daß er nicht mehr mit Gewißheit behaupten könne, daß die tausend Jahre noch in der Zukunft lägen, und daß er das, was er nach seiner Meinung von der Bindung des Satans gehalten habe, so viel als gänzlich aufgeben müsse. Mußte er nun zugeben, daß die tausend Jahre schon in der Vergangenheit liegen könnten, so mußte er doch auch zugeben, daß das vergangene tausendjährige Reich nicht ein Reich Christi mit seinen Heiligen gewesen ist, weil es noch keine Zeit gegeben hat, wo alle Gottlose vertilgt waren u. s. w. Liegen aber die tausend Jahre noch in der Zukunft, so muß er, gemäß des vorhergehenden Satzes, auch zugeben, daß es nicht ein solches tausendjähriges Reich werden wird, wie er es sich nach seinen fleischlichen Gedanken vorstellt. So ungewiß es ihm ist, daß die tausend Jahre schon vergangen sind, so ungewiß muß es ihm auch sein, daß sie noch zu erwarten sind; so gewiß es ihm aber sein muß, daß noch kein solch tausendjähriges Reich dagewesen ist, wie es die Chiliasten sich vorstellen, sintemal die Kirchengeschichte

Nichts davon weiß: so gewiß muß es ihm auch sein, daß kein solch tausendjähriges Reich mehr kommen kann, wie sie es sich einbilden. — Als nun Past. Sch. der Gemeinde das Resultat der Unterredung in St. Louis mitgeteilt hatte, wollte es etlichen Gemeindegliedern bedünken, er habe seinen Chiliasmus gänzlich fahren lassen; und das waren vornehmlich seine Anhänger, die das aufs höchste verdroß. Ein alter Mann, ein ganz radiealer Chiliast, sagte daher: Er glaube und behaupte es dennoch, daß Ossenb. 20. so buchstäblich erfüllt werden müsse, wie er es sich denke, daß nämlich der Teufel mit einer eisernen oder anderen materiellen Kette gebunden werde u, f. w. Diesem trat Past. Sch. entgegen und sagte: das könne er nicht behaupten, weil davon Nichts dastünde; er führte dagegen andere Stellen der heiligen Schrift an. — Ein anderer Teil der Gemeindeglieder aber wollte dem Handel noch nicht recht trauen. Sie wollten ein rundes Bekmntniß von Past. Sch. hören, erst dann, meinten sie, könnten sie ihm ihr volles Vertrauen wieder schenken. Weil aber der Herr Präses zum Frieden vermahnte und sagte: der Zankapfel sei hinweg, sodann stehe ja auch die allgemeine Synode bevor, an die sich die Gemeinde wenden könne — so gaben sie sich mit dieser Vertröstung zufrieden und befahlen die Sache Gott, der ihnen ferner helfen werde.

Wie es nun damals in dem Herzen Past. Sch's, aussah, das ist allein Gott, dem Herzenskündiger, bekannt. So viel ist aber aus seinen Aeußerungen klar zu entnehmen, daß ihm sein Steckenpferd zusammengebrochen war. Er war durch die Unterredung in St. Louis der Wahrheit näher geführt worden. In Privatgesprächen äußerte er, daß alles Vorurteil gegen die Herren in St. Louis bei ihm verschwunden fei. Mit der größten Liebe mn? Hochachtung sei er von ihnen ausgenommen und behandelt worden. Mit großer Ruhe und Geduld hätten sie seine Erörterungen angehört, und in Widerlegung derselben seien sie mit der größten Schonung verfahren. Er bekenne gern, daß er gegen Prof. Walther von großen Vorurteilen eingenommen gewesen sei, die nun aber völlig verschwunden wären.

Noch einen Umstand müssen wir hier erwähnen, der dafür Zeugnis gibt, daß Post, Sch. damals einer besseren Ueberzeugung Raum gegeben hatte. — Wie er nach der erwähnten Unterredung in St. Louis von da wieder abreisen wollte, bat er Herrn Pref. Walther, ihm die „Abhandlung von der noch bevorstehenden merkwürdigen Belehrung der Juden von Nl. S. B. Fehren. Altenburg 1760." mitzugeben. Herr Prof. Walther sagte: Das möchte Dir, mein lieber Past. Schieferdecker, nicht gut sein; Tu möchtest durch Lesen desselben in deiner gewonnenen besseren Überzeugung wieder irre gemacht werden. Als nun Past. Sch. doch darum anhielt und sagte: wenn er es nicht zu lesen bekäme, so möchte er denken: Ja, wenn du das Buch gelesen hättest, so wärest du bei deiner bisherigen Ueberzeugung geblieben — da sagte Prof. Walther: Nun, damit Du siehst, daß ich Dir Nichts vorenthalten will, so gebe ich es Dir in Gottes Namen mit. Doch was geschah? Einige Zeit darauf sandte Past. Sch, das Buch an Herrn Prof. Walther wieder zurück, mit der Bemerkung, er habe es nicht gelesen, weil er befürchtet habe, er möchte dadurch in seiner, in jener Unterredung gewonnenen Ueberzeugung wieder irre gemacht werden.

Hieraus ist klar zu ersehen, daß er damals entwaffnet worden war. Nun aber, nachdem bereits sieben Jahre darüber verflossen sind, schreibt er: Die Herren in St. Louis hätten ihn nicht überzeugen können, wiewohl er zugegeben habe, daß er irren könne. Es ist zu verwundern, daß ein mit dem „höhern Licht" begabter Chiliast noch zugibt, daß er allenfalls noch irren könne; warum gibt er seine Auslegung nicht für infallibel aus? Einen solchen Irrgeist aber zu überzeugen, das kann auch der allmächtige Gott nicht, weil er nicht durch seine unumschränkte Allmacht, sondern durch seine Gnade die Herzen der Menschen zur Wahrheit lenkt, die aber ein aller bessern Belehrung spottender Chiliast von sich stößt. Ein Anderes ist, von der Wahrheit überführt zu sein, und ein Anderes, der Wahrheit Raum zu geben; das Erstere ist Past. Sch. gewesen, das Letztere hat er selbst verhindert. Darum ist er denn auch immer tiefer in seinem Irrtum versunken, und zieht auch seine Anhänger immer tiefer mit hinein; und das ist Gottes Gericht über Beide.

Wir können nun in unserer Erzählung einen Zeitraum von etwa sechs Monaten überspringen, während welcher Zeit ein leidlicher Waffenstillstand eingetreten war. Die Gemeinde hatte sich vorerst in ihr Schicksal ergeben und erwartete, was die nächste allgemeine Synode tun werde. Weil sich nämlich Past. Sch. auf dieselbe berufen hatte, so dachte sie: Auf die Synode hast du dich berufen, zur Synode sollst du gehen. Past. Sch. mochte es aber auch fürs Geratenste halten, von seinen Meinungen zu schweigen. Denn wiewohl seine Predigten einer scharfen Prüfung unterworfen wurden, so kam doch während dieser Zeit nichts so Auffallendes vor, daß ihn ein gemeiner Christenmensch eines Irrtums hätte überweisen können, weil er seinen Worten eine solche Wendung zu geben verstaub, daß man ihn nicht leicht beim Wort ergreifen konnte. So viel war jedoch einem Teil der Gemeinde gewiß: Besinne er sich nicht bis zur nächsten allgemeinen Synode eines Besseren, und widerrufe er seine falsche Lehre nicht, so könne er ihr Pastor unmöglich länger bleiben; nur durch gänzliches Aufgeben und Widerrufen seiner falschen Lehre könne das rechte zutrauliche Verhältnis, wie es zwischen einem Seelsorger und Beichtkind? sein solle, wieder hergestellt werden.

So kam nun die Zeit der Synodal-Sitzung immer näher heran, und mau stand in Erwartung, was da kommen solle.

Die Gemeinde wußte nicht, was während dieser Zeit mit Past. Sch. vorgegangen war, weil alle Diskussionen in dieser Streitsache bisher vermieden worden waren. — Etwa sechs Wochen vor der Zusammenkunft der Synode erschien ein Beiblatt zum „Lutheraner," in welchem der Hochw. Präses die für die nächsten Sitzungen zu verhandelnden Gegenstände den Synodalen mitteilte. Einer dieser Gegenstände betraf die Lehre von den letzten Dingen. Bald nach dem Erscheinen desselben traf es sich, daß ein Vorsteher der hiesigen Gemeinde in einer Angelegenheit zu Past. Sch. kam, und es entspann sich zwischen Beiden folgendes Gespräch:

Pastor: Ist Ihnen schon das Beiblatt zum „Lutheraner" zu Gesicht gekommen?

Vorsteher: Ja. Demnach soll ja bei der nächsten Synodal-Sitzung die Lehre von den letzten Dingen zur Verhandlung kommen.

P.: Ja, und das ist mir auch sehr lieb.

V.: Wie stehen Sie denn nun in dieser Sache? sind Sie in dieser Zeit nicht immer mehr zu einer anderen Ueberzeugung gekommen?

P.: Nein, das nicht; ich siehe noch eben so, wie ich früher gestanden habe.

V.: Haben Sie sich denn nicht durch die herrlichen Aufsätze, die bisher im „Lutheraner" erschienen sind, eines Andern überzeugen können?

P.: Nein. Der „Lutheraner" enthält Manches, was ich nicht unterschreiben kann, als z. B., daß in demselben die prophetischen Weissagungen spiritualisierend gedeutet werden,

V.: Dann habe ich mich aber damals, als Sie von der Unterredung in St. Louis wieder zurückkamen, in Ihrer Aussprache sehr geirrt; damals verstand ich Sie so, daß Sie Ihre Meinungen nicht mehr absolut behaupten könnten, und aus ihrer ganzen Aussprache bekam ich den Eindruck, daß Sie der

Lehre der Synode um ein gut Teil näher geführt worden seien. Darum vermahnte ich auch die Gemeinde zum Frieden und sagte: Der Zankapfel ist hinweg, und der Herr Präses Wyneken ergriff meine Worte und sagte: Ja, ja, der Zankapfel ist hinweg!

P.: Da haben Sie mich freilich damals sehr mißverstanden (wie man denn Irrgeister, wenn man sie beim Wort halten will, immer mißverstanden haben muß); ich war nicht überzeugt, daß meine Hoffnungen ein Irrtum wären. Denn sehen Sie, es kann Einer wohl betäubt gemacht werden, da denn doch hernach die Sache um so stärker in Einem hervortritt.

Diese Unterredung siel dem Vorsteher schwer aufs Herz, und mit der Ahnung einer übelen Vorbedeutung ging er wieder heim.

Es sollte aber noch besser kommen; es sollte der Gemeinde noch vor dem Beginn der Synodal-Sitzung klar werden, nicht nur, daß Past. Sch. unmöglich länger bei der Synode verbleiben könne, sondern auch, daß der Bruch der Gemeinde unvermeidlich sei, weil Past. Sch. denselben mit Macht herbeiführte. Die Sache ist nämlich folgende: Etwa acht Tage vor der Zusammenkunft der Synode wurde, wie gewöhnlich, in einer Gemeindeversammlung durch Aeelamation mit Stimmenmehrheit ein Deputierter gewählt, der als Vertreter der Gemeinde bei der nächsten allgemeinen Synode fungieren sollte, welche Wahl auf Herrn Weinhold siel. Aber gar bald zeigte es sich, daß diese Wahl nicht zur Zufriedenheit Past. Sch's. und seiner Anhänger ausgefallen war, weil Herr Weinhold ein wohlgerüsteter Gegner der Chiliasten war. Was tat nun Past. Sch.? Erstlich spielte er folgende Rolle: In das Creditiv-Schreiben für den Deputierten an die Synode setzte er eigenmächtiger Weise folgende Worte:

„Jedoch mit der Beschränkung, daß er (der Deputierte nämlich) in der sub-eschatologischen Frage und respektiven

Beschlussnahme derselben einen Teil der Gemeinde bei der Synode nicht vertreten kann." Dieses Schreiben wurde den Vorstehern zur Unterzeichnung vorgelegt. Einer der drei Vorsteher, die auf Seiten der Gemeinde standen, hatte seinen Namen schon unterzeichnet, ohne den Betrug gemerkt zu haben; ein zweiter bemerkte es, und sagte gleich: das unterschreibe ich nicht. Gefragt, warum nicht, antwortete er: Erstlich, weil es keine Bestimmung der Gemeinde ist, sondern weil es im geraden Widerspruch mit derselben steht, und weil es ein eigenmächtiger Act Past. Sch's. ist; sodann, weil es wider alle Gerechtigkeit ist, da doch Jedermann weiß, daß Hr. Weinhold ohne allen Vorbehalt zum Vertreter der ganzen Gemeinde mallen Fällen gewählt worden ist. Darauf schickten ihm die Vorsteher das Beglaubigungsschreiben mit der Bemerkung wieder zn, daß er ein anderes anfertigen möge, das ohne alle Verklausulierung sei, weswegen sie vorliegendes nicht unterschreiben könnten. Einige Tage darauf kam Past. Sch. zu einem der Vorsteher, und Beide führten folgendes Gespräch mit einander:

Past.: Warum wollen Sie das von mir ausgestellte Creditiv für den Herrn Deputierten nicht unterzeichnen?

Vorsteher: Einfach darum nicht, weil der Zusatz, den Sie darin gemacht haben, keine Bestimmung der Gemeinde ist. Es ist hier nicht die Frage, ob ich es unterschreiben will, sondern ob ich es unterschreiben kann. Ich bin nicht die Gemeinde, sondern nur ein Vorsteher derselben, der ich für meine Verhandlungen verantwortlich bin.

Past.: So muß denn vor der Synode noch eine GemeindeVersammlung abgehalten werden.

Vorsteher: Warum das? Die Gemeinde hat ja ihren Deputierten gewählt!

Past.: Ja, aber der kann den anderen Teil der Gemeinde nicht vertreten; wirrer und seine Anhänger) müssen auch einen Deputierten senden.

Vorsteher: Mit meiner Bewilligung kommt die Gemeinde nicht mehr zusammen; oder wozu sollte das nützen? Sollen wir uns vor der Synode noch beißen und fressen?

Past.: Dann muß heute noch der Kirchenvorstand zusammenberufen werden.

Vorsteher: Auch das wird zu Nichts führen, und ich werde deshalb nicht erscheinen.

Past.: Nun, ich gehe jetzt zur Synode, da werde ich auS Gottes Wort beweisen, daß die tausend Jahre noch vor dem jüngsten Tage kommen **müssen**, und Sie sollen sehen, daß Viele der Brüder mir zufallen werden.

Vorsteher: Das ist recht; beweisen Sie Ihre Lehre nur mit hellen, klaren Gründen der Schrift — und aller Streit hat ein Ende.

Kurz vor der Abreise des Deputierten nahmen nun die Vorsteher das verklausulierte Beglaubigungsschreiben und unterzeichneten es mit Hinzufügung folgenden Protestes:

„Wir, die Unterzeichneten, Vorsteher der hiesigen Gemeinde, protestieren gegen die in dem Beglaubigungsschreiben enthaltene, von Herrn Past. Schieferdecker eigenmächtig hinzugefügte Clause!, daß Herr Weinhold nicht der Vertreter der ganzen Gemeinde und in allen Verhandlungen bei der Synode sei, da er doch auf eine ganz rechtmäßige Weise durch Stimmenmehrheit von derselben dazu gewählt worden ist.

Conrad Theis.

Ernst Bünger.

Gottfried Schmidt."

Was taten nun Past Sch. und seine Anhänger? Sie hielten eine eigene Versammlung ab, in welcher sie einen Gegendeputierten wählten, den sie bei der Synode durchzusetzen hofften, und sandten denselben, mit einer Protestation und mit einem Beglaubigungsschreiben ausstaffiert, an die Synode ab.

Diese Schreiben waren mit 45 Namensunterschriften versehen, und es ist wichtig zu wissen, wo. sie alle diese Namen hergebracht haben. Es hat nämlich Past. Sch. als ein echter Wolf nach der Bezeichnung Christi: „Der Wolf erhaschet und zerstreuet die Schafe" drei Gemeinden zerrissen: die hier in Altenburg, die in Frohna und in Neu Wells. Die letztere hatte er eine Zeitlang als Filial mit bedient, und nachdem er daselbst sein Unkraut ausgestreut hatte, hat er sie zerrissen. Aber seine Rotte daselbst ist ihm nicht treu geblieben, sondern er hat endlich von ihr zum Lohn bekommen, was er verdient hat. Dieselbe hat sich dann einen Mann aufgeladen, der ein noch viel höheres Licht in der Prophetie vorgibt, als Past. Sch. es hat, und also dessen würdiger Nachfolger ist. In der Gemeinde in Frohna hatte Past. Sch., abwechselnd mit dem dortigen Past. Löber, auch zuweilen gepredigt, und diese Gelegenheit benutzt, auch dort sein Gift auszustreuen, bevor es der Pastor der Gemeinde inne geworden war. Aus diesem zusammengerotteten Haufen wählten sie, wie gesagt, einen Mann, den sie als Deputierten zur Synode sandten. Dieser Mann war nicht einmal aus der hiesigen Gemeinde, sondern aus Frohna, und den sollte die hiesige Gemeinde als Deputierten mit anerkennen. Bei der Synode wurde er natürlich nicht anerkannt, sondern mit gerechter Entrüstung verdammte die Synode ein solches verfluchtes Rottenwesen. Als aber das Beglaubigungsschreiben des von der hiesigen Gemeinde gesandten Deputierten vor der Synode verlesen wurde, welchem die drei Vorsteher die oben angeführte Protestation mit gutem Recht beigefügt hatten, sagte der Präses zu Past. Sch., was denn das für eine greuliche Wirtschaft sei. Past. Sch. antwortete: „Das haben die Herren hinter meinem Rücken getan." Freilich, die Herren mußten wieder die Sündenböcke sein, weil sie nur getan hatten, was sie nicht unterlassen durften, wenn sie der Gemeinde gegenüber als ehrliche Leute bestehen wollten. Den Herrn Pastor aber ficht seine Ränkeschmiederei nicht im Gewissen an. Er hat nach seinen Begriffen von Ehrlichkeit, nach seinem chiliastischen Gewissen recht gehandelt, weil ihm der Zweck das Mittel heiligt; nun mag dagegen reden, wer da will. Er will Gewissensfreiheit behalten, das heißt, tun, was er will; und wer ihm darin nicht freien Lauf lassen will, der ist ein Tyrann, ein Gewissensdränger und wie alle diese Prädikate noch weiter heißen.

Nach diesen Vorgängen der offenbaren Rottirerei wolle nun ein Jeder urteilen,

1. wer hier den förmlichen Bruch der Gemeinde herbei geführt hat; ob die Gemeinde, die für die reine Lehre stritt, oder ob Past. Sch. mit seiner falschen Lehre und mit seinen Nänkeschmiedereien denselben verursacht hat. So viel muß doch einem Jeden einleuchten, daß Past. Sch. damit endlich förmlich dem Faß den Boden ausgestoßen und den Bruch dekretiert hat, daß er aus drei Gemeinden eine Rotte zusammen stoppelte, und dieselbe gegen die hiesige Gemeinde und gegen die Synode auf die Beine brachte, und den Kampfplatz zu behaupten suchte.

2. urteile ein Jeder, ob nach solchen Vorgängen auch nur noch eine Spur von Hoffnung vorhanden war, daß die Synode diesen Manu noch von dem Irrtum seines Weges zurückführen werde; wahrlich, vor Menschen-Augen keine! Bei ihm war es fest beschlossen: Erkennt die Synode sein höheres Licht nicht au, und adoptiert und sanktioniert sie seine jüdischen Meinungen nicht, so ist er mit ihr fertig. Und weil er nun wohl wußte, daß ihm der Bruch mit der Synode Amt und Brod kosten könnte, so electionierte er denn auch bei Zeiten sehr fleißig, sammelte Unterschriften, und fühlte bei Leuten, wo er nicht recht sicher war, erst sanft zu, ob sie es nicht auch mit ihm hielten. Möglicher Weise könne es hier zum Bruch kom. wen, wenn die Synode ihr Anathema über den Chiliasmus

nicht wieder zurücknehme. Die Synode habe über eine in Gottes Wort begründete Lehre das Verdammungsurteil ausgesprochen, also Gottes Wort verworfen, und wenn sie das nicht wieder ungeschehen mache, so könne er nicht länger mehr mit ihr zusammen gehen u. s. w. Also suchte er die Leute an sich zu hängen, um in der Zeit der Not einen Rückhalt zu haben. Das war nun freilich menschlich klug gehandelt; ob es aber für einen Prediger des Evangeliums ehrlich und christlich gehandelt war, das ist eine andere Frage.

So kam nun der Tag herbei, an welchem die allgemeine Synode zu ihren zehntägigen Sitzungen zu Fort Wayne, Indianll, zusammentrat. Es war Mittwoch den 14. October A.D.. 1857. Die zweite Sitzung derselben eröffnete der Präses der Synode mit folgenden einleitenden Bemerkungen: „Ehe die Synode zu ferneren Beratungen übergeht, muß sie wissen, wie es unter ihren Gliedern um die Einigkeit in der Lehre steht. Ehe nicht die Disserenzen gehoben sind, ist keine frohliche Beratung möglich. Daher habe ich die Reihenfolge der zu verhandelnden Gegenstände dahin verändert, daß die Lehre von den letzten Dingen der erste Gegenstand der Beratung sein wird. Der Ehrw. Synode ist bekannt, daß die Synode des westlichen Districts bei ihrer letzten Sitzung wider ihr Erwarten von der Gemeinde in Altenburg aufgefordert wurde, ein Gutachten zu geben über folgende Fragen: u. s. w."

Hier folgen nun die Fragen, und sodann in Bezug darauf die Beschlüsse der Synode, welche wir zu Anfang unserer Beschreibung mitgeteilt haben, — Hierauf bekannte sich die allgemeine Synode zu den Beschlüssen der westlichen Districtssynode; nur Past. Schieferdecker versagte seine Zustimmung.

Was nun ferner den Verlauf der Verhandlungen der Synode betrifft, so müssen wir die Leser auf den „Neunten Synodalbericht der allgemeinen deutschen ev.-luth. Synode von Missouri, Ohio und anderen Staaten, vom Jahre 1857," verweisen. Wir bemerken hier nur, daß die Synode fast ihre ganze Sitzungszeit darauf verwandt und Nichts unversucht gelassen hat, so viel in ihren Kräften stand, Past. Schieferdecker von seinem Irrtum zurückzuführen. Wohl felten ist an einem Irrlehrer so viel getan worden, als an Past. Schieferdecker die anderthalb Jahre hindurch bis zum Ausschluß getan worden ist. Leider sind alle Bemühungen der Synode, Past. Sch. von dem Irrtum seines Weges zu bekehren, fehlgeschlagen; sie hat aber das Ihrige getan, und kann sich im Angesicht der lutherischen Kirche auf ihr gutes Gewissen berufen. Wir glauben nicht, daß sich Jemand finden wird, der ihr deswegen einen Vorwurf macht, daß sie an Past. Sch. nicht Alles versucht habe, ihn zu einer bessern Ueberzeugung zu bringen, so viel als Menschen in dieser Hinsicht tun können. Darüber aber haben Manche, auch lutherische Theologen, mit uns gerechtet, daß die Synode, auch trotz der widerstreitenden Lehren, Past. Sch. nicht geduldet hat, weil sein Irrtum nicht geradezu ein grundstürzender Irrtum sei.*)

Darauf antworten wir:

1. daß sie darüber nicht mit uns zu streiten, sondern es mit der lutherischen Kirche und ihren Symbolen auszumachen haben. Können sie beweisen, daß in den Symbolen der grobe, oder seine, oder anch nur der allerfeinste Chiliasmus nicht verworfen, sondern vielmehr als wohlberechtigt und in der Schrift gegründet anerkannt und gebilligt ist, und haben sie hierin die Praxis der lutherischen Kirche in ihren guten Zeiten, als sie noch die heilsame Lehrzucht übte, für sich: daß sie nämlich einen unverbesserlichen chiliastischen Lehrer nicht als Irrlehrer

---

*) Der Wahrheit zur Ehre muß hier aber auch bemerkt werten, daß etliche deutsche Theologen ihre Freude öffentlich darüber ausgesprochen haben, daß unsere Synode mit der Lehr, ncht, wie sie in den guten Zeiten der lutherischen Kirche geübt wurde, wieder Ernst gemacht und bewiesen hat, daß Ihr das Kleinod der reinen Lehre viel teurer ist, als ein falscher, fauler, Gott mißfälliger Friede.

ausgeschlossen, sondern ihn vielmehr, unangesehen seines Chiliasmus, als einen rein lutherischen Lehrer anerkannt und geduldet hat: so wollen wir zugehen, daß die Synode unlutherisch, d. i. unchristlich gehandelt, indem sie Past. Sch. die Abendmahlsgemeinschaft aufgesagt hat. So wenig sie dieses beweisen können, so gewiß ist es aber auch

2. daß die Synode den Past. Sch. nicht wegen seines Chiliasmus, den er etwa als eine bloße persönliche Meinung für sich gehabt, sondern darum von ihrer Gemeinschaft ausgeschlossen hat, weil er nicht mehr mit ihr auf Einem Glaubensgrunde stand, weil er sich nicht mehr mit ihr und der ganzen werten Christenheit zu dem einen heiligen christlichen Glauben bekannte, wozu sich die Kirche Alten und Neuen Testaments je und je unbedingt bekannt hat.

Dies zu beweisen, lassen wir hier einen Abschnitt aus dem vorhin erwähnten Synodalbericht folgen, der die dem Past. Schieferdecker vorgelegten runden Fragen nebst seinen verklausulierten Antworten enthält. Die Fragen und Antworten lauten also:

1. Bleibt die Kirche Christi im eigentlichen Sinne, d. i. die Gesamtheit der Gläubigen, unsichtbar und verborgen unter dem heiligen Kreuze bis an den jüngsten Tag?

Antwort: Ja, wenn damit nicht die Hoffnung verworfen werden will, daß das Reich Gottes auch noch diesseits einen endlichen Sieg über die antichristlichen Weltmächte feiern, und sich in einer großen Fülle himmlischer geistlicher Güter, namentlich in einer weit ausgebreiteten wahren Erkenntnis Gottes und JEsu Christi erweisen wird.

2. Erfolgt die allgemeine Auferstehung aller Toten, der Gerechten wie der Ungerechten, ohne Ausnahme, allein und ausschließlich an demselben jüngsten Tage?

Antw.: Ja, aber die Worte „ohne Ausnahme" kann ich nicht unterschreiben.

3. Ist allein und ausschließlich auf diesen jüngsten Tag die sichtbare Zukunft Christi zu setzen, als welche allein und ausschließlich zum Gericht über alle Völker ohne Ausnahme geschehen wird?

Antw.: Ja, wenn ich nicht dadurch gezwungen bin, eine vorgängige Zukunft Christi zur Vertilgung des Antichrists zu verwerfen, von der ich aber ungewiß lasse, in welcher Weise sie geschehen werde.

4. Ist jede chiliastische Ansicht, welche diese drei Punkte nicht unangetastet läßt, wider den Verstand des 17. Artikels der Augsb. Confession und verdammlich?

Antw.: Ja, wenn man gelten läßt, daß der bei 1., 2., 3. von mir angezeigte Vorbehalt nicht mit dem 17. Artikel der Augustana streitet.

5. Ob Past. Schieferdecker erkenne und eingestehe, daß er geirrt habe, und nun auch den Beschlüssen der westlichen Districtssynode beistimme?

Antw.: Ich habe mich nirgends ausdrücklich zu der nämlichen Anschauung vom tausendjährigen Reiche bekannt, wie sie Herr Past. Gruber sen. auf der Synode zu Altenburg ausgesprochen hat; habe aber dem Beschluß der westlichen Districtssynode darum nicht beigestimmt, weil es mir unmöglich ist, Etwas zu verwerfen, was ich für ungewiß halte. Aus dem nämlichen Grunde kann ich noch heute dem betreffenden Urteile nicht beistimmen, denn ich halte für ungewiß:

a) Wie weit die Einschränkung des Satans während der tausend Jahre gehe.

b) Ob alle Völker ohne Ausnahme christianisiert werden.

c) In welcher Weise sich die Zukunft Christi zum Gericht über den Antichrist offenbaren werde.

d) Ob die Offenb. 20. gemeldete Auferstehung eine leibliche sei oder nicht.

6. Ist es um der Seelen Seligkeit willen notwendig, und daher feierlich und an Eides Statt zu versprechen, daß das bejahende Bekenntnis zu diesen fünf Fragen auch vor der geärgerten Gemeinde wiederholt werde?

Antw.: Alles was ich hier bekenne, will ich genau und wörtlich auch vor der Gemeinde wiederholen; davon aber, daß ich meine Gemeinde mit falscher Lehre sollte geärgert haben, spricht mich mein Gewissen frei.

Aus diesen verklausulierten Antworten Past. Sch's. auf die ihm vorgelegten klaren, runden Fragen erkannte die Synode, daß er nicht mehr mit ihr und der ganzen rechtgläubigen Kirche auf Einem Glaubensgrunde stehe, und faßte demnach bald darauf folgenden Beschluss:

„Da Herr Past. Schieferdecker in den gegenwärtigen Verhandlungen geoffenbaret hat, daß er seine eigene chiliastische Auslegung gewisser prophetischer Schriftstellen dem gewissen und klaren Worte Gottes selbst gleichstellet, und dieselbe und seine daraus geschöpften Vermutungen dazu mißbraucht, mehrere Artikel des heiligen christlichen Glaubens, als: Von dem Reiche Christi auf Erden, von Christi Wiederkunft zum jüngsten Gericht, vom jüngsten Tage, ungewiß zu machen; einen derselben aber, nämlich von der allgemeinen Auferstehung der Toten am jüngsten Tage, geradezu zu verleugnen, und da alle wiederholten Versuche, den Genannten von seinem Irrsal zurückzuführen, sich als vergeblich bewiesen haben: so erkennt die Synode hieraus, daß Herr Past. Schieferdecker mit ihr auf Einem Glaubensgrunde nicht mehr stehe, und sieht sich daher genötigt, demselben die fernere Synodal-Gemeinschaft aufzusagen."

Der Herr Präses wandte sich dann in einer ernsten und herzlichen Ansprache an Herrn Past. Schieferdecker, und indem er ihm bezeugte, welch eine traurige und schmerzliche Pflicht es für ihn sei, als Vorsitzer der Versammlung ihm diesen

Synodalbeschluß anzukündigen, drückte er zugleich seinen herzlichen Wunsch aus, daß dieser ernste Schritt, den die Synode um Christi und seines Wortes willen habe tun müssen, durch Gottes Gnade einen solchen Eindruck auf sein Herz mache, daß er noch einmal von Neuem bedenke, wohin er geraten sei. Denn das sei doch gewiß etwas Entsetzliches, daß ein Christ und ein Diener des Evangeliums, der so lange so treu, und früher mit so viel Segen in dem Weinberge des HErrn gearbeitet habe, nun dahin gekommen sei, daß er in die einfältigen, von Gott für die Unmündigen in seinem Worte gestellten Glaubenssätze der christlichen Kirche nicht mehr einstimmen könne.

Herr Past. Schieferdecker bemerkte hierauf: Nur sein Gewissen habe ihn gehindert, in das Urteil der Synode einzustimmen. Sollte es nach Gottes Willen bei ihm dahin kommen, daß er das, was er jetzt geglaubt habe festhalten zu müssen, für Irrtum erkenne; so hoffe er, daß die Synode ihm die Aufnahme und Rückkehr in ihre Gemeinschaft nicht versagen werde.

Präses: Das wolle der gnädige und barmherzige Gott und Vater um JEsu Christi willen Ihnen verleihen durch sein Wort und heiligen Geist, Amen.

3. Ende des Streits.

Wir haben nun noch zu erzählen, wie die Sache hier in der Gemeinde geendet hat, und können uns hier kurz fassen. Die Synode hatte, weil ihr keine andere Wahl übrig blieb, einen entscheidenden Schritt getan; nun war die Frage, was die Gemeinde tun werde, denn auch sie mußte jetzt einen entscheidenden Schritt tun. Wollte sie nämlich eine Synodal. Gemeinde bleiben, so mußte sie sich auch zu der Handlung der Synode bekennen. That sie es, so konnte sie folglich Past. Sch., als einen offenbar gewordenen falschen Lehrer, auch nicht län.

ger zu ihrem Prediger behalten; tat sie es nicht, und ließ sie Past. Sch. nicht fahren, so war die Synode gezwungen, auch mit ihr das gleiche Verfahren einzuschlagen, was sie mit Past. Sch. eingeschlagen hatte. So mußte es sich denn zeigen, ob die hiesige Gemeinde eine rechtgläubige, evangelisch-lutherische Gemeinde sein und bleiben wollte, oder nicht.

Noch während der Sitzungen der Synode, als dieselbe schon mit Past. Sch. abgeschlossen hatte, wandte sich der Deputierte der hiesigen Gemeinde, Herr Weinhold, mit der Bitte an die Synode, dieselbe möge doch nun auch noch ferner der bedrängten Gemeinde mit Rat und Tat beistehen; worauf die Synode eine Delegation, bestehend aus den Herren Districts - Präses Schaller und Prof. Biewend, ernannte, die gleich nach Beendigung der Synode nach Altenburg abreisen sollte. Am Reformationsfeste 1857 traf dieselbe hier ein, und am folgenden Tag nahmen die Verhandlungen der Gemeinde mit Past. Sch. ihren Anfang. Der Verlauf war dieser:

Zuerst erstattete Past. Sch. einen Bericht von den Verhandlungen der Synode in Betreff der Lehre von den letzten Dingen, und daß er, bei respektiver Beschlußnahme der Synode hierin, seine Zustimmung nicht habe geben können, daher denn das schließliche Ergebnis gewesen sei, daß ihm die Synode ihre Gemeinschaft aufgesagt habe. — Sodann gab der gewesene Deputirte einen kurzen Bericht von den Verhandlungen der Synode, und daß dieselbe, in Betreff Past. Sch's., endlich zu der Ueberzeugung gekommen sei, daß er nicht mehr mit ihr auf Einem Glaubensgrunde stehe, folglich auch nicht länger mehr in der Synodalgemeinschaft verbleiben könne. Als nun hierauf die anwesenden Herren Delegaten gefragt wurden, ob sich die Sache genau so verhielte, wie da erzählt worden sei, antworteten sie mit Ja! Nun wurden sie von der Gemeinde ersucht, ihr einen Weg vorzuschlagen, den sie nun weiter in dieser

Sache gehen solle. Darauf wurde die ganze Gemeinde Mann für Mann gefragt: ob sie das Verfahren der Synode in der Angelegenheit mit Past. Sch. billige, oder nicht. Da sielen 49 Stimmen mit Ja!, 24 mit Nein! aus, und 7 waren in der Sache noch ungewiß. Einer von den letzteren gab am anderen Tage sein Ja noch ab, und so war die Zahl derer, die den Akt der Synode billigten, 50 stimmberechtigte Glieder. Jetzt wurde weiter erklärt: Die Nein gesagt hätten, sagten sich damit von der Synode los; die aber Ja gesagt, hätten sich damit von Past. Sch. losgesagt. — Herr Präses Schaller wandte sich nun mit ernsten Worten an Past. Sch., und versuchte, denselben zur freiwilligen Niederlegung seines Amtes zu bewegen, in der Hoffnung, auf diese Weise den Bruch der Gemeinde abzuwenden. Past. Sch. wollte acht Tage Bedenkzeit haben, die ihm aber nur bis zum nächsten Tage gegeben wurde, was auch ganz recht war. Hatte er doch schon anderthalb Jahre hindurch Bedenkzeit gehabt, sich auf einen entscheidenden Augenblick vorbereiten zu können; jetzt war einmal die Zeit zum Handeln gekommen. In der Gemeinde wurden Stimmen laut: wenn er sein Amt freiwillig niederlege, solle er deswegen nicht brodlos werden, sondern bei der Gemeinde Unterstützung finden. — Am folgenden Tag erklärte nun Past. Sch., er könne sein Amt. welches er von Gott empfangen, nicht niederlegen, so lange noch ein Teil der Gemeinde ihn zu ihrem Seelforger behalten wolle. Wie stimmte das aber mit seinem gegebeneu Versprechen, daß er in Altenburg nie wieder die Kanzel betreten, viel weniger einen Gegenaltar an diesem Orte aufrichten wolle? Das ist aber der nächste Schritt eines falschen Lehrers, daß er ein Menschenknecht wird; so auch Past. Sch. Seine Anhänger, die er immer tiefer in den Irrtum geführt, und ihnen zu ihrem Rottenwesen Anleitung gegeben hatte, verlangten nun auch von ihm, daß er bei ihnen aushalten solle, und daS war, menschlich die Sache betrachtet, nicht mehr als billig. Er hatte die Rotte gebildet, so mußte er auch ihr Führer bleiben, das war nur vernünftig; im Angesichte Gottes aber war es gottlos. Seinen Anhängern mußte er aber das Versprechen geben, daß er seine neue Lehre nicht predigen wolle. Will er das leugnen, daß er diese Bedingung mit seinen Leuten eingegangen hat — und er hat es schon öffentlich geleugnet — so ist das nur eine neue Unwahrheit zu den alten, die er sich früher hat zu Schulden kommen lassen.

Als nun am anderen Tag Past. Sch. seine Erklärung dahin abgab, daß er sein Amt nicht niederlegen werde, so erklärten die Delegaten: Die Gemeinde habe nun keine andere Wahl, als den Past. Sch. seines Amtes zu entsetzen. Past. Sch. protestierte dagegen, und sagte: Es möchten heute manche Gemeindeglieder für seine Absetzung stimmen, die es morgen schon gereuen werde. Solche Reden waren Haken, die er in die Herzen der Leute werfen wollte, sie damit an sich zuziehen. Seine Anhänger protestierten auch gegen seine Absetzung, und wollten wissen, was für Ursache die Gemeinde dazu habe. Es wurde ihnen erwiedert, daß der HErr Christus sage: Sehet euch vor vor den falschen Propheten n. f. w. Gefragt, ob denn Past. Sch. ein falscher Prophet und ein Wolf sei, antwortete Präses Schaller: Ja, er ist ein Wolf, der die Schase erhaschet und zerstreuet.

Nachdem nun die Sache genugsam verhandelt worden war, formulirte Herr Präses Schaller auf Ersuchen der Gemeinde folgenden Satz:

> „Da unser bisheriger Lehrer und Seelsorger, Herr Pastor Schieferdecker, vor der allgemeinen evangelisch lutherischen Synode von Missouri, Ohio und anderen Staaten bei ihren diesjährigen Sitzungen zu Fort Wayne, Indiana, als ein solcher offenbar geworden ist, der seelengefährliche Irrtümer hat und trotz aller Vermahnung darin beharrt, und derselbe deshalb von

der genannten Synode ausgeschlossen worden ist: so sehen wir, die evangelisch-lutherische Gemeinde zu Altenburg, uns um des Gewissens willen genötigt, uns von demselben hiermit loszusagen."

(1. November 1857.)

Die große Majorität trat diesem Beschluß bei, und Herr Prof. Biewend erklärte: Hieraus ist nun klar, daß die hiesige Gemeinde ohne Prediger ist. Sie hat die Absetzung nicht ohne Rat und Urteil der Kirche vollzogen; sie hat eine ganze rechtgläubige Synode darüber zu Rate gezogen, und ruhig zugewartet, was die in diesem Handel tun werde. Die Synode hat nun gehandelt; mit Recht folgt daher die Gemeinde deren Beispiel nach, und entsetzt einen falschen Lehrer seines Amtes. — Als nun weiter gefragt wurde: Wie hat sich die Gemeinde gegen Past. Sch. und seine Anhänger zu verhalten? wurde geantwortet: Past. Sch. habe sich oft gegen den 17. Artikel der Augsb. Confession erklärt, und sei darin so weit gegangen, daß er ausdrückliche Glaubensartikel umstoße; sodann habe er durch seine falsche Lehre und sein unredliches Benehmen seit anderthalb Jahren den Grund zur Spaltung gelegt, dieselbe fortwährend genährt und nun endlich auch herbeigeführt; folglich könne ihn die Gemeinde nur für einen gemeinen, aller Belehrung spottenden Irrgeist halten und ansehen. Was aber seine Anhänger beträfe, die die Lehre der Synode verwürfen, und ihrer Handlung mit Past. Sch. nicht beistimmten, so müsse sie die Gemeinde in Zucht nehmen, d. i. vermahnen, ob sie einer besseren Belehrung Raum geben wollten; jedoch gab die Gemeinde hierbei folgende Erklärung ab:

„Wir bezeugen vor Gott, daß wir keinen hinauswerfen, der sich zu uns halten will; selbst wenn er noch im Chiliasmus befangen ist, wollen wir ihn tragen; aber mit einem Prediger ist es anders."

Diese Leute aber machten es der Gemeinde sehr leicht; denn als sie von Vermahnung hörten, standen sie auf und gingen davon. *)

Hierauf wurde ein Paragraph aus der Trustee-Ordnung der Gemeinde verlesen, der von den Kirchengütern handelte, und bemerkt: Daraus gehe hervor, daß diejenigen, die Past.Sch. wegen falscher Lehre gegen § 1 unserer Gemeinde-Constitution seines Amtes entsetzt, die Gemeinde seien. Sie seien den Bekenntnissen der lutherischen Kirche treu geblieben; und darum seien sie auch im vollsten konstitutionellen Recht, alles Besitztum der Gemeinde zum ausschließlichen Gebrauch in Anspruch zu nehmen; abgesehen davon, daß auch die große Majorität der stimmfähigen Gemeindeglieder auf ihrer Seite fei. Diejenigen aber, die sich selbst mutwillig von der Gemeinde losrissen und Past. Sch. in seinem Irrtum nachfolgten, weil sie das viel größere Gut, die reine Lehre, nicht wollten, sollten auch kein Teil an den viel geringeren irdischen Gütern der Gemeinde haben. Als nun in Bezug hierauf die drei Trustees der Gemeinde aufgefordert wurden, ihre Erklärung abzugeben, taten sie es auf folgende Weise:

„Wir, von dieser Gemeinde rechtmäßig gewählten Verwalter ihrer Kirchengüter und Vertreter der Gemeinde vor dem weltlichen Gericht, erklären hier vor dieser Versammlung, daß dieser Teil der Gemeinde, der Herrn Past. Sch. wegen falscher Lehre, die er fort und fort verteidiget, seines Amtes entsetzt hat, vollkommen recht getan hat, und daß wir uns daher auch für verpflichtet halten, alles uns zur Verwaltung unter

---

*) Es ist also eine grobe Unwahrheit, wenn unsere Widersacher in die Welt hineinschreiben, sie seien aus der Gemeinde „hinausgedrängt" worden. Wie ein ungehorsamer Sohn, der des Vaters Vermahnung nicht annehmen will, fortläuft, und dann sagt, der Vater habe ihn aus dem Hause gejagt — so haben es die Chiliasten hier auch gemacht.

gebene bisherige Besitztum der Gemeinde für denjenigen Teil der Gemeinde in Anspruch zu nehmen und zu verwalten, der dem Bekenntnis der evangelisch-lutherischen Kirche treu verblieben ist, und Past. Sch. seines Amtes entsetzt hat.

Conrad Theis.
Dietrich Hellwege.
Hartmann Grebing."

Folgends schritt nun die Gemeinde zur Wahl eines neuen Predigers. Als dieselbe unter herzlicher Anrufung Gottes und Mitberatung der Herren Delegaten vollzogen war, beaustragte die Gemeinde ihre Trustees, dem Past. Sch. kund zu tun, daß er so lange im Pfarrhause wohnen bleiben könne, bis die Gemeinde Nachricht erhalte, ob der neugewählte Pastor ihrem Ruse folgen werde; dann aber müsse er ausziehen, weil mit dem Pfarrhause noch einige Reparaturen vorzunehmen seien. Als dem Past. Sch. dieser Gemeinde-Auftrag kund getan wurde, sagte er: „Das ist gut," und die Gemeinde erwartete demgemäß nichts Anders, als daß er, ohne daß sie Zwangsmaßregeln gebrauchen müsse, ausziehen werde. Die Sache sollte aber anders kommen; Past. Sch's. Ränke sollten noch mehr an den Tag kommen, und offenbar werden, was in seinem Herzen war. Folgendes ist nun die fernere Verhandlung der Trustees mit Past. Sch. und der Verlauf des gegen ihn eingeleiteten Prozesses vor dem weltlichen Gericht.

Bald nach seiner Absetzung kam Past. Sch. eines Tages zu dem Gemeinde-Vorsteher, Herrn Doctor Bünger, dem die Gemeindebücher übergeben waren, und erbat sich, unter dem Vorwand, daß er noch Etwas einzutragen habe, das Kirchenbuch. Als er nun nach einiger Zeit dasselbe nicht wieder zurückgebracht hatte, ging Doctor Bünger zu ihm, und forderte es wieder zurück. Da sagte Past. Sch.: Es ist noch die Frage, wer das größte Recht zu dem Kirchenbuche hat, Sie oder ich.

Der Doctor: Sie haben gar kein Recht daran, Sie sind ja abgesetzt! Past. Sch.: Ich gebe Ihnen das Buch nicht; hier liegt es, wollen Sie es nehmen, so mögen Sie es tun. Doctor: Das ist mir ganz gleichgültig, ob Sie mir es geben, oder nicht; was mein ist, darf ich schon nehmen, ohne daß Sie Ihre Einwilligung dazu geben. Endlich sagte Past. Sch. zu ihm: „Die Herren Trustees sind auch hier gewesen und haben mir das Haus aufgekündiget; Sie können ihnen aber sagen, daß ich nun nicht ausziehen werde." Mit diesen Worten hatte er, denn der Gemeinde den Fehdehandschuh zugeworfen und ihr einen neuen Krieg erklärt; er zwang sie, ihr Recht vor der weltlichen Obrigkeit zu suchen, was sie sehr ungern tat. Etliche Gemeindeglieder sprachen sich dahin aus, daß sie für ihre Person lieber alles irdische Besitztum der Gemeinde verlieren, als mit Past. Sch. vor die weltliche Obrigkeit gehen wollten. Jedoch die Mehrzahl der Gemeinde wollte ihr gutes Recht behaupten, und wenn sie auf keinem anderen Wege dazu gelangen könnten, es bei der weltlichen Gerechtigkeit suchen, weil nicht sie, sondern das im Besitzhalten eines fremden Gutes von Seiten Past. Sch's. die Veranlassung dazu sei. Die Trustees schlugen nnn diesen Weg ein: Sie sandten ihm erstlich eine Note zu, in welcher ihm angezeigt wurde, daß er binnen zehn Tagen das Haus zu verlassen habe; er zog aber nicht aus. Nun schlugen sie nochmals einen friedlichen Weg ein; sie gingen nämlich selbst zu ihm, und wollten ihn bitten, daß er doch auf eine friedliche Weise das Haus verlassen möge. Als sie zu ihm kamen, hatten sie folgenden euriofen Empfang: Past. Sch. wollte sich gerade zu Tische setzen, und lud sie, der Höflichkeit gemäß, zum Essen ein. Aber kaum noch hatten die Trustees Zeit gehabt, sich für das höfliche Anerbieten zu bedanken, so fuhr Past. Sch. in seiner Rede fort, und sagte: . „Denn, hat doch der heilige Bischof Polykarp seine Feinde zum Mahl eingeladen, wie sollte ich es denn nicht tun?

Denn was Sie wollen, das sehe ich Ihnen schon an den Augen an; Sie wollen mir das Haus aufkündigen. Aber das sage ich Ihnen, daß ich auf Ihr Geheiß nicht ausziehe." Das war ein Bewillkomm, der zwar nicht eines Bischofs Polykarp, wohl aber eines Past. Sch's. würdig war. Einer der Trustees sagte ihm nun schließlich: „Vor der christlichen Kirche sind Sie bereits als ein Irrlehrer offenbar geworden, nun machen Sie es aber auch danach, daß Ihr Treiben vor der weltlichen Obrigkeit offenbar gemacht werden muß. Weil Sie es denn nun nicht anders wollen, so geschehe Ihnen, wie Sie wollen." Damit gingen die Trustees von dannen.

So wurde nun eine Klage gegen Past. Sch., der als unrechtmäßiger Besitzer das Pfarrhaus nicht verlassen wolle, bei einem Landrichter (Squire) eingebracht, konnte aber vor diesem nicht zur Verhandlung kommen, weil derselbe den Klagepunkt nicht richtig aufgesetzt hatte, und weil der Anwalt Past. Sch's. verwandte, des letzteren Vorname sei nicht richtig angegeben. — Hierauf leiteten die Trustees aufs Neue bei einem anderen Richter einen Prozeß ein, und dies war der Ausgang desselben: Weil der Anwalt Past. Sch's. zugab, daß zwar nicht Past. Sch., sondern nur seine Anhänger ein Anrecht am Pfarrhaus hätten, so entschied demgemäß die Jury, daß Past. Sch. das Pfarrhaus zu verlassen habe. Denn das war einfach der Streitpunkt, ob Past. Sch., der seines Amtes entsetzt war, noch länger das Pfarrhaus der Gemeinde in Besitz halten könne, deren Pastor er nicht mehr war. — Hierauf appellierte nun Past. Sch. an ein höheres Gericht (an die Court). Waren nun schon bereits sechs Monate darüber verflossen, daß er im unrechtmäßigen Besitz des Pfarrhauses war, so Verflossen abermals noch sechs Monate darüber, ehe die Sache vor der Court zur Verhandlung kam, während dem die Gemeinde für ihren eignen Pastor eine Wohnung mieten mußte. — Endlich kam der Tag der Court-Sitzung herbei. Die Gemeinde hatte sich einen Anwalt von St. Louis kommen lassen, der ihre Sache vor Gericht vertrat. Nach zweitägigen gerichtlichen Verhandlungen entschied die Jury, der Gerechtigkeit gemäß, daß Past. Sch. der unrechtmäßige Besitzer des Pfarrhauses sei, verurteilte ihn zu einer geringen Geldbuße von dreizehn Dollars und wies ihn an, binnen zehn Tagen das seit einem Jahr auf ungerechte Weise in Besitz gehaltene Pfarrhaus zu verlassen. Er und seine Leute, erbost über den für sie unerwarteten Ausgang der Sache, warfen zwar mit begangenen Ungerechtigkeiten, falschen Zeugenaussagen u. s. w. um sich; jedoch damit beschuldigen sie nicht uns, sondern die Obrigkeit, mit der sie, wenn sie Lust haben, es ausmachen mögen. Wir sind mit unserem guten Recht zufrieden und freuen uns, daß eine rechtgläubige Gemeinde in diesem Lande vor dem Gericht ihr gutes Recht in Betreff ihres Eigentums gegen einen Irrgeist, der ihr dasselbe zu entreißen sucht, noch finden kann.

Wenn nun endlich Past. Sch. sich heute noch, was den Lehrstreit betrifft, damit getröstet, daß, wenn die prophetischen Weissagungen nach seiner Auslegung in Erfüllung gingen, er gerechtfertigt sein werde, so bedauern wir zwar den armen, verblendeten Mann, sagen aber doch, weil er so fest auf seinem Wahn besteht: Wohlan! die Zeit soll es lehren! „Wenn der Prophet redet in dem Namen des HErrn, und wird nichts daraus, und kommt nicht, das ist das Wort, das der HErr nicht geredet hat; der Prophet hat es aus Vermessenheit geredet, darum scheue dich nicht vor ihm." (5 Mos. 18, 22.) Und abermal: „Wenn aber ein Prophet von Friede weissaget, den wird man kennen, ob ihn der HErr wahrhaftig gesandt hat, wenn sein Wort erfüllet wird." (Jer. 28, 9.) Diese Worte halten wir allen Chiliasten - Propheten entgegen und sagen: Ihr seid allzumal Lügenpropheten, wie Eure Väter, also auch Ihr! Ihr seid Propheten wie Hananja zur Zeit der babylonischen Gefangenschaft, dessen Urteil Ihr Jeremia am 28. lesen könnt. Wie Eure Erzväter, die Juden, die ein herrliches Messiasreich weissagten, und wie Eure Väter, die die Zeit und Stunde des tausendjährigen Reiches vorher bestimmten, zu Schanden geworden sind: so werdet auch Ihr, und Alle, die der Wahrheit sehlen, zu Schanden werden. Wir berufen uns im Gegensatz zu Euch auf den jüngsten Tag, der Euch, die Ihr es leugnet, daß er jeden Tag hereinbrechen kann. plötzlich überfallen wird. Da wird der HErr, nicht nach Euren chiliaslifcken Auslegungen der prophetischen Weissagungen, sondern nach seinem klaren Wort zwischen uns und Euch entscheiden, nicht anders, als wie er jetzt schon in seinem klaren Wort zwischen uns und Euch entschieden hat. Weil Ihr aber das Letztere nicht glaubt, so berufen wir uns gegen Euch auf den jüngsten Tag, der fröhlichen Zuversicht lebend, daß er bald hereinbrechen wird. — Es spricht, der solches zeuget: Ja, ich komme bald. Amen. Ja, komm HErr JEsu!

> Ihr lieben Christen, freut euch nun,
> Bald wird erscheinen Gottes Sohn,
> Der unser Bruder worden ist,
> Das ist der lieb' HErr JEsus Christ.
> Der jüngste Tag ist nun nicht sern,
> Komm, JEsu Christe, lieber HErr.
> Kein Tag vergeht, wir warten dein,
> Und wollten gern bald bei dir sein.
> Verlachen ist der Widerchrist,
> Sein Heuchelei und arge List
> Sind offenbar und gar am Tag.
> Deß führt er täglich große Klag!
> Eil, lieber HErr, eil zum Gericht,
> Laß sehn dein herrlich Angesicht,
> Das Wesen der Dreifaltigkeit.
> Deß helf uns Gott in Ewigkeit! — Amen.

Anhang.

Motto! „Hilf deinem Volk, und segne dein Eroe, und weide sie, und erhöhe sie ewiglich." Ps. 28, 9,

Wir lassen hier nun noch einen kurzen Anhang folgen, um die Geschichte der hiesigen Gemeinde bis auf die Gegenwart zu vervollständigen. — Nach Past. Schieferdecker's Absetzung schritt die Gemeinde alsbald zu einer neuen Predigerwahl. Daß diese Wahl von allen rechtschaffnen Christen in der Gemeinde mit brünstigem Flehen zu Gott vorgenommen wurde, ist wohl zu erachten; denn sie hatten seit ein paar Jahren durch das Gegenteil erfahren, welch eine große Gabe Gottes ein reiner Lehrer sei, und wünschten nun Nichts sehnlicher, als daß ihnen Gott doch auch einen solchen bescheren möchte. Vielleicht hatten sie früher diese Gabe nicht so groß geachtet, darum strafte Gott die Geringachtung durch Entziehung seiner Gabe. — Wir armen Menschen sind ja so beschaffen, daß wir die Wohltaten, wenn wir sie ungestört besitzen, nicht groß achten; so gehen wir schon mit den leiblichen Wohltaten, vielmehr aber noch mit den geistlichen Wohltaten leichtfertig um. Und je größer die Gabe ist, je weniger wird sie gemeiniglich geachtet. Was kann wohl für eine größere leibliche Gabe auf Erden sein, als ein reiner, frischer Trunk Wassers? Und doch wie gering wird sie geachtet, wenn sie reichlich vorhanden ist! Was kann wohl für eine größere geistliche Gabe auf Erden sein, als Gottes reines, lauteres Wort und die ungefälschten Sakramente? Und doch wie gering werden sie geachtet oder gar verachtet und mit Füßen getreten! —
Auch die klugen Jungfrauen werden oft schläfrig, verlassen die erste Liebe und vergessen der Reinigung ihrer vorigen,

Sünden. Da muß sie dann der HErr ernstlich aufwecken, damit sie nicht gar in den geistlichen Tod zurückfallen. Und dazu hat Er mancherlei Mittel und Wege; Er kann unsere Undankbarkeit schon heimsuchen, wenn Seine Zeit dazu gekommen ist.

Das Resultat der von der Gemeinde damals angestellten Wahl war, daß die Mehrheit der Stimmen auf Pastor Hoyer in Philadelphia gefallen war. Dieser nahm aber den Beruf nicht an, sondern ging bald darauf nach Deutschland zurück, wo er gegenwärtig an der Christus-Kirche in Hannover steht. Hierauf stellte die Gemeinde eine Vokation an Herrn Past. Lochner in Milwaukee aus; aber auch er lehnte sie mit triftigen Gründen ab und kam nicht. Darnach berief sie Herrn Past. Paul Beyer, der damals in Memphis, im Staate Tennessee, stand. Dieser erkannte in der Vokation der Gemeinde einen göttlichen Ruf und nahm sie an, traf sodann in der Osterwoche 1858 hier ein und hielt am Charfreitage seine Eintrittspredigt. Mit großer Freude und herzlicher Liebe wurde er von der Gemeinde empfangen, die ihm ihr vollstes Vertrauen schenkte. In dem ersten Jahre seines Hierseins war aber seine Stellung nichts weniger als beneidenswerth. Der von der Gemeinde wegen falscher Lehre seines Amtes entsetzte Past. Schieferdecker hielt noch ungerechter Weise das Pfarrhaus in Besitz, und Past. Beyer mußte während dem bei einem Gemeindegliede wohnen. Au Feindseligkeiten mancherlei Art fehlte es auch nicht, die durch die Rottirerei herbeigeführt worden waren, und die Prozesse, die die Gemeinde wegen ihres Eigentums mit Past. Schieferdecker führen mußte, führten auch manche Unannehmlichkeiten für Past. Beyer mit sich. Er hat aber auch in diesem Stück mit Rat und That der Gemeinde treulich beigestanden, wofür er freilich von den Chiliasten genug geschmäht worden ist, die es ja auf's Höchste verdroß, daß sie an ihm einen nach allen Seiten hin entschiedenen und gewandten Gegner gesunden hatten. Unsere Gemeinde aber ist ihm dafür von Herzen dankbar gewesen, ist es auch jetzt noch und wird es auch fernerhin bleiben.

Bis zum Jahre 1863, etwas über fünf Jahre, hat Herr Past. Beyer der hiesigen Gemeinde mit der lauteren Predigt des göttlichen Worts und mit rechter Verwaltung der heil. Sakramente treulich gedient; neben dem hat er auch drei Jahre lang (nach dem Abgange Herrn Past. Löbers) die Gemeinde in Frohna als Filial mit bedient. Unter seiner Pflege nahmen die Gemeinden wie innerlich an Erkenntnis, so äußerlich an Gliederzahl zu, so daß die Zahl der Abgefallenen bald wieder ersetzt ward. Auch von den Abgefallenen kehrten Einige bußfertig wieder zurück, die nicht um des Chiliasmus willen, sondern aus persönlicher Anhänglichkeit an Past. Schieferdecker im ersten Sturm mit fortgerissen worden waren, die aber bald von seiner Unlauterkeit überzeugt wurden und in Folge des sich von ihm lossagten. — Hier müssen wir besonders eines Mannes Erwähnung tun, der zwar bei seinen Lebzeiten nicht mehr zu unserer Gemeinde zurückgekehrt ist, der aber doch noch vor seinem Ende seinen Irrtum in Betreff des Chiliasmus erkannt und seinen Abfall von einer rechtgläubigen Gemeinde bereut hat. Es ist dies weiland Herr Karl Julius Otto Nitzschke. Wir wollen den Hergang dieser Sache, wie er von Herrn Prof. Walther im „Lutheraner," Jahrg. 19, No. 3., S. 22. mitgeteilt worden ist, mit dessen eignen Worten hier folgen lassen. Da heißt es also:

„Nachdem Herr Past. Schieferdecker wegen seines, mehre Hauptartikel des christlichen Glaubens erschütternden Chiliasmus von unserer Synode ausgeschlossen und durch eine sehr bedeutende Mehrheit der Glieder seiner Gemeinde in Altenburg, Perry Co., Mo., von seinem Amt entlassen worden war, stiftete derselbe in Altenburg eine Gegengemeinde;

zu derselben schlug sich denn auch damals der Obenerwähnte, Herr Nitzschke, unter den Gliedern der Chiliasten Gemeinde das kenntnißreichste. Schon früher mit der Entschiedenheit der Missouri-Synode in Sachen der Lehre unzufrieden, wurde er bald der eifrigste und einflußreichste Gegner der alten lutherischen Gemeinde in seiner Partei. Je höher aber gerade ihm friedliche Zustände der Kirche standen, um so eher wachte bei ihm das Gewissen auf wegen der Sünde der Kirchenspaltung, die er mit verursacht und unterhalten hatte. Es ergriff ihn darüber große Unruhe des Herzens. Dazu kam, daß er namentlich durch einen in „ „Lehre und Wehre"" erschienenen Aufsatz davon schließlich überzeugt worden war, daß der Chiliasmus alles biblischen Grundes entbehre, und daß ein gewisses Gespräch es an den Tag gebracht hatte, daß Herr Past. Schieferdecker selbst seinen ChiliasmuS im Grunde doch nur für eine menschliche „Meinung" achte. Dies alles machte dem lieben Nitzschke seine und seiner Partei Stellung immer bedenklicher und verdächtiger, versetzte ihn in große Gewissensangst und erweckte in ihm das sehnliche Verlangen, mit seinen alten lutherischen Brüdern und Freunden versöhnt und auf dem alten Grunde wieder mit ihnen vereinigt zu werden. Er zauderte aber noch immer, Schritte zu diesem Zwecke zu tun. Was geschah? Einstmals stürzte er plötzlich, wie vom Schlag gerührt, zusammen, und als er wieder zu sich kam und sah, wie nahe ihm sein Ende gewesen war, erkannte er diesen gefährlichen Zufall sogleich für eine Stimme Gottes, die ihn rufe, sein Haus zu bestellen und daher namentlich in Betreff seines Verhältnisses zu seinen alten lutherischen Brüdern und Freunden sein beschwertes Gewissen zu erleichtern und zu reinigen. Da war es denn leider! Herr Past. Schieferdecker, der es dahin brachte, daß Herr Nitzschke dem Drange seines Gewissens damals wenigstens nicht vollständig Genüge tat. Die alte Unruhe blieb daher in seinem

Inneren. Endlich aber brach er durch und gewann es nun über sich, seine alten Brüder hier in St. Louis und unter anderen auch uns (Herrn Prof. Walther), gegen den er früher insonderheit eingenommen gewesen war, aufzusuchen. Hier erklärte er uns denn außer dem bereits Erzählten, daß er von allen Höhen endlich wieder herabgestiegen sei, seinen einigen Glaubens- und Hoffnungsgrund allein in den Lehren des kleinen Katechismus gesunden habe und daß sein Motto jetzt sei: ""*Nil sum*"" (Ich bin nichts). Von Verteidigung der vermeintlichen Rechtgläubigkeit und des Verhaltens seines damaligen Seelsorgers und seiner Gemeinde war mit keiner Sylbe die Rede, wohl aber von Schmerz über die Vergangenheit und von der (wenn auch schwachen) Hoffnung, daß sowohl in Hernn Past. Schieferdecker als in seiner Gemeinde ein Umschwung geschehen sei, welcher beide geneigt gemacht habe, umzukehren. Er bat uns daher recht dringend, wir möchten doch Herrn Past. Schieferdecker mit einem freundlichen Schreiben entgegenkommen; er (Nitzschke) versprach sich davon bei dem gegenwärtigen Stand der Sachen den gesegnetsten Erfolg. Er wünschte von Herzen, selbst Ueberbringer des Brieses zu sein; es tat ihm daher sehr leid, daß wir damals (es war kurz vor den Sitzungen unserer Districts-Synode) nicht sogleich s treiben konnten. Wohl machte dies allerdings auf uns „„einen tiefen Eindruck,"" nicht aber in dem Sinne, daß wir unserem ölten Freunde Schieferdecker mit unserer Synode ein Unrecht zugefügt zu haben nun geglaubt hätten, sondern so, daß wir ans des lieben seligen Nitzschke Eröffnungen schließen zu können meinten, unser alter Freund fange durch Gottes Gnade an, zu wanken und der biblisch-lutherischen Wahrheit auch in der Lehre von den letzten Dingen wieder zugänglich zu werden. Als wir von den Sitzungen unserer Synode wieder heimkehrten und hörten, daß Herr Nitzschke noch während seines Aufenthaltes in St. Louis, im Kreise seiner alten Brüder und Freunde, plötzlich gestorben sei, waren wir nun dennoch entschlossen, unser, dem Seligen gegebenes Versprechen zu losen und an Herrn Past. Schieferdecker ein freundliches Schreiben zurichten, ob vielleicht die selige Stunde gekommen sein möchte, wo derselbe der Stimme der Wahrheit in Liebe offen geworden. Wir meinten, gerade der merkwürdige Fall mit Herrn Nitzschke, den Gott ganz offenbar auf wunderbare Weise aus seinen Irrungen zurückgeführt hatte, werde an Herrn Past. Schieferdecker's Herzen auch nicht vergeblich vorübergegangen sein. So begannen wir denn unser Schreiben. Bald aber mußten wir zu unserem großen Leidwesen hören, daß ein solches Schreiben wohl kaum die gehoffte Aufnahme finden werde. So haben wir denn dasselbe bisher unterdrückt. Da nun aber Herr Past. Schieferdecker selbst desselben öffentlich Erwähnung getan, so gedenken wir dasselbe, sobald der „Lutheraner" dazu Raum haben wird, auf diesem öffentlichen Wege Herrn Past. Schieferdecker zugehen zu lassen. Durch dasselbe, wie wir es kurz nach unserer Unterredung mit dem seligen Nitzschke niedergeschrieben haben, dürfte am sichersten der Eindruck, den jene Unterredung auf uns gemacht, ersehen werden, indem wir zugleich auch die Hoffnung noch nicht aufgeben, daß ein gutes Wort eine gute Statt finden könne und werde."

Aus vorstehender wahrheitsgetreuer Darstellung, die nicht bloß von Herrn Prof. Walther, sondern auch von mehreren Ohrenzeugen aus den vertrautesten Freunden des sel. Herrn Nitzschke erhärtet ist, ist zu ersehen, daß Herr Nitzschke noch vor seinem Ende seinen Irrtum er- und bekannt und seine Mitbeförderung der gottlosen Rottirerei hier in Altenburg bereut hat; an dem Abtun und Gutmachen seines Unrechts aber hat ihn sein in St. Louis plötzlich erfolgter Tod verhindert. — Was aber das von Herrn Nitzschke begehrte Schreiben Herrn Prof. Walthers an Herrn Past. Schieferdecker betrifft, so ist das auch wirklich erfolgt; und wiewohl es nicht die von Herrn Nitzschke gehoffte und die von Herrn Prof. Walther gewünschte Frucht an Past. Schieferdecker geschafft hat, so ist ihm doch in demselben die Wahrheit nochmals vorgehalten und mit der That bezeugt worden, daß nicht etwa persönlicher Haß, sondern nur seine falsche Lehre uns und ihn von einander scheiden. Wir lassen das Schreiben als ein gar wichtiges und inhaltsvolles Document hier nachfolgen, wie es lautet; nur an einem Orte werden wir einige Zitate aus der Väter Schriften wegfallen lassen. Er lautet also: *)

„Mir noch immer teurer alter Freund! Als vor Kurzem der nun selige Nitzschke bei mir war, sich mit mir zu versöhnen, und mir das Bekenntnis zu tun, daß er zur alten lutherischen Einfalt zurückgekehrt sei und daher nicht länger an der Spaltung Teil nehmen wolle, die er mit befördert habe, da forderte er mich auf, mit Dir wieder schriftlich anzuknüpfen, indem er hoffe, daß ein Wort von einem alten Freund unter Gottes Segen die selige Frucht einer Wiedervereinigung auf Grund der Lehre unserer Kirche, deren Diener ja auch Du sein wollest, sein könne. Diese Aufforderung ist mir nicht nur auf das Gewissen gefallen, sondern kommt auch einer schon längere Zeit in mir sich regenden Sehnsucht entgegen. Wohlan, in Gottes Namen! Nimm denn diese Zeilen so freundlich an, in so freundlicher Gesinnung ich sie schreibe.

Wir waren, mein teurer Schieferdecker, früher herzinnig einig. Neben dem Band Eines Glaubens umschlang uns längere Zeit auch das Band wahrer Freundschaft. Mein einziger Amtsnachbar in Zeiten großer innerer und äußerer Kämpfe, warst Du iu dieser Zeit zugleich der Vertraute meines Herzens, dem ich mich so gern aufschloß und in dessen Gemeinschaft ich so oft Stärkung meines schwachen Glaubens, Rat und Trost empfing; und auch Du schlossest Dich mir oft vertreinungsvoll auf und, beschwerten Herzens gekommen, gingst Du nicht

---

*) Siehe "Lutheraner" Jahrg. 19. Nr. 4. S. 25—29.

selten nach Deinem eigenen Geständniß leichten, in Gott frohlichen Herzens wieder von dannen. Nichts lag zwischen uns. Meine geistliche Mutter war Deine geistliche Mutter, meine Lehrer waren Deine Lehrer, mein Glaube Dein Glaube, mein Bekenntnis Dein Bekenntnis, meine Sorge Deine Sorge, mein Kampf Dein Kampf, meine Schmach Deine Schmach. Als ich vor mehr als achtzehn Jahren mich im Namen des HErrn entschloß, den „Lutheraner" ausgehen zu lassen, der der Verteidigung des teuren Vermächtnisses unserer Mutterkirche gewidmet sein sollte, da warst Du es, der nicht nur, so oft ich kleinmütig werden und die Hand vom Pfluge zurückziehen wollte, mich in meinem Vorsatz immer wieder bestärkte, sondern der auch freudig Schwert und Kelle ergriff und nun mir zur Seite kämpfte und baute; wovon jeder der früheren Jahrgänge des nun achtzehnjährigen Blattes tatsächlich Zeugnis gibt. Als vor sechzehn Jahren Gott Gnade gab zur Bildung einer in Lehre und Praxis auf dem Bekenntnis unserer teuren ev.-luth. Kirche sich erbauenden Synodalgemeinschaft, da warst wieder Du es, der in eifrigster Förderung dieses Werkes mit mir Ein Herz und Eine Seele war. O wie fröhlich kamen wir da oft zusammen und stärkten uns gegenseitig in der Hoffnung, daß der HErr unserer Kirche hier wieder eine Zeit der Erquickung bescheren werde! Du wirst einstimmen, wenn ich sage: Die Tage dieser glaubens- und amtsbrüderlichen, sowie Amts-, Bekenntniß- und Kampfesgemeinschaft waren gesegnete, selige Tage.

Aber was ist geschehen? — eine große Kluft hat sich zwischen uns aufgetan. Und nicht nur zwischen uns, sondern auch zwischen der ganzen kirchlichen Gemeinschaft, zu der ich gehöre, und derjenigen, welche Du gegründet hast. Eine Kirchenspaltung trennt uns. .

Wie? habe ich, haben die mit mir verbundenen Brüder etwa die vormals von uns gemeinschaftlich festgehaltene Lehre fahren lassen? Sind wir unserer alten lutherischen Kirche untreu geworden? Erkennen wir die Lehrer, zu deren Füßen einst Du und ich gemeinschaftlich saßen, nicht mehr für unsere Lehrer an? Haben wir uns einer neuen Lehre zugewendet? — Du mußt es selbst gestehen; nein, nicht wir — Du bist ein Anderer geworden, und das ist die Ursache der erfolgten Spaltung.

Willig gestehe ich nun wohl ein, es gibt Spaltungen, es gibt Absonderungen, deren Beförderung man nicht zu bereuen hat; ja, es gibt ein Ausgehen aus einer Gemeinschaft, ohne welches man seinem Gott nicht treu sein kann. Von solcher gottgefälligen Spaltung und Absonderung redet Gottes Wort, wenn es heißt: „"Ich vermahne aber euch, lieben Brüder, daß ihr aufsehet auf die, die da Zertrennung und Aergerniß anrichten neben der Lehre, die ihr gelernet habt, und weichet von denselbigen."" Rom. 16, 17. „ „Ziehet nicht am fremden Joch mit den Ungläubigen. Denn was hat die Gerechtigkeit für Genieß mit der Ungerechtigkeit? Was hat das Licht für Gemeinschaft mit der Finsterniß? :e. Darum gehet aus von ihnen und sondert euch ab, spricht der HErr, und rühret kein Unreines an: so will ich euch annehmen und euer Vater sein, und ihr sollt meine Söhne und Töchter sein, spricht der allmächtige HErr."" 2 Cor. 6, 14—18. Vergleiche 1 Tim. 6, 3—5.; Tit. 3, 10. 11.; 2 Joh. 10. 11. Von falschen Lehrern also und von den von ihnen gestifteten Gemeinschaften soll man sich allerdings absondern. Von ihnen zu weichen ist nicht nur kein Unrecht, sondern jedem Christen bei Verlust der göttlichen Gnade und seiner Seligkeit von Gott selbst geboten. Eine solche gottselige Spaltung war einst das Ausgehen unserer lutherischen Kirche aus der Gemeinschaft des Papsttums, auf Grund jener Stimme vom Himmel: „ „Gehet aus von ihr (der geistlichen Babylon), mein Volk, daß ihr nicht teilhaftig werdet ihrer

Sünden, auf daß ihr nicht empfanget etwas von ihren Plagen,"" Offenb. 18, 4. Ein solches gottseliges Ausgehen war es ferner, als Luther in Marburg die ihm von den im Glauben abirrenden Zwinglianern dargebotene Bruderhand nicht ergriff, alle Brüderschaft ihnen verweigerte und sprach: „ „Ihr habt einen anderen Geist als wir,"" mochte daraus immerhin eine noch so große äußerliche Verwirrung entstehen. Daher sprechen denn unsere Väter in dem ersten Anhang der Schmalkaldischen Artikel: Von der Gewalt und Obrigkeit des Papstes: „"„Schwer ist es, daß man von so viel Landen und Leuten sich trennen und eine sondere Lehre führen will, aber hie stehet Gottes Befehl, daß jedermann sich soll hüten und nicht mit denen einhellig sein, so unrechte Lehre führen.""

Aber es gibt, wie Du weißt, teurer alter Freund, auch eine Spaltung, die von Gott nicht geboten, sondern verboten ist, die nicht zur Ehre des göttlichen Namens, sondern zu dessen Verlästerung dient, die der Kirche nicht Segen und Gedeihen, sondern Fluch und Jammer bringt, nicht die von Christo erlösten Seelen vor Verunreinigung und Verführung bewahrt, sondern in Sünde, Tod und Verderben stürzt, die man nicht bei Verlust göttlicher Gnade und seiner Seligkeit vollziehen, sondern bei Verlust göttlicher Gnade und seiner Seligkeit scheuen soll, die daher nicht eine selige, sondern eine unselige ist und eine ewige Absonderung von der Gemeinschaft Christi und seiner triumphierenden Kirche zum Lohn haben wird. Wehe, wehe dem, wirst Du selbst mit mir ausrufen, welcher sich dieser Spaltung der Kirche, des Leibes JEsu Christi, schuldig macht! Zwar ist zu dieser unserer Zeit die Kirche bereits so vielfältig zerspalten und zerklüftet, daß die Gewissen gegen die Sünde der Spaltung abgestumpft sind; jeder selbstkluge Mensch meint, sich einen großen Namen in der Kirche gemacht zu haben, wenn er im Stande gewesen ist, einen Teil von einer kirchlichen Gemeinschaft loszureißen und um seine Person zu versammeln und den fast zahllos gewordenen „"Denominationen"" eine neue hinzuzufügen, sei es unter einem neuen, oder unter dem alten Namen. Aber mag das Gewissen über eine allgemein gewordene Sünde schweigen, oder doch als über eine Sache irrenden „"heiligen"" Eisers kein Verdammungs-Urteil fallen: Gottes Wort stumpft sich nicht mit ab, Gottes Wort bleibt lebendig und kräftig, und sein Verdanmmngs-Urteil bleibt stehen. .

Du wirst mit mir übereinstimmen, wenn ich behaupte, daß es namentlich aus dem ersten Briese St. Pauli an die Korinther ersichtlich ist, welches denn eigentlich eine durch Gottes Wort verdammte Kirchenspaltung sei. Dort heißt es nämlich Cap. 11,18. u. 19.: „"Wenn ihr zusammenkommt in der Gemeinde, höre ich, es seien Spaltungen unter euch; und zum Teil glaube ich es. Denn es müssen Rotten unter euch sein, auf daß die, so rechtschaffen sind, offenbar unter euch werden."" Hiernach gibt es offenbar zweierlei sündliche Kirchenspaltungen; die einen sind bloße Spaltungen, die anderen Rotten. Was der Apostel unter bloßer Spaltung verstanden haben will, zeigt er selbst an, wenn er im Anfang seines Brieses schreibt: „"Ich ermahne euch aber, lieben Brüder, durch den Namen unseres HErrn JEsu Christi, daß ihr allzumal einerlei Rede führet und lasset nicht Spaltungen unter euch sein, sondern haltet fest an einander in Einem Sinn und in einerlei Meinung,"" 1 Cor. 1, 10.; und wenn er nun darüber klagt, daß die Korinther sich darum von einander abgesondert hätten, daß die Einen es insonderheit mit Paulus, Andere mit Apollo, Andere mit Kephas hielten, die ja sämtlich nur Eine Lehre führten und nur mit verschiedenen Gaben geschmückt waren. Eine sündliche bloße Spaltung ist also schon jede Absonderung der Christen von Christen bei Einheit in der Lehre um anderer Dinge willen, die das Heil der Seelen nicht betreffen, wodurch aber das Band der Liebe zerschnitten wird; obgleich jedoch in der Regel endlich auch Uneinigkeit im Glauben, Lehre und Bekenntnis dadurch erzeugt wird. Was nun aber der Apostel unter einer Rotte oder Secte verstanden wissen will, erhellt am deutlichsten aus 2 Pet. 2, 1., wenn es heißt: „„Wie auch unter euch sein werden falsche Lehrer, die neben einführen werden verderbliche Secten."" Es sind hiernach die Rotten oder Secten solche Kirchenspaltungen, welche von falschen Lehrern um ihrer falschen Lehre willen neben eingeführt werden, dergleichen Spaltungen unter den Korinthern diejenigen sich schuldig gemacht haben mögen, welche sagten: „„Die Auferstehung sei nichts,"" 1 Cor. 15, 12. Laß mich Dich nun, mein lieber Schieferdecker, auf das Gewissen fragen: Was für eine Spaltung ist es, die Du veranlaßt hast? Ist es eine solche, von der Gerhard sagt: „ „O seliges Schisma!""? Steht die Sache so, daß Du lieber die kirchliche Gemeinschaft mit uns aufgeben, als falscher Lehre von unserer Seite Dich teilhaftig machen, oder eine in Gottes Wort zur Seligkeit klar geoffenbarte Lehre verleugnen wolltest? Hast Du ein Schisma gemacht, durch welches Du mit Christo und der wahren allgemeinen Kirche vereinigt worden bist? Mußt Du nicht vielmehr zugestehen, daß alle die Hoffnungen von der Zukunft, die Du auf gewisse prophetische Stellen gründen zu können meinst, Dich trügen können? Daß Du also um einer bloßen menschlichen Meinung willen eine Spaltung der Kirche verursacht hast und unterhältst? Oder kannst Du leugnen, daß Du im Innern Deines Herzens Deine eschatologischen (die letzten Dinge betreffenden) Anschauungen für Nichts mehr, als für eine bloße, in Gottes Wort nicht unerschütterlich gegründete, zur Seligkeit nicht klar geoffenbarte — Meinung selber hältst? Bist Du nicht mit Deiner jetzigen hättest Du aber dieses Compromiß machen können, hieltest Du dafür, Deine Hoffnungen seien in Gottes Wort zum Heib der Seelen geoffenbarte Wahrheiten? Würde denn Dein Gewissen Dir nicht sagen, daß Du ein untreuer Haushalter über Gottes Geheimnisse feiest, daß Du Dich zum Herrn des Wortes, anstatt zum Diener desselben (Lue. 1, 2.) machest, daß Dich der Fluch -treffen müsse, der denen gedroht ist, die etwas davon tun?(Offb. 22,19.; Deut.4,2.) Müßtest Du nicht erröthen und erschrecken als ein Schalksknecht, so oft Du liesest, was Paulus, allen Dienern des Wortes zum Vorbild und zur Prüfung, von sich bekennt: „"Ihr wisset.., wie ich nichts verhalten habe, was da nützlichist, daß ich euch nicht verkündiget hätte und euch gelehret öffentlich und sonderlich... Darum zeuge ich an diesem heutigen Tage, daß ich rein bin von Aller Blut; denn ich habe euch nichts verhalten, daß ich nicht verkündiget hätte alle den Rat Gottes,"" Av. G. 20,18.20.26.27. Hieltest Du Deine chiliastischen Gedanken wirklich von Herzen für in der Schrift geoffenbarte göttliche Wahrheiten, müßtest Du dann nicht Dich selbst anklagen, daß das Blut vieler Seelen an Deinen Händen klebe, die sich Dir anvertraut haben und denen Du göttliche, zum Heil geoffenbarte Wahrheiten verhalten hast und verhältst? Ich leugne nicht, daß es manche zum Heil geoffenbarte Wahrheiten gibt, die mancher treue Prediger entweder aus Unwissenheit und Schwachheit nie gepredigt, oder weil er sie für zu starke Speise hielt, ihre öffentliche Verkündigung für spätere Zeit verspart hat, ohne daß er darum des Blutes der ihm anvertrauten Seelen schuldig wurde. Aber kann derjenige ein treuer Diener Gottes und seines geschriebenen Wortes sein, der sich dazu verbindlich machen läßt, solche Wahrheiten zu verschweigen, von denen er göttlich überzeugt ist, daß sie in Gottes Wort geoffenbart sind?

Ein treuer Knecht des HErrn wird immer mit Paulus sagen: „„„Gottes Wort ist nicht gebunden,"" 2 Tim. 2, 9. Ja er würde lieber sterben, als solch einen Vertrag eingehen, durch den Gottes Wort gebunden würde; wer es tut, ist ein Traditor,*) ein Verleugner Christi, den Christus wieder verleugnen wird vor seinem himmlischen Vater. Daß Du so stehest, kann ich nicht glauben. Ich muß vielmehr annehmen, daß Du eben darum mit Deiner Gemeinde jenes Uebereinkommen getroffen hast, weil Dir Dein Gewissen sagt, daß Dein Chiliasmus doch nur eine menschliche Meinung, nicht etwas Dir zur Verwaltung in dem Hause des lebendigen Gottes Vertrautes ist, daß er eine „ „Opinio"" ist, auf welche Du nicht leben und sterben, auf der Du nicht, Menschen mögen darob lachen oder zürnen, feststehen kannst, nicht eine geoffenbarte Wahrheit, die Du, während Du die Folgen davon ruhig Gott, der sie der Welt, und insonderheit seiner Kirche geschenkt hat, zu überlassen hast, predigen müssest. Kurz, Du kannst es nicht leugnen, Du hast es mit der That vor der Welt bekannt, Dein Chiliasmus sei keine gewisse göttliche Wahrheit, sondern eine menschliche Meinung. **)

---

*) „Traditoren" nannte man diejenigen, die in den ersten Christenverfolgungen, besonders unter dem gottlosen Kaiser Diceletian, die heiligen Bücher und Gefäße auslieferten. Also ist ein Traditor so viel, als ein feiger Verräter an dem heiligen göttlichen Wort.

**) In allen Verhandlungen, die mit Past. Sch. gepflogen worden sind, hat er, wenn er in die Enge getrieben wurde, fort und fort erklärt, er wolle seine Meinung von den letzten Dingen nicht zu einem Glaubensartikel machen, sondern er hege sie nur als Hoffnung. Wurde ihm dann nachgewiesen, daß, wenn es eine christliche Hoffnung sei, sie dann auch ein Stück des christlichen Glaubens sein müsse, weil die Gegenstände der christlichen Hoffnung zugleich Wegenstände des christlichen Glaubens waren, nur mit dem Unterschied, daß die Gegenstände der Hoffnung in der Zukunft lägen — so nahm er diese Ausflucht: Es sei ein Unterschied zu machen unter einer unfehlbaren Hoffnung und einer möglicher Weise fehlbaren Hoffnung. Somit gestand er zu, daß seine Hoffnung fehlen könne, und doch sagte er immer wieder, sie habe Grund in Gottes Wort; daß das aber eine lästerliche Rede ist, kann ein Dreder einsehen. Oder ist nicht des HErrn Wort gewiß und wahrhäftig?

Ist es aber etwas Anders, was Dich bewogen hat, uns, Deinen alten Freunden und Brüdern, den Rücken zu kehren? Haben wir Dich etwa persönlich beleidigt? Haben wir an Dir wider die Liebe gesündigt? Wohl will ich mich bei dieser Frage nicht für schuldlos erklären; denn obwohl ich mir in dieser Beziehung nichts bewußt bin, so bin ich doch damit nicht gerechtfertigt. Wie leicht kann man nach seinem verkehrten, verderbten Herzen seinem Bruder Wunden schlagen, ohne es zu wollen, ja, während man ihn heilen will! Aber das kann die wahre Ursache unserer Trennung nicht sein, denn wie leicht wäre dieser Trennungsgrund gehoben gewesen! Wie gern wollte ich Dir für jede an Dir begangene Versündigung die schuldige Genugtuung leisten, privatim und öffentlich! Aber nein, ich glaube, Du wirst es selbst nicht in Abrede stellen, es sind nicht persönliche Beleidigungen, es ist die eingetretene Verschiedenheit in der Lehre, die uns trennt. Und mi n bedenke, was das für eine Lehre ist, die Dich bewogen hat, Dich nicht mehr mit uns gemeinschaftlich zu der Lehre zu bekennen, welche unsere Kirche in den Zeiten ihrer Blüthe bekannt hat? zu der Lehre, zu welcher sich die erleuchtetsten, begabtesten, frömmsten Söhne und Diener unserer Kirche, ein Luther, ein Brenz, ein Melanchthon, ein Chemnitz, ein Johann Gerhard u. s. f. bekannt haben? Du leugnest es selbst nicht — es ist der —**Chiliasmus**! — Eine Lehre, um welcher willen unsere lutherische Kirche, in den Zeilen, wo noch kirchliche Lehrzncht geübt wurde, diejenigen ihrer Prediger, welche derselben huldigten, ihres Amtes entsetzt hat; eine Lehre, von der Dir Dein Gewissen selbst sagt, daß sie nicht auf einem klaren, unumstößlichen Worte Gottes beruht, daß sie eine menschliche Meinung ist! Und nicht nur hast Du lieber uns, Deinen alten Freunden und Brüdern, den Rücken gekehrt, als diese Meinung aufzugeben, sondern Du hast auch lieber in unserer Kirche, mitten in unseren Gemeinden Spaltungen gemacht, Gemeinde gegen Gemeinde, Predigtstuhl gegen Predigtstuhl, Altar gegen Altar aufgerichtet, anderen Hirten anvertraute Seelen unter Deine Pflege genommen, und zwar nicht allein aus Deiner vormaligen, sondern auch aus anderen Gemeinden „„Jünger"" an Dich gezogen und in Deine Gegengemeinde aufgenommen. *) Ist das nicht erschrecklich? Erschrecklich genug wäre es schon, wenn Du dies darum getan hättest, weil Du Deine Irrlehre für eine göttlich gewisse, zur Seligkeit nötige Wahrheit hieltest. Dann sündigtest Du jedoch nur mit irrendem Gewissen. Aber wo willst Du eine Entschuldigung für die Sünde der Kirchenspaltung finden, da Dir Dein Gewissen selbst sagt, daß Du dieselbe um einer menschlichen Meinung willen verursacht hast, die Du nicht fahren lassen, nicht auf sich beruhen lassen willst!?

Sprich nicht: „„Ich habe mich nicht von euch getrennt, ihr habt euch ja von mir getrennt und mich aus eurer Gemeinschaft hinausgethem. Ich wäre ja gern bei euch geblieben."" Wohl wolltest Du leiblich bei uns bleiben, aber nachdem Du Dich durch Deine neue Lehre bereits innerlich von uns getrennt hattest. Ich erinnere Dich hiebet wieder an jenen Ausspruch des Chrysostomus: „„Nicht derjenige geht von der Kirche aus, welcher leiblich ausgeht, sondern welcher geistlich die Gründe der göttlichen Wahrheit verläßt."" So oft die Kirche sich genötigt gesehen hat, solche, welche neue Lehre aufbrachten und sich davon nicht abbringen lassen wollten, aus ihrer

------

*) Und man bedenke nur, daß er diese sogenannten „Jünger" schon an sich angezogen hat, noch ehe er von der Synode ausgeschlossen und von der Gemeinde abgesetzt war. Wer ist denn wohl ein Rottirer, wenn Schieferdecker lemer ist? Mit Recht halten wir ihm die Worte St. Petri vor: „Niemand aber unter euch leide als ein Mörder, oder Dieb, ober Uebeltäter, oder der in ein fremd Amt greift." I Pet. 4,15. Das hat er getan!

Gemeinschaft hinauszutun, so oft hat sie die Spaltung nicht verursacht, sondern erlitten. Du weißt auch recht wohl, daß wir Dich nicht in ungestümer Hast und in persönlicher Abneigung, oder auch nur in Gleichgültigkeit gegen Deine Person hinausgetan haben, sondern nach vielen und ernstlichen, über Jahr und Tag andauernden, in brüderlichem Geiste geführten Verhandlungen, unter Bitten und Flehen zu Gott um Erweichung Deines Herzens, mit einem blutenden Herzen und weinenden Augen. Wir mußten dies tun, wenn wir nicht das uns anvertraute Kleinod der reinen, göttlichen Lehre unserer Kirche, deren Diener und Wächter wir sind, treulos verschleudern, in unsere, in Lehreinigkeit stehende kirchliche Gemeinschaft den Todeskeim nicht selbst pflanzen, der Herrschaft von Menschengedanken und dem Eindringen einer überaus gefährlichen Schwärmerei nicht Thür und Thor öffnen, nicht Verräter an unseren Gemeinden und an der ganzen Kirche werden wollten. Mußtest Du doch selbst in unsern Verhandlungen mit Dir erklären: „"„In Anbetracht, daß wir der Ueberzeugung seien, wir könnten eine solche Hoffnung, wie Du sie ausgesprochen, nicht in unserer Mitte dulden, sie sei der Reinheit der Lehre entgegen, verdenkest Du uns nicht, wenn wir Dir die kirchliche Gemeinschaft aufsagten."" (S. Synodalbericht von 1857, S. 46.) Es war dies aber auch das einzige Letzte, was unsere Liebe noch an Dir tun konnte, um Dich, ob Gott wollte, aus Deiner schweren Selbsttäuschung aufzuschrecken und Deine in dringender Gefahr siehende Seele noch zu retten.

Aber Du hast noch mehr getan als dies, lieber eine Kirchenspaltung eintreten, als Deine Meinung auf sich beruhen zu lassen. Du hast Dich durch diese menschliche Meinung, durch diese ungewisse Hoffnung selbst dazu bewegen lassen, Dich namentlich zu drei Artikeln des heiligen allgemeinen christlichen Glaubens nicht mehr ohne Einschränkung mit einem runden Ja zu bekennen, nämlich zu den Artikeln: 1. von der Kreuzgestalt der Kirche Christi auf Erden bis zum Ende der Welt; 2. von einer allgemeinen Auferstehung der Toten an: jüngsten Tage; 3. von der allein am jüngsten Tage wieder zu erwartenden Zukunft Christi. Du hast 1. um Deiner ungewissen Hoffnung willen nicht ohne Zusatzklauseln mit allen Lutheranern bekennen können, daß „„die Kirche Christi im eigentlichen Sinne, d. i. die Gesammtheit der Gläubigen, unsichtbar und unter dem heiligen Kreuze bis an den jüngsten Tag verborgen bleibt."" Du hast 2. auf die Frage-: „ „Erfolgt die allgemeine Auferstehung aller Toten, der Gerechten wie der Ungerechten, ohne Ausnahme, allein und ausschließlich an demselben jüngsten Tage?"" zwar mit einem Ja, jedoch auch zugleich mit einem beschränkenden „„Aber"" geantwortet, und somit erklärt, Du könnest um Deiner chiliastischen Meinungen willen nicht mehr mit jedem Lutheraner bekennen: „ „am jüngsten Tage mich und alle Toten auferwecken wird."" 3. Du hast die Frage: „ „Ist allem und ausschließlich auf diesen jüngsten Tag die sichtbare Zukunft Christi zu setzen, als welche allein und ausschließlich zum Gericht über alle Völker ohne Ausnahme geschehen wird?"" um Deiner Opinion willen nur bedingt bejahen wollen. (S. Synodalbericht von 1857. S.43.) Damit hast Du Deine ungewissen menschlichen Gedanken über den Glauben der ganzen heiligen christlichen Kirche zu allen Zeiten, ja, über das deutliche, klare, helle Wort Gottes selbst gesetzt. Ist das nicht erschrecklich? Du kannst nicht mit dem Apostel Paulus zur Kirche sagen: „„Der Sohn Gottes, JEsus Christus, der unter euch durch uns gepredigt ist, durch mich und Sylvanum und Timotheum, der war nicht Ja und Nein, sondern es war Ja in ihm,"" 2 Cor. 1,19. Denn Du hast, feierlich dazu aufgefordert, vor vielen Zeugen den heiligen christlichen Glauben zu bekennen, zu einem runden

Ja Dich nicht entschließen können. Ist das nicht erschrecklich?

Ach, mein alter, teurer Freund, hast Du auch je bedacht, welche furchtbare Schuld Du mit diesem allem auf Dich geladen hast? Du hast, um Deiner ungewissen Auslegung gewisser dunkler prophetischer Stellen willen, dem Inhalte des klaren Wortes Gottes Dein rundes Jawort selbst versagt. Du hast durch Dein verklausuliertes Bekenntnis zu Artikeln des allgemeinen christlichen Glaubens Gottes Wort ungewiß gemacht und, so viel an Dir ist, auch anderer Christen Glauben an jene Artikel und an das Wort Gottes selbst untergraben und erschüttert. Du hast Dich an dem höchsten Heiligtum der ganzen heiligen christlichen Kirche, an ihrem allgemeinen heiligen Glauben, vergriffen. Du hast das bei der Ordination zu einem Diener der lutherischen Kirche gegebene eidliche Versprechen, den Bekenntnissen dieser Kirche gemäß zu lehren und davon, weder in Rebus noch Phrasibus, keinen Fingerbreit abzuweichen, gebrochen. Du hast die Kirche, die Dir so großes Zutrauen geschenkt hatte, Dich zum Auffeher über einen großen Teil ihrer Gemeinden und Diener, zum Wächter über das Kleinod ihrer von den Vätern ererbten reinen Lehre zu bestellen und Dir insonderheit das Amt aufzutragen, aufzusehen, daß in ihr Niemand Zertrenung und Aergerniß aurichte neben der Lehre, die er gelernt — selbst mit neuer Lehre erfüllt und zu erfüllen gesucht, und gespalten. Großen Segen hast Du damit verschüttet, den Frieden ganzer Gemeinden für immer zerstört, zu großen, greulichen Sünden der Lieblosigkeit, des Haders, der Verleumdung und Anderem Ursache gegeben und Dich so derselben teilhaftig gemacht, viele Schwache geärgert und irre gemacht und Tausende von frommen Christenherzen unaussprechlich betrübt. Du hast Leute aufgenommen, die nicht mit Dir stimmen, sondern sich nur deshalb um Dich sammelten, weil sie längst eine geheime Feindschaft gegen unsere Synode in sich trugen wegen deren ernsten Kampfes gegen falsche Lehre und zuchtloses Wesen. Wie manche Seele über den durch Dich hervorgerufenen Streitereien und Trennungen scholl den Glauben und die Liebe ans dem Herzen verloren hat und verloren gegangen ist, weiß allein der Herzenskündiger. Mit Schrecken denke ich hierbei an jenen Marcion im zweiten Jahrhundert, der von seinem eignen Vater, einem Bischof von Sinope in Pontus, „ „wahrscheinlich wegen Nichtachtung kirchlicher Autorität und apostolischer Ueberlieferung,"" von der Kirchengemeinschaft ausgeschlossen war, und als er nun auch in Rom zurückgewiesen wurde, im Zorn ausrief: ""*Ego findam ecclesiam vestram et mittam fissuram in ipsam in aeternum*, d.i.: Ich werde eure Kirche spalten und einen Riß in dieselbe bringen auf ewig."" Denn diese Drohung führte nun zwar der arme Marcion, so viel er vermochte, aus; als er aber erst spät erkannte, welch eine große Sünde er mit seiner Kirchenspaltung begangen habe, da war es — zu spät! Der Tod übereilte ihn; unversöhnt mit der von ihm schwer geärgerten Kirche starb er plötzlich dahin.

Ich sage dies nicht, mein alter, teurer Freund, um Dich hiermit öffentlich zu schelten und zu beschämen. Nein, allein die Liebe zu Dir und zu den Seelen, die sich Dir anvertraut haben, und die Sehnsucht nach dem Frieden der armen zerrissenen Kirche drängt mich, Dir Deine Seelengefahr vor Augen zu stellen. Ich folge hier dem Beispiele des heiligen Augustinus. Auch er erließ ein öffentliches, freundliches Schreiben an eine Anzahl donatistischer Bischöfe, berief sich für die Lauterkeit seiner Gesinnung hiebet auf den, der da gesagt: „ „Selig sind die Friedfertigen, denn sie werden Gottes Kinder heißen,"" und doch hielt er jenen in der Sünde der Kirchenspaltung lebenden Bischöfen vor: „„Noch tausen sie außerhalb der (rechtgläubigen) Kirche, und wenn sie könnten, tauften sie die Kirche selbst noch einmal; sie opfern in Uneinigkeit und Spaltung, und grüßen in des Friedens Namen das Volk, das sie vom Frieden des Heils losreißen. Die Einheit Christi wird zerrissen, das Erbe Christi gelästert, die Taufe Christi geschändet. Sie sind uns nicht mißfällig, weil sie Böse dulden, sondern weil sie unerträglich böse sind wegen der Spaltung, wegen des Altars gegen Altar, wegen ihrer Trennung von dem durch die ganze Welt ausgebreiteten Erbe Christi, wie es so lange zuvor verheißen ist. Ueber den verletzten Frieden, über die zerrissene Einigkeit, über die wiederholten Taufen, über die geschändeten Sakramente, die auch unter sündhaften Menschen heilig sind, wehklagen, trauern wir. Wenn sie dies gering achten, so mögen sie doch die Erempel anschauen, die es offenbar gemacht haben, wie hoch dies Gott geachtet habe. Welche ein Götzenbild machten, sind durch den gewöhnlichen Tod des Schwertes umgekommen, welche aber eine Spaltung machen wollten, deren Häupter sind von dem geöffneten Schlund der Erde verschlungen und die einstimmende Menge von den ausbrechenden Flammen verzehrt worden."" Den ganzen Brief beschließt Augustinus endlich mit den Worten: „„Diese Anrede (Gott weiß es, mit welcher Liebe sowohl zum Frieden, als zu euch wir dieselbe der Gabe Gottes entnommen haben) wird euch, wenn ihr wollt, zur Besserung, wenn ihr aber nicht wollt, zum Zeugnis dienen.""

Auch ich schließe hiermit und beschwöre Dich bei dem Glauben, den Du einst beschworen hast, bei dem Frieden der Kirche, bei Deiner und der Dir Anvertrauten Heil und Seligkeit, bei der Liebe Christi, Deines Heilandes, und bei der Liebe der Brüder, daran Jedermann die Seinen erkennen soll — gehe noch einmal mit Gott zu Rate, prüfe noch einmal nach Gottes untrüglichem Worte, wie Du stehest, mache Dich los von allen Dir noch so lieb gewordenen menschlichen Gedanken und Hoffnungen, für die Du doch keine Glaubensgewißheit haben, auf die Du doch nicht schwören kannst, und ergreise und bekenne wieder rein und rund die unumstößlichen Artikel des allgemeinen heiligen christlichen Glaubens und — kehre um, mache Dich los von der Sünde der Spaltung, in der Du noch lebst, und tritt wieder ein in die Reihe derer, die geblieben sind bei dem Glauben, der einmal den Heiligen vorgegeben ist. Das wird Dir wahrlich keine Schande, sondern die höchste Ehre sein, wie ja noch jetzt jene großen Lehrer der christlichen Kirche, ein Augustinus u.U., welche ihre vormaligen Abirrungen retraktierten, gerade darum in der Christenheit so hoch stehen. Deine letzte Erklärung in unseren synodalen Verhandlungen mit Dir war: „"Sollte es nach Gottes Willen bei mir dahin kommen, daß ich das, was ich jetzt geglaubt habe festhalten zu müssen, für Irrtum erkenne, so hoffe ich, daß die Synode mir die Aufnahme und Rückkehr in ihre Gemeinschaft nicht versagen wird."". (S. Synodalbericht von 1857, S. 47 u. 48.) 3) so gib denn jetzt der Wahrheit die Ehre, und Gott wird mit Wohlgefallen auf Dich herabsehen, die Engel im Himmel sich freuen und die, durch Dich jetzt betrübte Kirche getröstet werden und ihre Arme Dir weit auftun. Ach, besprich Dich nicht mit Fleisch und Blut, suche keine Ausflüchte, dämpfe die bei diesem Zeugnisse in Deinem Herzen sich regenden Wirkungen des heiligen Geistes nicht, sondern tue Dein Herz dem anklopfenden Geiste der Wahrheit und Liebe auf. Dies wünscht und bittet und fleht für Dich vom HErrn

  (October 1862.) Dein alter Freund

            C. F. W. Walther."

 Dies überaus herzliche, und Herz zu gewinnen suchende Schreiben ist an Pastor Schieferdecker ganz nutzlos geblieben; er hat dem Eindruck, den dasselbe auf sein Herz gemacht, elende Ausflüchte und Sophistereien entgegengesetzt und somit diu heilsame Wirkung desselben selbst verhindert. Noch lastet die schwere Sünde der Kirchenspaltung auf ihm, und wird ihm darüber einmal von Jemand an's Herz gegriffen, so wälzt er die Schuld von sich ab auf die hiesige Gemeinde. Das ist nun zwar herzlich zu bedauern, daß der arme Mann noch fort und fort in seiner Verblendung beharrt und alle Schuld auf unsere Gemeinde schiebt, die doch nur nach dem klaren Befehl Christi gehandelt und sich von einem falschen Propheten losgesagt hat; zu verwundern ist es aber nicht, daß er die Schuld der Kirchenspaltung hier auf unsere Gemeinde schiebt, denn das Schaf muß doch immer dem Wolf das Wasser getrübt haben. Wo ist wohl jemals ein Irrgeist gewesen, der zugestanden hätte, daß er der Friedensstörer in der Kirche Gottes sei? Ja, wenn er zur wahren Buße kam — was nur selten geschehen ist — so hat er es zugestanden; zu dieser Buße ist aber leider Pastor Schieferdecker bis heute noch nicht gekommen, denn sonst müßte er sie auch durch Bekennen seines Unrechts zu erkennen gegeben haben. Im Gegenteil hat er es im Jahre 1865 öffentlich zu erkennen gegeben, daß er die Sünde seiner Rottirerei noch nie bereut hat, indem er dieselbe in einem Büchlein zu verteidigen gesucht hat, in welchem sich nun auch seine Gemeinde öffentlich zu der chiliastischen Schwärmerei bekannt hat, und also jetzt mit vollem Recht eine Chiliasten-Gemeinde genannt wird; wer sie jetzt noch anders nennt, tut ihr Unrecht.

Daß aber unsere Gemeinde diejenigen Leute, die wieder umkehrten, und erstens über ihre Rottirerei vor öffentlicher Gemeinde Buße taten, und zweitens mit der Gemeinde den Chiliasmus als einen seelengefährlichen Irrtum entschieden verdammten, mit Freuden wieder aufgenommen hat, ohne sich zuvor mit der Chiliasten-Gemeinde darüber auseinandergesetzt oder verständigt zu haben — das wird uns gewiß kein nüchterner Lutheraner verargen. Was würde wohl ein Vater tun, dessen durch einen bösen Buben verführter und ihm abwendig gemachter Sohn bußfertig wieder zu ihm zurückkehrte? würde der sich wohl, ehe er den reuigen Sohn aufnähme, mit dessen Verführer in Einvernehmen setzen und ihn befragen, ob er den wiederkehrenden Sohn aufnehmen solle, oder nicht? Keineswegs! Er würde denselben darum auch keines Wortes würdigen, sondern so er sich über die Aufnahme des Sohnes beschweren wollte, würde ihm der Vater eine scharfe Epistel lesen und ihn heimschicken. Nun, ebenso hat auch unsere Gemeinde gedacht und gehandelt, und wer will ihr deswegen einen Vorwurf machen? *)

Wir kommen nun mit der Geschichte unserer Gemeinde zum Ende. Zn erwähnen ist hier noch, daß Herr Pastor Beyer im Frühjahr 1863 einen Beruf von der evangelischlutherischen Immanuels-Gememde in Chicago, Illinois, erhielt und annahm. Die hiesige Gemeinde konnte in dieser Berufsangelegenheit nur schwer zu der Ueberzeugung kommen, daß

---

*) Hier werden nun aber unsere Chiliasten auftreten und sagen: „Ja, ihr nehmt Zar Leute auf, die bei uns in Kirchenzucht stehen!" Wir antworten: Könnt ihr das beweisen, so wollen wir bekennen, daß wir gottlos handeln; mit eurem Sagen ist aber noch Nichts bewiesen. Im letzten Winter nahmen wir einen Mann auf, von dem unsere Gegner danach auch sagten, er habe bei ihnen in Kirchenzucht gestanden. Als sie vernahmen, daß der Mann, den sie doch gerne behalten hatten, wohl wieder zu seiner rechtmäßigen Gemeinde zurückkehren werde, lmn Pastor Schieferdecker deswegen zu mir, und sagte, daß der Mann nicht um der Lehre willen von ihnen wegginge. Ich fragte Pastor Schieferdecker: Ist der Mann bei Ihnen vom Abendmahl zurückgestellt? Er antwortete: „Nein, zum Abendmahl könnte er gehen." Diese Antwort war mir völlig genug, denn ich erkannte daraus, daß der Mann nicht bei ihnen in Kirchenzucht stand. Ich hatte damals noch keine Sylbe mit jenem Manne geredet; ich hatte nur von einem unserer Vorsteher erfahren, daß er bei uns in die Kirche gehe, und daß genannter Vorsteher schon seit längerer Zeit mit ihm in seinem Hause, woselbst ihn der Mann aussuche, gehandelt habe u. s. w. Als er nun endlich auch zu mir kam, habe ich ihm Alles, was ihm noch tat, so ernstlich vorgehalten, daß, wenn er nicht aufrichtig gewesen, er ohne Zweifel davongelaufen wäre. Summa: Wir wünschen herzlich, daß unsere Gegner mit der Kirchenzucht nur einmal Ernst machen; wir wollen ihnen nicht hinderlich, sondern förderlich darin fern. Sie können sich darauf verlassen!

sie Herrn Pastor Beyer ziehen lassen müsse, und hat es auch nur ungern getan; jedoch weil er sich durch bestimmte Gründe in seinem Gewissen verbunden erachtete, dem Rufe folgen zu müssen, so wußte die Gemeinde solches wohl zu respektieren und hat ihn deswegen im Frieden entlassen. Sie wußte wohl, daß es Fälle geben könne, wo ein Prediger auch ohne die freudige Zustimmung seiner bisherigen Gemeinde einen andern, an ihn ergangenen Beruf anzunehmen in seinem Gewissen verbunden sein könne, da denn gar häufig die Gemeinde erst später zu der Ueberzeugung komme, daß der Beruf ein göttlicher gewesen sei. Denn Gott ist es, der Hirten und Lehrer setzt und versetzt; und wiewohl er solches durch die Gemeinde tut, und demnach auf die freudige Zustimmung der bisherigen Gemeinde zur Annahme eines anderweiten Berufs ein großes Gewicht zu legen ist — so behält sich doch Gott freie Hand in diesem Stück und versetzt oft einen Prediger an eine andere Gemeinde, ohne daß seine bisherige Gemeinde den Willen Gottes darin zu erkennen meint. Da spricht er dann zu der Gemeinde: „Was ich tue, das weißest du jetzt nicht; du wirst's aber hernach erfahren." Das kann nun auf mancherlei Weise geschehen, daß es der Gemeinde hernachmals klar wird, sei es, daß sie offenbar sieht, er arbeitet an der anderen Gemeinde in viel größerm Segen, oder seine Gaben werden da doch mehr verwerthet; oder daß sie erkennt, es war für sie eine heilsame Züchtigung und Demütigung vom lieben Gott, daß er ihr den Prediger, den sie gerne behalten hätte, nahm; oder daß sie einsieht, es tat ihr nun gerade der Prediger, den ihr Gott wieder gegeben hat, nötiger, weil er eine andere — wenn auch viel geringere — Gabe hat, die ihr nun eben nützlicher ist u. s. w. Kurz und gut, Gott läßt es eine Gemeinde hernach auf irgend eine Weise, an irgend einem Zeichen (wenn sie anders darauf merkt) erkennen, daß er es mit ihr gut gemeint und gut gemacht hat, so daß sie bekennen muß: Ja, der

HErr hat es wohl nicht nach unserem Willen, aber doch nach Seinem Wohlgefallen und zu unserem Besten gemacht. Er ist und bleibt doch der HErr und Regent in Seiner Kirche, und läßt sich von Seiner Magd nichts dreinreden; was Er ordnet, das ist löblich und herrlich, und Seine Wege sind eitel Güte und Treue.

Nach Past. Beyers Abgange mußte die Gemeinde fast ein ganzes Jahr ohne Prediger sein, ohne jedoch der Gnadenmittel beraubt zu sein. Das Concordia-Seminar in St. Louis stellte ihr einen ihrer begabtesten jungen Leute zum Vikar, und ein benachbarter Prediger verfah die nötigen Amtshandlungen. Auch diesmal also mußte die Gemeinde wieder redlich in der Geduld geübt werden. Sie war zwar keineswegs säumig, das erledigte Pfarramt so schnell als möglich wieder zu besetzen; sie mußte aber auch in diesem Stück erfahren, daß das Wort der Schrift wahr ist: „Des Menschen Herz schlägt seinen Weg an, aber der HErr allein gibt, daß er fortgehe." Sie mußte mehrere Male vergeblich einen Beruf ausstellen, auch wenn: sie vorher gedacht hatte, jetzt sicher zu gehen und den Berufenen zu bekommen. — Im März 1864 erhielt Schreiber dieses einen Beruf von der hiesigen Gemeinde als Hauptgemeinde, und von der Gemeinde in Frohna als Filial, und erkannte darin, sowie auch seine damaligen Gemeinden in Hamilton und Tipton County, Indiana, einen göttlichen Ruf und folgte demselben, wiewohl mit Furcht und Zittern und mit einem bangen und bebenden Herzen, das weiß Gott. Er aber, der treue Gott hat mein banges Herz gestillt und ist mir, Seinem armen Knecht, beigestanden und mit Seiner Kraft in mir Schwachen mächtig gewesen, daß ich bisher diesen Gemeinden, wiewohl in großer Schwachheit, jedoch, wie ich zuversichtlich glaube (und mein Glaube gründet sich auf Gottes Verheißung Ies. 55, 10. 11.), nicht ohne Segen, nach bestem Wissen und Gewissen, Sein teures Wort lauter und rein, nach den Bekenntnisschriften unserer evangelisch-lutherischen Kirche, auf welche ich eidlich verpflichtet worden bin, verkündigt habe. Das will ich auch fernerhin tun — des mir Gott helfe durch Seine Gnade!

Unsern Gemeinden aber wolle der HErr Gnade verleihen, daß sie bei der erkannten, reinen und allein seligmachenden Wahrheit bleiben, und daß sie auch heilig als die Kinder Gottes danach leben mögen. O daß wir, daß unsere Kinder und Kindeskinder nach uns, Gottes Wort so lieb, teuer und wert haben und behalten möchten, wie es unsere Väter gehabt haben, die um Gottes Worts willen das Liebste verlassen haben und in dieses Land gekommen sind! Uns und unseren Kindern nach uns zur Ermunterung und zur Warnung lassen wir daher hier zum Schluß unserer Erzählung Luthers Worte aus seiner Auslegung des 23. Psalms folgen. Sie lauten also:

„Wir sollen aus diesem Psalm lernen, daß wir Gottes Wort nicht verachten, sondern dasselbige gerne hören und lernen, lieb und wert halten, und uns zu dem Häuflein tun, da man es findet; wiederum fliehen und meiden die, so es lästern und verfolgen. Denn <u>wo das heilige Licht nicht scheinet, da ist weder Glück noch Heil, weder Stärke noch Trost, beide an Leib und Seele, sondern eitel Unfriede, Schrecken und Zagen; sonderlich wenn Trübsal, Angst und der bittere Tod vorhanden ist</u>...

„Solches soll uns warnen und bewegen, daß wir auf Erden nichts Höheres und Köstlicheres achten sollten, denn gleich diese Wohltat, daß man das liebe selige Wort haben und an einem Ort sein kann, da man es frei öffentlich darf predigen und bekennen. Darum ein Christ, der in eine Kirche gehöret, darin man Gottes Wort lehret, so oft er hineingehet, soll er an diesen (23.) Psalm gedenken, und mit dem Propheten aus fröhlichem Herzen Gott danken für seine unaussprechliche Gnade, daß er ihn als sein Schaf in eine lustige, grüne Aue gesetzt hat, da köstliches Grases und frisches Wassers die Fülle ist, das ist, daß er an einem Orte sein kann, da er Gottes Wort hören und lernen, und reichen Trost, beide an Leib und Seele, daraus schöpfen kann. Der heilige David hat wohl verstanden, wie gar ein teurer Schatz es sei, wenn man es so haben mag, darum kann er auch so meisterlich davon rühmen und singen, und solche Wohltat weit über Alles, was auf Erden köstlich und herrlich ist, heben; wie man in diesem Psalm, und in anderen mehr, wohl stehet. Dem sollen wir die Kunst ablernen, und seinem Exempel nach Gott, unserem lieben, treuen Hirten, nicht allein dankbar sein, und rühmen seine unaussprechliche Gabe, die er uns aus lauter Güte geschenkt hat (wie David hie in den ersten fünf Versen tut); sondern auch mit Ernst von ihm begehren und bitten (wie er in dem letzten Vers tut), daß wir bei solchem Gut bleiben, und von seiner heiligen, christlichen Kirche nimmermehr mögen abfallen. Und solch Gebete ist aus der Maßen hoch vonnöten. Denn wir sind sehr schwach, und tragen solchen Schatz, wie der Apostel St. Paulus sagt, in irdischen Gefäßen. So ist der Teufel, unser Widersacher, um des Schatzes willen uns mördlich feind, darum seiert er nicht, sondern gehet um uns her, wie ein brüllender Löwe, und suchet, wie er uns verschlinge. So hat er auch noch ein Zuspruch zu uns um unsers alten Sacks willen, den wir noch am Halse tragen, in dem noch viele böse Lüste und Sünde stecken. Ueber das, so ist die liebe Christenheit mit so viel greulichen Irrtümern beklickt und beschmeißt, daß um derselben willen viel von ihr abfallen. Darum, sage ich, ist wohl not, daß wir beten, und die reine Lehre ohne

Unterlaß treiben, und uns damit wider alle Aergernisse wehren, auf daß wir mögen bis ans Ende beharren und selig werden. „Die tolle und blinde Welt weiß von diesem Schatz und köstlichen Perle gar nicht, gedenkt allein, wie eine Sau und unvernünftig Thier, wie sie hie den Bauch fülle, oder wenns hoch kommt, folget sie der Lüge und falschen Lehre und Heuchelei, läßt Wahrheit und Glauben fahren. Darum singet sie Gott keinen Psalm für sein heiliges Wort, sondern vielmehr, wenn ers ihr anbeut, lästert und verdammt sie es für Ketzerei, verfolgt und erwürget die, so es lehren und bekennen, für Verführer und ärgste Buben, als sie die Welt trägt. Darum will es wohl bei dem kleinen Häuflein bleiben, daß sie solche Wohltat erkennen und sammt dem Propheten Gott einen Psalm oder Danklied dafür singen.

„Was sagest du aber von denen, so die Predigt Gottes Worts nicht können haben, als da sind, so unter den Tyrannen und Feinden der Wahrheit hin und wieder wohnen? Wahr ists, wo Gottes Wort gepredigt wird, da kanns ohn Frucht nicht abgehen, wie Esaias am 55. Capitel sagt: Das Wort, so aus meinem Munde gehet, soll nicht wieder leer zu mir kommen. So haben auch die frommen Christen desselben Orts einen Vorteil, der ihnen wahrlich lieb ist. Denn Christen achtens sehr groß, daß sie an einem Ort können sein, da man Gottes Wort frei öffentlich lehrt und bekennet, und die Sakramente nach Christus Befehl reichet. Aber solche sind gar dünne gesäet; der falschen Christen sind allzeit viel mehr, denn der frommen. Derselbig große Hause fraget nichts nach Gottes Wort, erkennets auch nicht für eine Wohltat, daß er es ohn allen Schaden und Fahr hören kann; ja wird sein bald satt und überdrüssig, und rechnets gleich für eine Beschwerung, daß er es hören und das heilige Sakrament empfahen soll.

„Wiederum, die unter den Tyrannen sich leiden müssen, schreien mit großem Verlangen, Tag und Nacht danach, und kommt ihnen etwa nur ein kleines Bröcklein von unserm Brot zu, das uns Christus reichlich hat ausgeteilt; das nehmen sie mit großer Freude und Danksagung an, und machens ihnen sehr nütz; da unsere San dieweil das liebe selige Brot selbs reichlich, und viel ganze Körbe voll Brocken haben, aber vor Ueberdruß nicht dazu riechen mögen; ja, stoßens mit dem Rüssel um, wühlen drin, tretens mit Füßen, und laufen drüber hin. Darum gehts nach dem Sprüchwort: Wenn etwas gemein wird, so gilts nimmer und wird veracht, wenn eS noch so köstlich war. Und solch Sprüchwort wird leider fürnehmlich wahrhaftig erfunden an dem lieben Wort. Wo man es hat, da will man es nicht haben; wiederum, wo man es nicht hat, da hätte man es nnr herzlich gerne. Wo man die Kirche vor der Thür hat, darin man Gottes Wort lehret, da gehet mau unter der Predigt spazieren; wo man zehn, zwanzig :e. Meilen dazu hat, da wollt man gerne, wie im 42. Psalm geschrieben stehet, mit dem Haufen gehen, und mit ihnen zum Hause Gottes wallen, mit Frohlocken und Danken.

„So ist nun das kurz meine Antwort auf diese Frage von denen, die unter den Tyrannen wohnen: Selig sind die, sie seien min unter deni Türken oder Papst zerstreuet, die des Worts beraubet sind, und hattens doch von Herzen gerne, und nehmen dieweil mit Dank an die Brocken, die ihnen widerfahren können, bis es einmal besser wird. Haben sie aber nicht weit an die Oerter, da man Gottes Wort prediget, und das heilige Sakrament nach Christus Befehl reichet, da mögen sie wohl hin reisen, und desselben Schatz brauchen; wie denn Viel tun, und werden drüber von ihrer gottlosen Obrigkeit gestraft, an. Leib und Gut. Wohnen sie aber weit von solchen Oertern, so hören sie nur nicht auf danach zu seufzen; es wird gewißlich unser HErr Christus ihr Seufzen erhören, und mit der Zeit ihr Gefängnis wenden. Wiederum: Unselig, und aber unselig sind die, so diesen Schatz reichlich vor der Thür haben, und ihn doch verachten. Es wird an ihnen das Wort Christi erfüllet werden, da er sagt: Viele werden kommen vom Morgen und Abend, und mit Abraham, Isaak und Jakob im Himmelreich sitzen; an diesen: Die Kinder des Reichs aber werden ausgestoßen werden in die Finsternis hinaus."

Nun, HErr! erhalt dein heiligs Wort,
   Laß uns sein Kraft empfinden;
Den Feinden steu'r an allem Ort,
   Und laß es frei verkünden:
   So wollen wir dir für und für
   Von ganzem Herzen danken,
HErr, unser Hort! laß uns dein Wort
   Festhalten und nicht wanken.

www.ingramcontent.com/pod-product-compliance
Lightning Source LLC
Chambersburg PA
CBHW022025240426
43667CB00042B/1175